MON SIÈCLE

Günter Grass parcourt « son » vingtième siècle, dans un recueil de cent textes – un par année, série de petits récits, anecdotes, lettres, monologues de narrateurs différents, de souvenirs et de réflexions. À travers cette poussière de faits, Günter Grass livre une vision toute personnelle d'une période riche en événements, découvertes et paradoxes, incompréhensible alliance de culture et de barbarie. Il parvient à donner une lecture synthétique, originale dans sa forme et dans son rythme, de l'histoire de l'Allemagne au vingtième siècle.

Sa vigueur empreinte d'humour, d'ironie, voire de cocasserie, portée par des personnages qui ne mâchent pas leurs mots, est souvent communicative. Et c'est bien de « son siècle » qu'il s'agit, car on retrouve çà et là, avec ses choix et son ton, ce qui a fait de Grass, dans l'Allemagne des années 1960 à 1990, un étonnant provocateur, politiquement et socialement incisif.

Né en 1927 à Dantzig, Günter Grass étudie la peinture et la sculpture avant de se tourner vers la littérature. C'est au cours d'un long séjour à Paris qu'il écrit son premier roman, Le Tambour, *qui lui assure une fulgurante renommée internationale. Tandis qu'il confirme son génie de conteur et de satiriste dans des œuvres romanesques comme* Le Chat et la Souris, Les Années de chien, Anesthésie locale, Le Turbot *et* Une rencontre en Westphalie, *il sait, par ailleurs, évoquer ses expériences et ses préoccupations politiques dans* Évidences politiques, *le* Journal d'un escargot, Les Enfants par la tête *et* Propos d'un sans-patrie. À L'Appel du crapaud, *qui aborde la réconciliation germano-polonaise, succède* Toute une histoire, *le roman de l'Allemagne avant et après la réunification. Il a reçu en 1999 le prix Nobel de littérature.*

Günter Grass

MON SIÈCLE

*Traduit de l'allemand
Par Claude Porcell
Et Bernard Lortholary*

Éditions du Seuil

TEXTE INTÉGRAL

TITRE ORIGINAL
Mein Jahrhundert
ÉDITEUR ORIGINAL
Steidl Verlag, Göttingen

ISBN original : 3-88243-650-6
© Steidl Verlag, Göttingen, 1999

(ISBN 2-02-049067-6)
(ISBN 2-02-037811-6, 1ʳᵉ publication)

© Éditions du Seuil, novembre 1999, pour la traduction française.

Le Code de la propriété intellectuelle interdit les copies ou reproductions destinées à une utilisation collective. Toute représentation ou reproduction intégrale ou partielle faite par quelque procédé que ce soit, sans le consentement de l'auteur ou de ses ayants cause, est illicite et constitue une contrefaçon sanctionnée par les articles L.335-2 et suivants du Code de la propriété intellectuelle.

www.seuil.com

En souvenir de Jakob Suhl

1900

Moi, échangé contre moi-même, année après année, j'ai été là. Pas toujours en première ligne, car, comme il y avait tout le temps la guerre, nous autres on se retirait volontiers vers l'arrière. Au début pourtant, lorsqu'il s'est agi d'aller se battre contre les Chinois et que mon bataillon a été regroupé à Bremerhaven, j'étais au premier rang dans le bloc du milieu. C'étaient presque tous des volontaires, mais de Straubing j'avais été le seul à me faire enrôler, bien que fiancé depuis peu à Resi, ma Thérèse.

En prévision de l'embarquement, on avait le bâtiment *Outre-Mer* de la Norddeutsche Lloyd dans le dos et le soleil dans les yeux. Devant nous, sur une haute estrade : l'empereur, qui parlait d'un ton fort martial, le regard au loin. Contre le soleil on avait de nouveaux chapeaux, à large bord, des suroîts. On avait de la gueule. L'empereur, lui, portait un casque spécial, avec aigle luisant sur fond bleu. Il parlait de grandes missions, de l'ennemi cruel. Son discours vous électrisait. Il dit : « Une fois à pied d'œuvre, sachez-le : pas de quartier, on ne fait pas de prisonniers... » Ensuite il parla d'Attila et de ses hordes de Huns. Il fit l'éloge des Huns, tout en concédant qu'ils avaient fait de terribles ravages. Ce qui incita plus tard les socialos à publier d'impertinentes « Lettres huniques » où ils se moquaient épouvantablement du discours hunique de l'empereur. Pour finir, il nous donna notre consigne pour la Chine : « Frayez la voie de la civilisation, une fois pour toutes ! » Et nous, on poussa un triple hourra.

Pour moi, qui vient de Basse-Bavière, la longue traversée fut affreuse. Quand enfin on arriva à T'ien-Tsin, ils étaient déjà tous là : Britanniques, Américains, Russes, même de vrais Japonais, et des petites troupes de moindres pays. Les Britanniques étaient en fait des Indiens. On trouva d'abord que ça ne faisait pas beaucoup, mais heureusement nous étions équipés des nouveaux canons Krupp à tir rapide de 50 mm. Et les Américains testaient leurs mitrailleuses Maxim, un truc vraiment infernal. Aussi Pékin fut vite prise d'assaut. Car lorsque notre compagnie y entra, tout ce qui était regrettable semblait être fini. Pourtant, quelques Boxers ne se tenaient pas encore tranquilles. On les appelait comme ça parce qu'ils formaient une société secrète qui avait pour nom « Tataohouéi », dans notre langue « ceux qui combattent avec le poing ». C'est pour ça que les Anglais d'abord, et puis tous les autres, parlèrent de la révolte des Boxers. Les Boxers détestaient les étrangers parce qu'ils vendaient aux Chinois des tas de trucs, les Britanniques de préférence de l'opium. C'est pour ça que les choses se passèrent comme avait dit l'empereur : pas de prisonniers.

Pour qu'il n'y ait pas de désordre, on a regroupé les Boxers sur la place Tienanmen, juste au pied du mur qui sépare la cité mandchoue de la partie ordinaire de Pékin. On les avait attachés les uns aux autres par leurs nattes, ça faisait drôle. Ensuite ils ont été fusillés par groupes, ou décapités un à un. Mais je n'ai pas soufflé mot de ces horreurs dans mes lettres à ma fiancée, je n'ai parlé que d'œufs centenaires et de boulettes à la vapeur, façon chinoise. Les Britanniques et nous autres Allemands, on réglait les choses de préférence au fusil, tandis que les Japs décapitaient selon leur vénérable tradition. Mais les Boxers préféraient être fusillés, parce qu'ils craignaient, ensuite, de devoir se promener aux enfers avec la tête sous le bras. Sinon, ils n'avaient pas peur. J'en ai vu un qui se dépêchait, avant d'être fusillé, d'engloutir encore une galette de riz trempée dans du sirop.

Sur la place Tienanmen soufflait un vent qui venait du désert et soulevait sans cesse des nuages de poussière jaune. Tout était jaune, nous aussi. J'ai écrit ça à ma fiancée et je lui ai mis un peu de sable du désert dans ma lettre. Mais, comme les exécuteurs japonais coupaient leurs nattes aux Boxers – de tout jeunes types comme nous – pour que le coup de sabre soit sans bavure, la place était parsemée, dans la poussière, de petits tas de nattes de Chinois. J'en ai ramassé une et je l'ai envoyée chez nous en guise de souvenir. Rentré au pays, je l'ai portée pour le carnaval, et tout le monde a bien rigolé, et puis ma fiancée l'a mise au feu. « Une chose comme ça, ça porte malheur », a dit Resi deux jours avant notre mariage.

Mais c'est déjà une autre histoire.

1901

Celui qui cherche trouvera. J'ai toujours aimé chiner. Sur la place Chamisso, à savoir dans une brocante à l'enseigne noire et blanche promettant de l'ancien, où les objets de valeur ne se trouvaient qu'enfouis dans tout un fatras, mais où des curiosités piquaient mon intérêt, je découvris, à la fin des années cinquante, trois cartes postales réunies par une ficelle et dont les motifs – mosquée, Saint-Sépulcre et mur des Lamentations – ne brillaient plus que d'un éclat mat. Postées à Jérusalem en janvier 1945, elles étaient adressées à un certain Docteur Benn dont l'adresse était berlinoise ; mais pendant les derniers mois de la guerre la Poste avait été incapable – comme un second cachet en faisait foi – de dénicher le destinataire parmi les décombres. C'était une chance qu'elles aient trouvé refuge dans la mine aux trouvailles de Kurt Mühlenhaupt dans l'arrondissement de Kreuzberg.

Entre-tissé de petits bonshommes en fil de fer et de queues de comètes, le texte se poursuivait d'une carte sur l'autre et n'était pas facile à déchiffrer. Il disait : « Comme le temps fait les pieds au mur, tout de même ! Aujourd'hui, le tout 1er mars, tandis que le siècle fraîchement éclos étale son 1 au raide jambage et que toi, mon barbare et mon tigre, tu es en quête de chair fraîche en des jungles lointaines, voilà que mon papa Schüler m'a donné sa main de Till l'Espiègle pour monter avec moi et mon cœur de verre dans le chemin de fer suspendu qui relie Barmen à Elberfeld et dont c'était le trajet d'inauguration. Au-dessus des eaux noires de la Wupper ! C'est un dragon d'acier qui suit sur ses mille pattes les courbes du fleuve que noircissent des eaux salies par leurs encres, pour un maigre salaire, les teinturiers lecteurs de Bible. Et le navire ferroviaire ne cesse de fendre les airs dans un fracas grondant, tandis qu'au-dessous le dragon pose ses lourds pieds arqués. Ah, si tu pouvais, mon Giselher, dont la tendre bouche m'a fait frémir de tant de félicités, si tu pouvais avec moi, ta Sulamite – ou veux-tu que je sois le prince Youssouf ? –, voler ainsi au-dessus du Styx des morts, qui est l'autre Wupper, jusqu'à ce que nous sombrions réunis, rajeunis et consumés ! Mais non, me voici sauvée en Terre sainte et vivant toute vouée au Messie, tandis que tu demeures perdu, toi qui a renié ta foi en moi, traître au visage dur, barbare que tu es. Lamentations ! Vois-tu le cygne noir sur la noire Wupper ? Entends-tu ma chanson plaintive, sur mon piano bleu ? – Mais à présent il nous faut descendre, dit Papa Schüler à son Else. Sur Terre, je fus généralement pour lui une enfant docile... »

Or, il est notoire qu'Else Schüler, le jour où la première section, longue de 4,5 kilomètres, du chemin de fer suspendu de Wuppertal fut en grande pompe ouverte au public, n'était plus une enfant, mais avait bien trente ans, était mariée à Berthold Lasker et mère d'un fils depuis deux ans. Seulement l'âge s'est toujours plié à ses désirs, et c'est pourquoi les trois signes adressés au Docteur Benn depuis Jérusalem, affranchis et expédiés peu avant qu'elle ne mourût, savaient de toute façon mieux la vérité.

Je ne marchandai pas longtemps, j'acquittai, pour ces cartes dont je renouai la ficelle, un prix de collectionneur, et Kurt Mühlenhaupt, dont le bric-à-brac a décidément toujours été peu banal, me fit un clin d'œil.

1902

Ce genre de choses prenait les dimensions d'un petit événement, à Lubeck, lorsque le lycéen que j'étais, afin de se promener jusqu'au Mühlentor ou sur les rives de la Trave, s'acheta son premier chapeau de paille. Pas un feutre mou, pas un melon, un chapeau plat en paille bouton-d'or qui, à la mode depuis peu, avait droit au nom français et distingué de « canotier », ou à l'appellation populaire de « scie circulaire ». Les dames aussi portaient des chapeaux de paille ornés de rubans, ce qui ne les empêchait pas de se lacer, et pour longtemps encore, dans des corsets à baleines. Rares étaient celles qui, devant le lycée par exemple, se montraient dans ces robes droites réputées saines qui laissaient passer l'air et faisaient rigoler les terminales.

Beaucoup de choses étaient nouvelles, à l'époque. Par exemple, la Reichspost mettait en circulation des timbres valables dans tout l'Empire, représentant Germania de profil, seins cuirassés. Et comme de toutes parts on annonçait le progrès, beaucoup de porteurs de canotiers se montraient curieux de l'avenir. Le mien en a vu de toutes les couleurs. Je le basculai en arrière quand le premier Zeppelin me laissa bouche bée. Au café Niederegger, je le posai à côté d'un livre tout nouveau qui agaçait fort les bourgeois, *Les Buddenbrooks*. Étudiant, je le promenais plus tard dans le zoo Hagenbeck récemment ouvert à Hambourg et, uniformément chapeauté de la sorte, je regardais – sans grilles ni barreaux – chameaux et singes me regarder, ceux-ci avec envie et ceux-là avec morgue.

Il fut échangé par erreur à la salle d'escrime, il fut oublié dans tel restaurant des quais de Hambourg. Certains de ses exemplaires connurent plus d'une fois la transpiration des examens. Régulièrement, il en fallait un neuf, que je tirais devant les dames, d'un geste large ou bien nonchalamment. Bientôt je le posai soigneusement de travers à la Buster Keaton, sauf que moi rien ne m'attristait ; au contraire, tout m'était bon pour rire, si bien qu'à Göttingen, où je quittai l'université pourvu de mon diplôme et de lunettes, je ressemblais plutôt à Harold Lloyd, pendu et gigotant des années plus tard au bout d'une grande aiguille d'horloge, son chapeau de paille ne contribuant pas peu au comique du muet.

De retour à Hambourg, je fus l'un des nombreux porteurs de canotiers qui se bousculèrent à l'inauguration du tunnel sous l'Elbe. C'est avec nos « scies circulaires » que nous nous hâtions de la maison de commerce aux docks, du tribunal à nos cabinets d'avocats, et c'est elles encore que nous brandîmes lorsque le plus grand bateau du monde, le paquebot transatlantique rapide *Imperator*, sortit du port pour sa première traversée.

Les occasions de brandir les chapeaux ne manquèrent pas. Et puis un jour que j'avais à mon bras une fille de pasteur qui convola par la suite avec un vétérinaire – au printemps ou en automne, je ne sais plus – et que je me promenais sur la berge de l'Elbe près de Blankenese, un coup de vent m'enleva mon léger couvre-chef. Il roula, s'envola, partit comme à la voile. Je lui courus après, en vain. Je le vis dériver au fil de l'eau et fus inconsolable en dépit du réconfort que s'efforçait de me prodiguer Élisabeth, l'objet momentané de mon attachement.

D'abord comme avocat stagiaire, et par la suite, je m'offris des canotiers de meilleure qualité, de ceux qui portaient la marque du chapelier au revers de la coiffe. Ils étaient encore à la mode le jour où des dizaines de milliers de porteurs de canotiers, dans les grandes villes et les petites – moi à Schwerin auprès de la cour d'appel –, se retrouvèrent assemblés autour, à chaque fois, d'un gendarme qui, en pleine rue et au nom de Sa Majesté, nous annonçait par un beau jour d'été ce qu'il lisait sur une feuille : la mobilisation. Beaucoup lancèrent alors en l'air leur « scie circulaire », se sentirent libérés de la morne vie civile et troquèrent – pour beaucoup sans retour – leurs beaux chapeaux bouton-d'or contre des casques gris, dits « à pointe ».

1903

C'était la Pentecôte, et la finale débuta peu après quatre heures et demie. Nous, de Leipzig, on avait pris le train de nuit : le onze, trois remplaçants, l'entraîneur, et deux du comité. Wagon-lit ? Tu parles ! Tous en troisième classe, moi aussi, et comment ! Il avait fallu casser sa tirelire pour payer le voyage. Mais nos gars se sont couchés sur les bancs de bois sans broncher, et jusque peu avant Uelzen j'ai eu droit à un vrai concert de ronflements.

On est donc arrivés à Altona plutôt moulus, mais on avait le moral. Comme c'était de règle aussi ailleurs, on s'est retrouvé sur le classique champ de manœuvre, qui là était même traversé par une allée de graviers. Rien ne servait de protester. M. Behr, l'arbitre neutre du FC 93 Altona, avait déjà entouré le terrain – sablonneux, mais à part ça impeccablement plat – avec une corde, et marqué de ses propres mains, à la sciure, les surfaces de réparation et la ligne de milieu de terrain.

Si nos adversaires, les gars de Prague, étaient du voyage, c'était uniquement grâce à ces ahuris du comité de Karlsruhe : croyant à une mauvaise plaisanterie, ils avaient mis au panier le télégramme qui les convoquait à la demi-finale en Saxe. Alors, aussi sec, la fédération avait expédié en finale les Allemands de Prague. C'était du reste la première finale qui ait jamais eu lieu, et le temps était idéal, de sorte que M. Behr put encaisser les entrées de quelque deux mille spectateurs, une jolie petite somme, dans un plat en fer-blanc. Pourtant, les cinq cents marks, tout juste, ne couvrirent pas tous les frais.

Dès le début, un ennui. Au moment de donner le coup de sifflet, pas de ballon. Aussitôt, les Pragois protestent. Les spectateurs, eux, rigolaient plus qu'ils ne pestaient. Les acclamations ne furent que plus grandes lorsque enfin la balle fut au milieu et que nos adversaires, le vent et le soleil dans le dos, eurent la mise en jeu. Ils ne tardèrent d'ailleurs pas à se retrouver devant nos buts, tirèrent du flanc gauche, et c'est tout juste si Raydt, notre immense gardien, put épargner à Leipzig d'avoir d'entrée un but à rattraper... Alors on a contre-attaqué, mais les passes de droite étaient trop sèches. Ensuite, dans une bousculade devant notre surface de réparation, les Pragois réussirent à marquer, et ce n'est qu'après une série d'attaques que nous pûmes tromper leur solide gardien Pick et égaliser avant la mi-temps.

Après le changement de côté, rien ne pouvait plus nous arrêter. En l'espace de cinq minutes, Stany et Riso obtinrent trois buts, après que Friedrich eut marqué notre deuxième, et Stany son premier tir avant même cette série de réussites. Sur une fausse passe de notre part, les Pragois marquèrent bien encore une fois, mais après – pas de doute – l'affaire était dans le sac, et le public en délire. Même le bon milieu de terrain Robitsek – qui à vrai dire faisait des fautes sur Stany – ne put arrêter nos hommes. Après un avertissement de M. Behr à Robi, Riso marqua le septième point juste avant le coup de sifflet final.

Les Pragois – auparavant portés aux nues – déçurent passablement, surtout leur ligne d'avants. Trop de passes en arrière, trop mous dans la surface de réparation. On dit ensuite que Stany et Riso avaient été les héros du jour. Mais ce n'est pas exact. Le onze s'était battu comme un seul homme, même si Bruno Stanischewski, qui pour nous était simplement Stany, avait montré dès ce moment-là ce que les joueurs d'origine polonaise, au cours des années, ont apporté au football allemand. Comme j'ai été encore longtemps au comité, les dernières années comme trésorier, et que j'ai assisté à bien des rencontres à l'extérieur, et que j'ai connu encore Fritz Szepan et son beau-frère Ernst Kuzorra, autrement dit la fameuse « toupie » de Schalke et les grands triomphes du club, je vous le dis tout net : c'est de ce championnat à Altona que date l'essor du football allemand, et il a été dû pour une bonne part aux Polonais naturalisés, à leur amour du jeu et à leurs qualités de buteur.

Revenons à Altona : un bon match, même si ce ne fut pas un grand match. Mais dès cette époque, et face à la victoire nette et incontestable de Leipzig, plus d'un journaliste avait tendance à assaisonner son potage à la sauce légende. En tout cas, le bruit selon lequel les Pragois seraient allés chez les filles à Sankt Pauli la nuit d'avant, et que ce serait pour ça qu'ils avaient été si mous en attaque, surtout à la seconde mi-temps, s'est révélé sans fondement. D'ailleurs l'impartial M. Behr me l'a écrit de sa main : « Les meilleurs ont gagné ! »

1904

— Chez nous, à Herne, ça a démarré déjà juste avant Noël...
— C'est les puits à Hugo Stinnes...
— Mais les wagonnets non payés, ça existe aussi ailleurs. A la mine de Harpen, quand les wagonnets sont pas pleins, ou avec un peu de charbon pas propre...
— En plus, ils vous collent une amende...
— Et comment donc, monsieur l'ingénieur ! Mais une autre raison de la grève, chez les gueules noires d'habitude paisibles, ça pourrait bien être aussi cette maladie, dans tout le bassin, que les bureaux ne veulent pas prendre au sérieux : les vers. Un mineur sur cinq en a...
— Si tu veux mon avis, même les chevaux les ont attrapés, ces vers...
— Bah, c'est les Polaks qui nous ont amené ça...
— Mais la grève, tout le monde la fait, y compris les mineurs polonais, qui pourtant, vous le savez, monsieur l'ingénieur, sont d'habitude faciles à calmer...
— Avec du schnaps !
— C'est des salades ! Tout le monde picole, ici...
— En tout cas, le comité de grève se réclame de l'accord de 89 à Berlin : la journée de huit heures...
— Ça n'existe nulle part ! Partout ils allongent les horaires...
— Chez nous à Herne, on fait dix heures au fond...
— Mais si tu veux mon avis, c'est les wagonnets refu-

sés, parce que ça n'a fait qu'empirer ces derniers temps...
— Il y a déjà plus de soixante puits en grève...
— En plus, ils refont des listes noires...
— Et à Wesel le 57ᵉ d'infanterie est consigné et l'arme au pied...
— Vous débloquez, les gars ! Jusque-là, dans tout le bassin, il n'y a que les gendarmes...
— Mais chez nous, à Herne, ils ont pris des cols blancs comme vous pour faire la police, avec brassards et matraques...
— On les appelle des Pinkertons, vu que c'est un Américain du nom de Pinkerton qui a eu le premier l'idée de cette saloperie...
— Et comme à présent c'est la grève générale partout, le Stinnes dit qu'il va fermer ses mines...
— Pendant ce temps, en Russie, ça tourne à une sorte de révolution...
— Et à Berlin, le camarade Liebknecht a...
— Mais tout de suite l'armée est intervenue et a canardé...
— C'est comme en Namibie, nos types font pas le détail, avec les Hottentots...
— N'empêche que maintenant, dans tout le bassin, ça fait plus de deux cents puits en grève...
— 85 %, on a calculé...
— Mais jusqu'ici ça se passe assez calmement, dans l'ordre, monsieur l'ingénieur, parce que même la direction du syndicat...
— Pas comme en Russie, où la révolution gagne de plus en plus...
— Et c'est pour ça, camarades, qu'à Herne on a pris les premières mesures contre les briseurs de grève...
— Mais vu que Stinnes continue à refuser tout accord, on peut craindre...
— A présent, en Russie, ils ont décrété l'état de guerre...

– Mais nos gars, ces Hereros et autres Hottentots, ils te les ont carrément chassés dans le désert...

– En tout cas, Liebknecht a dit que les ouvriers de Pétersbourg et nous dans la Ruhr, on était des héros du prolétariat...

– N'empêche qu'avec les Japonais, les Russes s'en sortent pas...

– Et chez nous à Herne, ils ont bel et bien tiré, finalement...

– Mais en l'air...

– En tout cas, tout le monde s'est barré en courant...

– Depuis le portail à travers tout le carreau...

– Non, monsieur l'ingénieur, pas l'armée, juste la police...

– N'empêche qu'on a couru...

– Vite, on se taille, j'ai dit à Antoine...

1905

Monsieur mon père, déjà, travaillait pour des armateurs de Brême, à Tanger, Casablanca et Marrakech, et bien avant la première crise marocaine. C'était un homme toujours soucieux, qui trouvait que la politique, en particulier celle que menait au loin le chancelier Bülow, gâchait ses bilans. Étant son fils, je maintenais à flot, tant bien que mal, notre maison de commerce face à la forte concurrence des Français et des Espagnols, mais c'est sans véritable passion que je m'occupais journellement de safran, de figues, de dattes et de noix de coco, préférant à nos bureaux la fréquentation des maisons de thé et la quête de distractions diverses dans les souks. Quant à ces sempiternelles conversations sur la crise internationale, à table ou au club, je les trouvais plutôt ridicules. Aussi, lorsque l'empereur a rendu au sultan cette visite impromptue, j'ai regardé la chose avec du recul et à travers un monocle ironique, d'autant qu'Abd el-Aziz sut réagir à cette visite aussi improvisée qu'officielle par une mise en scène étonnante, protégeant son hôte prestigieux par une garde haute en couleur et par des agents anglais, tandis qu'en secret il s'assurait des faveurs et de la protection de la France.

En dépit de quelques anicroches qui firent beaucoup sourire lors du débarquement – pour un peu la barcasse aurait chaviré et le souverain avec –, l'entrée de l'empereur fut imposante. Sur un cheval blanc d'emprunt manifestement rétif, il fit dans Tanger une entrée de cavalier confirmé. On obtint même des acclamations. Mais ce qui fut spontanément admiré, ce fut son casque, qui émettait des signaux lumineux répondant au soleil.

Plus tard circulèrent dans les maisons de thé, et aussi au club, des dessins satiriques où les traits du visage n'apparaissaient pas, mais où le couvre-chef agrémenté d'un aigle avait avec la majestueuse moustache un dialogue plein de vie. De surcroît, l'artiste – non, ce n'était pas moi le coupable, c'était un dessinateur que j'avais connu à Brême et qui fréquentait la petite tribu de Worpswede – avait su disposer le casque et l'impériale pilosité de telle sorte devant un décor marocain que les coupoles des mosquées et leurs minarets s'accordaient de la façon la plus vivante avec la voussure du casque richement orné et avec sa pointe acérée.

A part quelques dépêches alarmistes, cette apparition ostentatoire ne porta aucun fruit. Pendant que Sa Majesté tenait des propos fringants, la France et l'Angleterre se mettaient d'accord sur l'Égypte et le Maroc. Moi, de toute manière, je trouvais toute cette affaire ridicule. Et quand, six ans plus tard, notre canonnière *Panther* vint croiser devant Agadir, l'effet produit fut d'un ridicule analogue. Certes, on entendit gronder un tonnerre de théâtre. Mais la seule impression durable fut celle que laissa le casque impérial étincelant sous le soleil. Les dinandiers locaux l'ont reproduit avec application et répandu sur les marchés. Longtemps encore – plus longtemps que ne se maintint notre import-export – on put acheter dans les souks de Tanger et de Marrakech des casques à pointe prussiens en miniature, mais aussi, en guise de souvenir et plus grands que nature, les mêmes pour servir de crachoirs. Moi-même, aujourd'hui encore, j'en ai un exemplaire, la pointe plantée dans une caisse de sable, et il m'est bien utile.

A mon père, en revanche, qui eut toujours, et pas seulement en affaires, le don de voir loin en redoutant le pire, et qui traitait parfois son fils, non sans quelque raison, de « tête de linotte », cette trouvaille spirituelle n'arracha pas le moindre sourire. Tout au contraire, l'occasion lui fut bonne de formuler de plus en plus souvent, et non seulement à table, ce sombre diagnostic : « Nous sommes en train d'être encerclés : alliés aux Russes, les Britanniques et les Français nous encerclent. » Et parfois il nous inquiétait en ajoutant : « L'empereur, certes, sait jouer du sabre bruyamment, mais la vraie politique est faite par d'autres. »

1906

Qu'on m'appelle Capitaine Sirius. Mon inventeur a pour nom Sir Arthur Conan Doyle, auteur d'histoires de Sherlock Holmes mondialement connues où la criminalistique est pratiquée de façon rigoureusement scientifique. Accessoirement, il a tenté de mettre en garde l'insulaire Angleterre : huit ans après le lancement de notre premier submersible tenant la mer, il publia un petit livre intitulé *Danger*, qui parut en traduction allemande en l'an de guerre 1915 sous le titre *La Guerre sous-marine : comment le Capitaine Sirius mit l'Angleterre à genoux*, et connut dix-sept rééditions avant la fin des hostilités, mais entre-temps semble hélas être tombé dans l'oubli.

Selon cette vision prophétique, je parvenais sous le nom de Capitaine Sirius à convaincre le royaume de Norlande (comprenez : l'Allemagne) de la possibilité téméraire mais néanmoins démontrable, à l'aide de seulement huit sous-marins – nous n'en avions pas davantage –, de couper tout approvisionnement à destination de l'Angleterre et de littéralement affamer celle-ci. Nos sous-marins s'appelaient : Alpha, Bêta, Gamma, Thêta, Delta, Epsilon, Iota et Kappa. Ce dernier, au cours d'une campagne globalement couronnée de succès, disparaissait malheureusement corps et biens dans la Manche. Je commandais le *Iota* et toute la flottille. Nous enregistrions de premiers succès à l'embouchure de la Tamise, près de l'île de Sheerness : l'un après l'autre j'envoyais par le fond, d'une torpille en pleine coque, l'*Adela* chargé d'agneaux de Nouvelle-Zélande, puis le *Moldavia* de la Compagnie orientale et le *Cusco*, deux navires chargés de céréales. Après d'autres succès dans la Manche et des torpillages répétés jusqu'en mer d'Irlande, où nous nous illustrions en formation ou bien individuellement, les prix commençaient à monter, d'abord à Londres puis dans toute l'île : un pain de cinq pence coûtait bientôt un shilling et demi. Par le blocus systématique de tous les principaux ports d'importation, nous faisions encore monter ces prix usuraires et provoquions dans tout le pays pénurie et famine. La population aux abois protestait violemment contre le gouvernement. La Bourse, sanctuaire de l'Empire, était prise d'assaut. Les membres de la classe supérieure et tous ceux qui pouvaient se le permettre se réfugiaient en Irlande, où il y avait au moins suffisamment de pommes de terre. Finalement la fière Albion, humiliée, devait conclure la paix avec la Norlande.

La deuxième partie du livre donnait la parole à des spécialistes de la marine et autres experts, qui tous corroboraient la mise en garde de l'auteur contre le danger de la guerre sous-marine. Un vice-amiral du cadre de réserve conseillait de construire désormais en Angleterre, comme jadis Joseph en Égypte, des greniers à blé et de protéger par des douanes les produits de l'agriculture intérieure. On exhortait instamment à renoncer au dogme de l'insularité et à creuser enfin le tunnel vers la France. Un autre vice-amiral proposait que les navires marchands ne fassent plus route qu'en convois et que des unités rapides soient spécialement équipées pour la chasse aux sous-marins. Autant de recommandations ingénieuses dont l'utilité fut malheureusement confirmée au cours de la guerre réelle. S'agissant de l'efficacité des grenades anti-sous-marins, j'en sais quelque chose.

Il est regrettable que mon inventeur, Sir Arthur, ait omis de préciser que, jeune enseigne de vaisseau, j'étais à Kiel lorsque, le 4 août 1906, aux chantiers Germania, une grue mit à l'eau notre première unité tenant la mer. A l'abri des regards : secret militaire. Jusque-là, j'avais été officier en second sur un torpilleur, mais je m'étais porté volontaire pour participer aux essais de notre arme sous-marine encore sous-développée. Au sein de l'équipage, je vécus la descente de notre « U 1 » jusqu'à trente mètres de fond, puis la propulsion autonome qui l'amena au large. Je dois à vrai dire concéder qu'avant cela la firme Krupp avait déjà, sur les plans d'un ingénieur espagnol, construit un submersible de treize mètres qui filait ses cinq nœuds et demi sous l'eau. Cette *Truite* avait même suscité l'intérêt de l'empereur, dont le propre frère, le prince Heinrich, avait en personne participé à une plongée. Malheureusement, les services du ministère de la Marine avaient différé le développement de cette *Truite*. De surcroît, il y avait des difficultés avec le moteur à pétrole. Mais lorsque, avec un an de retard, le « U 1 » fut mis en service à Eckernförde, c'était parti. Même si ensuite la *Truite* et notre unité de trente-neuf mètres, le *Kambala*, déjà équipé de trois torpilles, furent vendues en Russie. J'eus le regret d'être désigné pour les remettre aux mains des Russes. Des popes arrivés tout exprès de Pétersbourg bénirent les sous-marins et les aspergèrent d'eau bénite de la proue à la poupe. Au terme d'un long transport par voie de terre, ils furent remis à l'eau à Vladivostok, trop tard pour les engager contre le Japon.

Mais mon rêve s'est tout de même réalisé. En dépit de son flair de détective attesté par tant d'histoires, Conan Doyle n'avait pu soupçonner que tant de jeunes Allemands réaliseraient comme moi ce rêve : la plongée rapide, le coup d'œil circulaire par le périscope, les bateaux-citernes qui vont droit leur petit bonhomme de chemin, le commandement « torpille... feu ! », les coups au but qu'on acclame, la camaraderie dans un étroit espace clos, et le retour au port toutes flammes au vent. Et moi, qui ai été présent depuis le début et fais entre-temps partie de la littérature, je ne pouvais pas soupçonner que des dizaines de milliers de nos petits gars ne remonteraient plus jamais de leur rêve sous-marin.

Malheureusement, grâce à la mise en garde de Sir Arthur, nos essais réitérés pour mettre l'Angleterre à genoux ont échoué. Tant de morts. Mais le Capitaine Sirius est resté condamné à survivre à toutes les plongées.

1907

Fin novembre, notre atelier de pressage brûla, sur la Celler Chaussee. Et nous étions en pleine expansion. Sans mentir : on crachait trente-six mille disques par jour. On nous les arrachait, ces galettes. Et le chiffre d'affaires de notre catalogue phonographique grimpait à deux millions de marks par an. Si les affaires marchaient si bien, c'est qu'à Hanovre, depuis deux ans, nous sortions des disques double face. Jusque-là, ça n'avait existé qu'en Amérique. Beaucoup de fanfares militaires. Peu de choses pour satisfaire des goûts plus raffinés. Mais ensuite, Rappaport – votre humble serviteur – finit par persuader Nellie Melba, la « grande Melba », de se laisser enregistrer. Au début elle se fit prier, comme plus tard Chaliapine, qui avait une peur bleue que ce truc diabolique – comme il appelait notre technique la plus moderne – ne lui fasse perdre sa chaude voix de basse. Joseph Berliner, qui avec son frère Emile avait fondé à Hanovre la Deutsche Grammophon avant la fin du siècle, puis avait transféré son siège à Berlin, prenant un sérieux risque avec seulement vingt mille marks de capital de fondation, me dit un beau matin : « Fais tes valises, Rappaport, tu files à Moscou et tu te débrouilles comme tu veux, mais tu nous décroches Chaliapine. »

Sans mentir, j'ai sauté dans le premier train, sans m'attarder à mes bagages, mais j'emportais nos premiers disques en gomme laque, ceux avec la Melba, en guise de cadeau. Pour un voyage, ce fut un voyage ! Vous connaissez le restaurant Yar ? Super chic ! La soirée dura toute la nuit, dans un salon particulier. Pour commencer, on n'a bu que de la vodka, dans des verres à eau, jusqu'au moment où Fédor a fait le signe de croix et s'est mis à chanter. Non, pas son morceau de bravoure de *Boris Godounov*, uniquement de ces trucs religieux que les moines grondent de leurs basses incroyablement profondes. Ensuite on est passés au champagne ; mais c'est seulement vers le petit matin qu'il a signé, en pleurant et en faisant signe de croix sur signe de croix. Comme je boite depuis l'enfance, il devait me prendre pour le diable, quand je le poussais à signer. Et il ne s'est décidé que parce qu'on avait déjà mis le grappin sur le grand ténor Sobinov et que j'ai pu lui mettre le contrat sous le nez, pour ainsi dire comme modèle. En tout cas, ce fut Chaliapine notre première vraie vedette.

Ensuite ils y sont tous venus : Leo Slezak, Alessandro Moreschi, enregistré au titre de dernier castrat. Et puis je réussis, à l'Hotel di Milano – incroyable, je sais, à l'étage au-dessus de la chambre où est mort Verdi –, à mettre dans la boîte les premiers enregistrements d'Enrico Caruso : dix airs ! Avec contrat d'exclusivité, ça va de soi. Bientôt, Adelina Patti chantait aussi pour nous, et qui sais-je encore. Nous fournissions des tas de pays. Les familles royales d'Angleterre et d'Espagne faisaient partie de nos clients fidèles. Pour ce qui est de la maison Rothschild de Paris, Rappaport réussit même, au prix de quelques astuces, à évincer le fournisseur américain. Néanmoins je faisais le commerce du disque et je savais bien qu'il ne fallait pas rester élitiste, parce que seule la masse rapporte, et que nous devions décentraliser pour nous imposer sur le marché mondial, avec de nouvelles presses à Barcelone, à Vienne et – sans mentir ! – à Calcutta. Aussi l'incendie de Hanovre ne fut-il pas un désastre absolu. Mais ça nous a tout de même chagrinés, parce que c'est sur la Celler Chaussee qu'on avait commencé, tout petits, avec les frères Berliner. Certes, ces deux-là étaient des génies, et je n'étais que le commercial, mais Rappaport a toujours su qu'avec le disque et le gramophone le monde se réinventait. N'empêche que, longtemps encore, Chaliapine s'est signé x fois avant chaque enregistrement.

1908

C'est une sorte de tradition, dans notre famille : le père emmène le fils. Déjà mon grand-père, qui était aux chemins de fer et syndiqué, emmenait son aîné chaque fois que Wilhelm Liebknecht tenait un meeting dans le parc de Hasenheide. Et mon père, qui était aussi cheminot et au parti socialiste, m'a parlé de ces grandes manifestations interdites aussi longtemps que Bismarck fut aux affaires, et m'a inculqué la phrase quasi prophétique : « L'annexion de l'Alsace-Lorraine ne nous apportera pas la paix, mais la guerre ! »

A son tour il m'a emmené, quand j'étais un gamin de neuf ou dix ans et que le fils de Wilhelm, le camarade Karl Liebknecht, prenait la parole en plein air ou bien, les fois où c'était interdit, dans des tavernes enfumées. Il a aussi pris le tramway avec moi pour Spandau, parce que Liebknecht s'y présentait à une élection. Et en 5 j'ai même pu, vu que Papa était conducteur de locomotive et avait droit à des trajets gratuits, l'accompagner à Leipzig, car dans la taverne Felsenkeller, dans le quartier de Plagwitz, Karl Liebknecht parlait de la grande grève de la Ruhr, dont les journaux étaient pleins. Mais il ne parla pas seulement des mineurs, et ne s'en prit pas qu'aux grands propriétaires prussiens des champs de betteraves et des hauts-fourneaux, il s'étendit surtout et de façon carrément prophétique sur la grève générale comme arme future des masses prolétariennes. Il parlait sans notes et semblait attraper les mots en l'air. Il en était déjà à la révolution en Russie et au tsarisme souillé de sang.

Il y avait régulièrement des applaudissements. Et pour finir une résolution fut adoptée à l'unanimité, par laquelle les participants – mon père dit qu'ils étaient sûrement plus de deux mille – se solidarisaient avec les camarades qui luttaient héroïquement en Russie et dans la Ruhr.

Peut-être même étaient-ils trois mille, qui se pressaient dans le Felsenkeller. Car enfin je voyais mieux que mon père, parce qu'il m'avait pris sur ses épaules, comme déjà son père l'avait fait quand Wilhelm Liebknecht ou le camarade Bebel parlaient de la situation de la classe ouvrière. Je vous dis que c'était une tradition, chez nous. En tout cas, gamin, j'ai toujours vu le camarade Liebknecht de haut, et non seulement vu mais entendu. C'était un tribun. Jamais à court de mots. Ce qu'il aimait particulièrement, c'était s'adresser à la jeunesse. En plein air, je l'ai entendu s'écrier, par-dessus je ne sais combien de milliers de têtes : « Si on a la jeunesse, on a l'armée ! » Encore une chose qui s'est révélée prophétique. En tout cas, sur les épaules de mon père, j'ai eu vraiment peur lorsqu'il nous a lancé : « Le militarisme est le brutal exécutant du capitalisme, et son rempart de fer et de sang ! »

Car je m'en souviens comme si c'était hier, de cette frousse qu'il me flanquait dès qu'il parlait de l'ennemi intérieur qu'il fallait combattre. C'est sans doute pour ça que j'ai été pris d'une telle envie de faire pipi et que je m'agitais sur les épaules paternelles. Mais mon père ne remarquait pas mon besoin, tant il était enthousiaste. Alors je n'ai plus pu me retenir, sur mon perchoir. C'est en 7 que j'ai comme ça, à travers ma culotte de cuir, pissé sur le cou de mon père. Peu après, le camarade Liebknecht a été arrêté, il a écopé d'une condamnation pour son pamphlet contre le militarisme, et il a pris pour un an – en 1908 et au-delà – de forteresse à Glatz.

Quant à mon père, lorsque je n'ai pas pu faire autrement que de lui arroser tout le dos, il m'a descendu de ses épaules et, tandis que la manifestation se poursuivait et que le camarade Liebknecht continuait de s'adresser à la jeunesse, il m'a flanqué une raclée magistrale. Il avait la main lourde, et je l'ai sentie longtemps. Et c'est à cause de cela, uniquement, que quand la guerre a enfin éclaté j'ai couru au bureau de recrutement pour m'engager comme volontaire, que j'ai même été décoré de la médaille militaire et qu'après deux blessures, à Arras et à Verdun, je suis passé sergent. Même si toujours, même étant dans les troupes de choc en Flandre, je suis resté persuadé que le camarade Liebknecht – que plus tard, beaucoup plus tard, quelques camarades des corps francs ont abattu comme la camarade Rosa, en jetant même l'un des cadavres dans le Landwehrkanal – avait mille fois raison quand il s'adressait à la jeunesse.

1909

Parce que jour après jour je me rendais à l'hôpital en vélo et que je passais pour un passionné de la petite reine, je devins l'assistant du docteur Willner pour la course des Six Jours, qui se déroulait au vélodrome d'hiver du Zoo et qui était une première non seulement à Berlin et en Allemagne, mais en Europe. Il n'y avait qu'en Amérique qu'on connaissait cette épreuve épuisante déjà depuis quelques années, parce que là-bas, de toute façon, tout ce qui est colossal attire du monde. C'est d'ailleurs pourquoi les vainqueurs de la saison précédente à New York, Floyd MacFarland et Jimmy Moran, partaient favoris. Dommage que le coureur allemand Rütt, vainqueur deux ans plus tôt de l'épreuve américaine avec son partenaire hollandais Stol, ne pût être à Berlin. Déserteur en Allemagne, il était considéré comme un repris de justice et ne pouvait pas se risquer à rentrer dans son pays. Mais Stol, ce joli garçon, était en piste et fut bientôt la coqueluche du public. Naturellement, j'espérais que Robl, Stellbrink et notre as du vélo, Willy Arend, défendraient de leur mieux les couleurs allemandes.

Le docteur Willner dirigeait en continu, vingt-quatre heures sur vingt-quatre, l'infirmerie des Six Jours. Comme les coureurs, nous nous installâmes dans des cabines de repos aux dimensions de poulaillers, qui avaient été montées en bois le long du grand côté de l'espace central, près du petit atelier de mécanique et du service médical, à peu près à l'abri des regards. Et nous eûmes de quoi nous occuper. Dès le premier jour, Poulain tomba et entraîna notre Willy Arend dans sa chute. Ils durent être remplacés pendant quelques tours par Georget et par Rosenlöcher, ce dernier devant plus tard abandonner, épuisé.

Selon le plan médical, le docteur Willner avait prescrit de relever le poids de tous les concurrents dès avant le départ, et de nouveau à la fin des six jours. En outre il proposa à tous les coureurs, pas seulement aux Allemands, des inhalations d'oxygène. Suggestion que presque tous acceptèrent. Chaque jour, notre infirmerie consomma six ou sept bouteilles d'oxygène, ce qui donne une idée de ce qu'exigeait la compétition.

Après les transformations qu'on avait tout juste achevées à temps, la piste de cent cinquante mètres, dans le vélodrome, avait changé d'aspect. Asphaltée de frais, avait été repeinte en vert. Sur les places debout de la galerie, la jeunesse se bousculait. Dans les loges et aux places réservées du centre, on voyait des messieurs des quartiers ouest, en frac et écharpe blanche. Les dames bouchaient la vue avec leurs chapeaux gigantesques. Certes, la loge de la Cour avait reçu dès le deuxième jour, alors que notre Willy avait déjà deux tours de retard, la visite du prince Oskar et de sa suite; mais le quatrième jour, lorsque les favoris MacFarland-Moran et Stol-Berthet se livrèrent sur vingt-cinq tours une lutte acharnée en se dépassant alternativement, et que le Français Jacquelin gifla notre coureur Stellbrink – sur quoi des désordres éclatèrent dans la galerie, le public menaçant de lyncher Jacquelin, si bien qu'on sonnât une brève interruption de la course et que le Français fut disqualifié –, alors parut en grand tralala Son Altesse Impériale le prince héritier, qui, de fort belle humeur, resta jusque bien au-delà de minuit. Ovations à son entrée. Puis des marches militaires, et aussi des rengaines pour la galerie, qui reprenait en chœur.

Même aux heures calmes, quand les coureurs tournaient tout tranquillement, retentissait une musique martiale qui tenait tout le monde éveillé. Stellbrink, qui roulait dès lors la mandoline au bras, ne faisait évidemment pas le poids face à ces fanfares. Même au petit matin, quand il ne se passait absolument rien d'intéressant, nous avions à faire. Grâce à la société d'appareils électriques Sanitas, notre infirmerie était équipée des plus récents appareils rotatifs à rayons X, de sorte que, quand le médecin-général Schjerning vint nous inspecter, le docteur Willner avait déjà pris soixante clichés des coureurs en course ou qui avaient déjà abandonné, et il put les montrer à son prestigieux visiteur. Celui-ci conseilla au docteur Willner de publier ensuite ces documents et encore d'autres, ce qui fut fait dans une importante revue spécialisée, sans du reste que ma collaboration soit mentionnée.

Mais la course elle-même retint aussi la curiosité du médecin-général. Il vit l'équipe Stol-Berthet, qui menait jusque-là, se faire prendre un tour par les favoris américains. Sur quoi Berthet, après avoir été gêné au sprint par Brocco, prétendit que son coéquipier Stol avait été soudoyé par le team MacFarland-Moran, sans pouvoir prouver cette accusation devant les juges. Ainsi, bien que le soupçon ne fût pas écarté, Stol demeura le chouchou du public.

Le docteur Willner avait recommandé à nos coureurs, comme aliments reconstituants, de la Biocitine, du malt biologique, des œufs crus et du rosbif, du riz, des pâtes et du pudding. Robl, un original bougon, engloutissait sur les conseils de son médecin particulier d'énormes louches de caviar. Presque tous les coureurs fumaient, buvaient du champagne, et Jacquelin, jusqu'à son élimination, même du porto. Nous pensâmes avoir lieu de supposer que quelques-uns des concurrents étrangers recouraient à des excitants, à des drogues plus ou moins dangereuses ; le docteur Willner émit l'hypothèse que ce pouvait être des préparations à base de strychnine et de caféine. S'agissant de Berthet, le fils de millionnaire aux cheveux noirs bouclés, je pus observer que dans sa cabine il mâchonnait goulûment une racine de gingembre.

Néanmoins l'équipe Stol-Berthet perdit des tours et, le septième jour, qui était un samedi, à dix heures, Floyd Mac-Farland et Jimmy Moran remportèrent la victoire. Ils purent encaisser les cinq mille marks de récompense. Naturellement, notre Willy Arend, avec ses dix-sept tours de retard, a déçu même ses plus fidèles supporters. Mais le vélodrome, bien que le prix d'entrée eût été doublé vers la fin, resta comble jusqu'au 21 mars. Sur les quinze équipes de deux, neuf seulement restèrent en piste jusqu'au bout. A la sonnerie du dernier tour, tonnerres d'applaudissements. Même si Stol, le joli garçon, en récolta plus que les autres, les Américains eurent droit pour leur tour d'honneur à des applaudissements très fair-play. Il va de soi que la loge de la Cour était occupée : par le prince héritier, le prince de Tour et Taxis et d'autres représentants de la noblesse. Un mécène passionné de vélo attribua même à nos coureurs Arend et Robl de coquets prix de consolation pour avoir rattrapé des tours. Moi, Stol me fit cadeau, à titre de souvenir, d'une de ses pompes à air fabriquées en Hollande. Et le docteur Willner estima remarquable que nous ayons pu constater chez tous les coureurs, pendant ces six jours, de forts taux d'albumine dans les urines.

1910

Là je veux raconter pourquoi les types d'ici, juste parce que je m'appelle Berta et que je suis un peu ronde, m'ont collé cette espèce de surnom. On habitait à la cité-jardin, à l'époque. Elle appartenait à l'usine et elle était tout près du travail. Du coup, on recevait toute la fumée. Mais quand je pestais parce que ma lessive sur la corde était encore une fois toute grise, et que les mioches n'arrêtaient pas de tousser, Papa disait : « Laisse tomber, Berta. Quand on est aux pièces chez Krupp, faut être tout près du boulot. »

Tout près, on l'a été, pendant toutes ces années jusqu'il y a pas longtemps. Faut dire qu'on était un peu à l'étroit, parce que la chambre du fond, celle qui donne sur les cages à lapins, il avait fallu la louer à deux célibataires, des pensionnaires comme on dit, et que j'avais pas de place pour ma machine à tricoter que je m'étais payée sur mes petites économies. Mais mon Jacob il me disait toujours : « Laisse tomber, Berta. Il nous pleut pas dessus, c'est le principal. »

Il était à la fonderie. Des tubes de canons, ils coulaient. Et tout ce qui va avec. C'était juste quelques années avant la guerre. Il y avait à faire. Et puis ils ont coulé un truc, ils en étaient tous très fiers, parce que nulle part jamais dans le monde il n'y en avait eu un si gros. Et comme beaucoup de types de la cité étaient à la fonderie, nos deux pensionnaires aussi, ils n'arrêtaient pas de parler de ce truc, même si prétendument c'était une chose tout ce qu'il y a de secrète. Mais ils n'en finissaient pas de la fabriquer. En fait, ça devait être une espèce de mortier. C'est les machins avec des tubes courts. Quarante-deux centimètres de diamètre exactement, qu'ils disaient. Mais plusieurs fois la coulée a raté. Et puis de toute façon, ça traînait en longueur. Et Papa disait toujours : « Si tu veux mon avis, on y arrivera, avant que ça pète pour de bon. Et le Krupp, si ça se trouve, il vendra son truc au tsar, en Russie. »

Mais quand ça a pété pour de bon, quelques années plus tard, ils l'ont pas vendu, ils ont canardé Paris avec, de très loin. Et tout le monde l'a appelé la Grosse Berta. Même des gens qui me connaissaient pas. C'est juste les fondeurs qui habitaient la cité qui lui ont les premiers donné mon nom, parce qu'y se trouvait que par chez nous c'était moi la plus grosse. Ça m'a pas plu, de faire parler de moi comme ça partout, même si mon Jacob me disait : « Ça veut pas être méchant. » En plus, jamais je me suis intéressée aux canons, même si c'est les trucs de Krupp qui nous faisaient vivre. Et vivre pas si mal que ça, si vous voulez mon avis. Il y avait même des poules et des oies qui couraient dans la cité. Presque tout le monde avait son cochon derrière la maison. Et puis, au printemps, tous ces lapins...

Mais il paraît qu'elle n'a pas servi à grand-chose pendant la guerre, leur Grosse Berta. Ils se tordaient de rire, les Français, chaque fois que ce gros truc tapait à côté. Et mon Jacob, que le Ludendorff a trouvé moyen de coller encore au dernier moment dans la territoriale, ce qui fait qu'il est estropié et qu'on a plus le droit d'habiter la cité, mais juste dans un cabanon de jardin et sur mes économies, il me dit toujours : « Laisse tomber, Berta. Si ça tient qu'à moi, tu peux tranquillement prendre quelques kilos. Le principal, c'est que tu aies la santé... »

1911

Mon cher Eulenburg,

Si du moins je puis encore vous appeler ainsi, après toute la fange dont nous a éclaboussés cette canaille de Harden, m'obligeant à me plier bien à contrecœur à la raison d'État et à me séparer d'un compagnon de voyage aussi fidèlement dévoué, d'un ami d'aussi bon conseil que vous. Néanmoins, cher prince, je vous invite maintenant à partager mon triomphe : ça y est ! Aujourd'hui j'ai nommé grand- amiral mon ministre de la Marine Tirpitz, qui au Reichstag a si bien su asticoter les libéraux de gauche. Tous mes dessins sur les forces navales en présence, dont souvent vous désapprouviez gentiment la minutie, parce qu'au cours des plus fastidieuses séances je ne me lassais pas d'exercer mon petit talent sur les chemises des dossiers, voire dans ces dossiers assommants eux-mêmes, et de représenter avec toutes leurs tourelles – pour nous donner à réfléchir – de la France le *Charles Martel* et les croiseurs-cuirassés de première classe, le *Jeanne d'Arc* en tête, et puis de la Russie les plus récentes unités, à commencer par le *Petropavlovsk*, le *Poltava* et le *Sébastopol*, comme si tout cela constituait une seule flotte... Car qu'avions-nous à opposer aux *dreadnoughts* anglais, jusqu'à ce que les « lois sur la flotte » nous donnent peu à peu les mains libres ? Tout au plus les quatre croiseurs-cuirassés de la classe Brandebourg, sinon rien... Eh bien, tout ce tableau de l'ennemi potentiel trouve à présent – comme vous pouvez, mon très cher ami, le voir dans les documents ci-joints – une réponse de notre part, qui n'est plus seulement un projet, mais sillonne déjà la mer du Nord et la Baltique, ou bien est en chantier à Kiel, à Wilhelmshaven ou à Dantzig.

Je sais, nous avons perdu des années. Nos gens étaient hélas extrêmement ignorants *in rebus navalibus*. Il fallait provoquer dans le peuple un mouvement général, mieux, un enthousiasme en faveur de la flotte. Il fallait une association pour la flotte, il fallait des lois sur la flotte, et les Anglais – ou devrais-je dire mes aimables cousins anglais ? – m'ont beaucoup aidé malgré eux lorsque, pendant la guerre des Boers – vous vous rappelez, cher ami –, ils ont éventré au mépris de tout droit deux de nos vapeurs au large de la côte d'Afrique orientale. L'indignation fut grande dans tout l'Empire. Cela facilita les choses au Reichstag. Même si ma formule : « Il faut que nous, Allemands, nous opposions aux *dreadnoughts* anglais nos intrépides cuirassés "Fürchtenichts" » a fait un peu trop de bruit... (Oui, oui, cher Eulenburg, je sais : l'agence télégraphique Wolff représentera toujours pour moi la pire des tentations.)

Mais voici que les premiers rêves réalisés sont à flot. Et pour la suite ? Tirpitz s'en charge. Moi, en tout cas, je continue à prendre un plaisir divin à dessiner des navires de ligne et des cuirassés, et sérieusement désormais, installé à mon secrétaire, devant lequel je m'assieds, comme vous savez, sur une selle, sans cesse prêt à l'attaque. Tous les matins, après ma promenade à cheval, je me fais un devoir de coucher sur le papier, en d'audacieux projets, notre flotte encore si jeune affrontée à un ennemi pour l'instant supérieur, tout en sachant que Tirpitz, comme moi, mise sur les grosses unités. Il nous faut davantage de rapidité, de mobilité, de puissance de feu. Les idées me viennent en foule. Souvent, c'est comme si, dans cet acte créateur, les navires me déboulaient de la tête. Hier, j'ai eu la vision de quelques cuirassés lourds, le *Seydlitz*, le *Blücher*, et ma main les a dessinés. Je vois des escadres entières défiler en convoi. Nous manquons toujours de gros navires de combat. C'est pour cela que les sous-marins doivent attendre, pense Tirpitz.

Ah, que ne vous ai-je comme naguère auprès de moi, mon ami le plus cher, vous l'esthète et l'amoureux des arts ! Comme nous deviserions avec audace et lucidité ! Comme je m'empresserais d'apaiser vos angoisses ! Oui-da, très cher Eulenburg, j'entends être un souverain de la paix, mais l'être sous les armes...

1912

Bien que je gagnasse de quoi vivre au Service des voies d'eau à Potsdam en qualité de surveillant des berges, je n'en écrivais pas moins des poèmes crépusculaires et apocalyptiques où la Mort faisait son office, et j'étais donc prêt à tous les effrois. C'est arrivé à la mi-janvier. Deux ans auparavant, j'avais assisté pour la première fois à l'une de ses lectures au casino Nollendorf de la Kleiststrasse, où le « Nouveau Club » se réunissait les mercredis soirs. Et à partir de là assez fréquemment, dès que je pouvais faire ce long trajet. Je ne retenais guère l'attention, avec mes sonnets, tandis que lui, il était impossible de ne pas l'écouter. Plus tard, je rencontrai la puissance de son verbe au Cabaret néopathétique. Blass et Wolfenstein étaient présents. Les vers défilaient en colonnes fracassantes. Une marche au pas de monotones monologues, qui conduisait tout droit à l'abattoir. Mais ensuite, cet enfantin géant explosa. C'était comme l'explosion du Krakatoa l'année d'avant. Déjà il écrivait pour l'*Action* de Pfemfert – par exemple juste après la dernière crise marocaine, lorsque tout était prêt à basculer et que nous pouvions espérer qu'on allait en découdre – son poème « La guerre ». Je l'entends encore : « Innombrables déjà les corps gisant dans les roseaux / Que recouvrent de blanc les funèbres oiseaux... » De toute façon, il aimait le noir et blanc, mais surtout le blanc. Rien d'étonnant à ce que, sur la Havel gelée depuis des semaines, dans la blancheur à perte de vue, se soit trouvé ce trou noir qui semblait l'attendre.

Quelle perte ! Mais pourquoi, nous sommes-nous alors demandé, la *Vossische Zeitung* n'a-t-elle pas publié de nécrologie ? Juste cet entrefilet : « Mardi après-midi, alors qu'ils patinaient, l'avocat stagiaire Georg Heym, docteur en droit, et l'étudiant en droit Ernst Balcke sont tombés en face de Kladow dans une ouverture pratiquée dans la couche de glace pour les oiseaux aquatiques. »

Rien d'autre. Mais ce qu'il y a de sûr c'est que, depuis Schwanenwerder, nous avons vu l'accident. Moi du Service des voies d'eau et mon assistant nous nous sommes dirigés avec quelques patineurs vers cet endroit dangereux, mais nous avons trouvé uniquement – comme il fallut le constater ensuite – la canne de Heym, avec son pommeau élégamment orné, et ses gants. Peut-être avait-il voulu porter secours à son ami en difficulté et s'était-il ainsi retrouvé à son tour sous la couche de glace. Ou bien Balcke l'avait entraîné avec lui. Ou bien tous deux avaient délibérément voulu mourir.

La *Vossische* précisait encore, comme si c'était important, qu'il était le fils de l'avocat militaire Heym (C.R.), domicilié Königsweg 31 à Berlin-Charlottenburg, et que le père du malheureux étudiant était banquier. Mais rien, pas un mot, sur ce qui avait pu inciter deux jeunes gens à s'écarter délibérément de la piste de patinage qui était délimitée par des bottes de paille et des barres de bois, et ne devait pas présenter de danger. Rien sur la détresse profonde de notre génération, déjà « perdue » à l'époque. Rien sur les poèmes de Heym. Malgré tout, un jeune éditeur nommé Rowohlt l'avait publié. Ses nouvelles devaient paraître sous peu. Il n'y avait que le *Berliner Tagblatt* qui mentionnait, à la suite du fait divers, que le malheureux juriste donnait aussi dans la littérature, qu'il avait récemment publié un volume de poésie intitulé *Le Jour éternel* et manifestant un talent prometteur. Prometteur ! C'était ridicule.

Au Service des voies d'eau, nous participâmes aux recherches. Mes collègues eurent beau ricaner lorsque je qualifiai les poèmes du jeune Heym de « terriblement grands » et que j'en citai des vers récents – « Les hommes en avant se dressent dans les rues / Et ils guettent au ciel des signes grandioses... » –, nous ne laissâmes point de briser à la hache la glace de la Havel en divers endroits et d'en explorer le fond avec ce qu'on appelle des « grappins de mort ». C'est ainsi que nous finîmes par le retrouver. Et à peine étais-je rentré à Potsdam que j'écrivais mon poème dédié à Georg Heym et intitulé « Grappin de mort », que Pfemfert voulut d'abord publier, mais qu'ensuite il me retourna en m'exprimant ses regrets.

Balcke, l'autre noyé, d'un an plus jeune, fut repéré par un pêcheur qui vit à travers la glace, comme s'empressa de l'imprimer la *Kreuzzeitung*, le corps qui dérivait dans la Havel. L'homme fit un trou dans la glace et attrapa le cadavre au bout de sa gaffe. Balcke avait une expression sereine. Heym au contraire avait les jambes repliées comme un fœtus, le visage crispé et grimaçant, les mains écorchées. Gisant sur la croûte de neige glacée, il avait aux pieds ses deux patins de course. Un garçon dont la robustesse n'était qu'apparente. Tiraillé entre des vouloirs différents. Lui qui avait horreur de tout ce qui était militaire avait voulu s'engager, quelques semaines auparavant, au régiment alsacien d'infanterie à Metz. En même temps, il était plein de projets tout autres. Je sais qu'il voulait écrire des drames...

1913

Ainsi, cette masse menaçante dans la campagne plate, ce colosse pétrifié, cette expression délirante d'un architecte chiant le granit, c'est moi qui l'aurais construite ? Non pas conçue ni dessinée, mais, en qualité de chef de travaux pendant bien quatorze ans, moi qui aurais ancré ses fondations, empilé ses étages, qui l'aurais dressée et haussée vers le ciel ?

Au conseiller aulique Thieme, qui préside la Ligue des patriotes et, d'un bout à l'autre de l'Empire, les a tapés de près de six millions, j'ai dit aujourd'hui, une bonne année après qu'on a posé la clé de voûte et que l'un de mes maçons a de sa blanche main lissé les derniers joints : « Un tantinet colossal, l'ensemble ! »

« C'est voulu, Krause, c'est voulu. Avec nos quatre-vingt-onze mètres, nous dépassons le monument du Kyffhäuser de soixante-six mètres, je dis bien soixante-six... »

A quoi j'ai répliqué : « Et le temple de l'Empereur de la Porta Westphalica, de près de trente mètres...

— Et de trente mètres exactement, la colonne de la Victoire, à Berlin...

— Sans parler du monument d'Arminius ! Ni de la Bavaria de Munich, avec ses vingt-sept pauvres petits mètres... »

Le conseiller aulique Thieme avait sans doute perçu que je me moquais : « En tout cas, cent ans exactement après la bataille des Nations, notre mémorial patriotique sera inauguré de la manière la plus solennelle. »

J'assaisonnai de quelque doute sa soupe patriotarde – « Quelques pointures de moins auraient aussi bien fait l'affaire » – et je me mis à causer technique, et à farfouiller une fois de plus dans les fondations : « Rien que des ordures, provenant de Leipzig et de ses environs. Année après année, couche après couche : des ordures. » Mais j'avais eu beau crier casse-cou, à l'époque, prévenir qu'on pouvait difficilement bâtir là-dessus, qu'il y aurait bientôt des fissures, qu'une telle négligence entraînerait des frais constants de réparation... autant pisser dans un violon.

Thieme fit des yeux ronds, comme si on lui réclamait déjà des millions pour l'entretien. « Oui, dis-je, si au lieu de construire les fondations sur une décharge, on avait choisi le terrain bien stable du champ de bataille, on aurait mis au jour des tas de crânes et d'os, de sabres et de lances, des harnachements en lambeaux, des casques intacts et fendus, des galons d'officiers et de banals boutons de culotte prussiens, suédois, habsbourgeois, mais aussi de la Légion polonaise et naturellement aussi des boutons français, en particulier de la Garde. Les morts, ce n'est pas ça qui a manqué. Les nations assemblées y sont allées de près de cent mille. »

Je repris alors un ton technique, parlai des cent vingt mille mètres cubes de béton mis dans la balance, et des quinze mille mètres cubes de granit. Le conseiller Thieme, auquel était venu se joindre entre-temps l'architecte de cette masse architecturale, le professeur Schmitz, afficha sa fierté et qualifia le monument de « digne des morts ». Puis il félicita Schmitz, qui en retour remercia Thieme pour les fonds qu'il avait su racler et la confiance qu'il lui avait témoignée.

Je demandai à ces messieurs si cette inscription dans le granit, en haut du piédestal, exactement dans l'axe médian, *GOTT MIT UNS* (Dieu avec nous), on en était bien sûrs. Ils me regardèrent tous deux d'un air interrogateur, puis en secouant la tête, et s'avancèrent alors vers ce colosse pétrifié pesant sur une ancienne décharge. Des badernes pareilles, il faudrait les tailler dans le granit et les coller au milieu des hercules de foire qui, épaule contre épaule, donnent là-haut corps au monument, me dis-je.

Le lendemain, ce devait être l'inauguration. Non seulement Guillaume, mais aussi le roi de Saxe était annoncé, bien qu'à l'époque les Saxons et les Prussiens... Le ciel limpide d'octobre promettait ce qu'on appelle chez nous « un temps impérial ». L'un de mes maçons, sûrement socialiste, cracha : « Ah, pour ça on est bons, nous Allemands. Pour les monuments ! Sans regarder au prix. »

1914

Enfin, alors que deux collègues de notre institut s'y étaient essayés maintes fois et en vain, je parvins, au milieu des années soixante, à faire se rencontrer les deux vieux messieurs. Peut-être que j'eus davantage de chance parce que j'étais une jeune femme, peut-être aussi qu'étant suisse je bénéficiai du bonus de la neutralité. Mes lettres, tout en définissant très froidement l'objet et les limites de notre étude scientifique, firent sans doute entendre et écouter quelqu'un qui frappait à la porte avec délicatesse, voire timidité ; au bout de quelques jours seulement, les deux acceptations arrivaient, presque en même temps.

J'évoquai devant mes collègues un couple mémorable et « un tantinet fossile ». J'avais réservé des chambres calmes à l'hôtel de la Cigogne. C'est là qu'eurent lieu nos séances, généralement dans la galerie de la rôtisserie, avec vue sur la Limmat, sur l'hôtel de ville en face et sur la maison Au gros chien. M. Remarque – qui avait à l'époque soixante-sept ans – était venu de Locarno. C'était visiblement un homme qui avait bien vécu, et qui me sembla plus fatigué que le fringant M. Jünger, qui venait tout juste d'avoir soixante-dix ans et adoptait une allure nettement sportive. Habitant le Wurtemberg, il était venu par Bâle, après avoir fait dans les Vosges une excursion à pied qui l'avait mené au Vieil-Armand, enjeu de combats sanglants pendant la Grande Guerre.

Notre premier entretien ne s'engagea pas sans temps morts. Mes deux « témoins d'époque » échangèrent des propos de connaisseurs sur les vins suisses : Remarque fit l'éloge des crus du Tessin, Jünger préférait ceux de la Dôle romande. Tous deux s'efforçaient manifestement de jouer d'un charme bien conservé. Leurs tentatives pour me parler en dialecte alémanique étaient rigolotes, et fastidieuses. Mais ensuite, je citai le début de la « Danse macabre des Flandres », une chanson souvent chantée au cours de la Première Guerre mondiale (« La Mort chevauche un cheval noir, son casque empêche de la voir... »), et alors seulement Remarque, et bientôt Jünger, se mirent à fredonner cette mélodie d'une tristesse affreuse. Tous deux se rappelaient les vers qui forment refrain à la fin de chaque strophe : « C'est la Flandre du mauvais sort / En Flandre chevauche la Mort. » Et puis ils regardèrent en direction de la cathédrale, dont les tours dépassaient les immeubles des quais.

Après un temps de méditation interrompu par quelques raclements de gorge, Remarque dit qu'à l'automne 14 – il usait encore ses fonds de culotte au collège d'Osnabrück, tandis que les régiments de volontaires étaient saignés à blanc à Bixschoote et à Ypres – il avait été très impressionné par la légende de Langemarck, où les Allemands avaient répondu aux mitrailleuses anglaises en chantant l'hymne allemand. Et que c'était sans doute pour cela que, encouragée aussi par des professeurs, plus d'une classe de lycée s'était portée alors volontaire. Un gars sur deux n'en était pas revenu. Et ceux qui avaient survécu, comme lui, qui à vrai dire n'avait pas eu la chance d'être au lycée, en étaient malades aujourd'hui encore. En tout cas lui s'était toujours vu depuis comme un « mort-vivant ».

M. Jünger, chez qui la scolarité de son confrère écrivain – cursus moderne, manifestement – avait provoqué un fin sourire, qualifia certes le culte de Langemarck de

« fumisterie patriotique », mais il convint que bien avant le début de la guerre il avait été pris d'un grand désir de danger, d'une envie de vivre l'insolite, « au besoin en servant dans la Légion étrangère française ». Et il poursuivit : « Lorsque ensuite éclata le conflit, nous nous sentîmes fondus et soudés dans un seul grand corps. Et même lorsque la guerre montra ses terribles griffes, le combat, comme expérience intérieure, eut toujours le don de me fasciner, jusque et y compris dans mes dernières journées à la tête d'une troupe de choc. Convenez-en, mon cher Remarque, même dans *A l'Ouest rien de nouveau*, votre excellent premier roman, ce n'est pas sans émotion que vous évoquez la force de la camaraderie des soldats, qui va jusqu'à la mort. » Remarque répondit que ce livre n'alignait pas des expériences personnelles, mais rassemblait tout ce qu'avait vécu au front une génération qui s'y était consumée. « Mon service en hôpital de campagne m'a fourni suffisamment de sources. »

Ce n'est pas que les deux vieux messieurs se soient mis à se disputer, mais ils prenaient bien soin de souligner qu'ils étaient d'opinions divergentes en matière de guerre, qu'ils adoptaient deux styles opposés, et qu'aussi bien ils venaient de deux camps différents. L'un se voyait encore comme un « incurable pacifiste », l'autre exigeait qu'on comprît bien qu'il était un « anarque ».

« Bah ! s'écria Remarque, dans vos *Orages d'acier*, et jusqu'à l'ultime offensive de Ludendorff, vous étiez un garnement en quête d'aventures ! Vous avez, sans plus y réfléchir, rassemblé à la va-vite une petite troupe de choc pour faire vite, par plaisir sanguinaire, un ou deux prisonniers, si possible en raflant au passage une flasque de cognac... » Néanmoins, il concéda que son confrère Jünger avait, dans son journal, décrit parfois avec justesse la guerre de position et de tranchées, et plus généralement le caractère de la bataille des matériels.

Vers la fin de notre première séance – ces messieurs

avaient vidé deux bouteilles de vin rouge –, Jünger revint sur la Flandre : « Lorsque, deux ans et demi plus tard, nous prîmes position dans le secteur de Langemarck, nous tombâmes en creusant sur des fusils, des ceinturons et des cartouches datant de 14. Il y avait même des casques à pointe, avec lesquels les volontaires étaient montés au front par régiments entiers... »

1915

Notre rencontre suivante eut lieu à l'Odéon, cet antique café où déjà Lénine, en attendant de partir pour la Russie sous escorte allemande, lisait la *Neue Zürcher Zeitung* et autres gazettes tout en tirant en secret ses plans de révolution. Nous autres, en revanche, nous n'étions pas tendus vers l'avenir, mais penchés sur le passé. Cependant, mes deux messieurs insistèrent préalablement pour que notre séance prenne d'abord la forme d'un petit déjeuner au champagne. On m'autorisa le jus d'orange.

Telles des pièces à conviction étaient posées sur la table de marbre, entre croissants et plateau de fromages, les deux éditions jadis si violemment contestées : *A l'Ouest rien de nouveau* avait à vrai dire connu de bien plus forts tirages qu'*Orages d'acier*. « C'est exact, dit Remarque, ça s'est terriblement vendu. En revanche, après 33, après qu'on l'eut brûlé sur la place publique, mon livre a dû faire une pause sur le marché allemand, et dans certaines traductions aussi, tandis que votre hymne à la guerre est manifestement resté disponible à tout moment. »

A cela Jünger ne répondit rien. Lorsque je tentai d'amener la conversation sur la guerre de tranchées, en Flandre et dans les sols crayeux de Champagne, étalant même des cartes des secteurs en question sur la table du déjeuner entre-temps débarrassée, alors seulement Jünger en vint aussitôt à l'offensive et à la contre-offensive dans la Somme et amena sur le tapis un mot dont on n'arriva plus à se défaire : « Ce désastreux casque à pointe que vous n'avez plus eu à porter, mon cher Remarque, dans notre secteur du front fut remplacé dès juin 1915 par le casque d'acier. Il s'agissait de casques expérimentaux qu'un capitaine d'artillerie nommé Schwerd avait mis au point après plusieurs essais infructueux, pour tenter de prendre de vitesse les Français, qui commençaient de leur côté à introduire l'usage de casques d'acier. Krupp étant incapable de produire l'alliage approprié de chrome et d'acier, ce furent d'autres firmes qui obtinrent la commande, dont les aciéries Thale. A partir de février 16, le casque d'acier était en usage sur tous les secteurs du front. On en équipa prioritairement les troupes de Verdun et de la Somme, le front Est fut le dernier livré. Vous ne pouvez pas imaginer, cher Remarque, quel prix en vies humaines nous a coûté, en particulier dans la guerre de positions, cette stupide coiffe en cuir ou, faute de vrai cuir, parfois en feutre pressé. Chaque coup de fusil bien ajusté, c'était un homme en moins. Le moindre éclat d'obus passait à travers. »

Il s'adressa alors directement à moi : « Votre casque suisse, encore en usage dans la milice, a certes une forme un peu différente, mais il s'inspire de notre casque d'acier jusque dans des détails comme les évents saillants pour la ventilation. »

J'objectai que « par bonheur notre casque n'avait pas eu à faire ses preuves dans les batailles de matériels que vous avez si éloquemment célébrées », mais il ignora mon propos et infligea à un Remarque obstinément muet des détails supplémentaires : depuis le procédé antirouille donnant un gris uniforme mat jusqu'au protège-nuque évasé et au rembourrage en crin ou en feutre piqué. Puis il déplora la mauvaise visibilité dans les tranchées, due à ce que le bandeau frontal incurvé était censé protéger jusqu'à la racine du nez. « Vous savez, n'est-ce pas, qu'en opérations de commando ce casque lourd me gênait considérablement. Je lui préférais, un peu imprudemment j'en conviens, ma vieille casquette de sous-lieutenant, au demeurant doublée de soie. » Ensuite il lui revint une petite chose qu'il trouvait amusante : « Soit dit en passant, j'ai sur mon bureau, en souvenir, un casque de forme toute différente, extrêmement plat : un casque de Tommy, troué d'une balle, naturellement. »

Après un temps assez long – ces messieurs buvaient à présent un café noir, arrosé chacun d'une eau-de-vie de prune –, Remarque dit : « Les casques M 16, puis M 17, étaient beaucoup trop grands pour les jeunes recrues qui arrivaient en renfort, à peine instruites. Ils glissaient sans arrêt. De leurs visages d'enfants, c'est tout juste si on voyait leur bouche effrayée, leur menton tremblant. C'était à la fois comique et lamentable. Et que les pièces d'infanterie, et même les petits shrapnels, perçaient tout de même ce nouveau casque, vous le savez aussi bien que moi... »

Il appela, et commanda une autre prune. Jünger ne voulut pas être en reste. Moi, la « d'moiselle », je m'entendis prescrire une nouvelle orange pressée.

1916

Après un assez long tour le long de la Limmat, en passant devant le Helmhaus, puis sur la promenade au bord du lac – après quoi les deux messieurs respectèrent apparemment le repos que je leur prescrivis –, nous dînâmes à l'invitation de M. Remarque, que l'adaptation cinématographique de ses romans avait manifestement fait entrer dans la catégorie des auteurs fortunés, à la Kronenhalle, restaurant à la bonne cuisine bourgeoise et à l'ambiance artiste : d'authentiques impressionnistes ornaient les murs, mais aussi des Matisse, des Braque, et même des Picasso. Nous mangeâmes des filets de féra, puis de l'émincé de veau avec des *Rösti*, et ces messieurs terminèrent par un espresso et un armagnac, tandis que j'avais du mal à finir une énorme mousse au chocolat.

Une fois la table desservie – à l'exception de ma mousse –, mes questions se concentrèrent sur la guerre de positions à l'Ouest. Ces deux messieurs n'avaient pas besoin de consulter leurs livres pour raconter les feux roulants des duels d'artillerie qui duraient des jours, non sans que chaque camp frappât parfois ses propres tranchées. Les systèmes de tranchées échelonnées, avec leurs parapets, traverses et paradis, les têtes de sape, les abris enterrés, les galeries étagées jusque très en profondeur dans la terre, les boyaux souterrains, les galeries d'écoute et de minage creusées jusqu'à proximité immédiate des lignes ennemies, les réseaux de fils de fer barbelés, tout cela n'avait pas de secret pour eux, non plus d'ailleurs que les tranchées et les abris effondrés ou noyés. Leurs expériences paraissaient toutes neuves, même si Remarque précisa modestement qu'il avait seulement pris part aux travaux de terrassement : « Je n'ai pas été un combattant des tranchées – en revanche, j'ai vu ce qu'il en résultait. »

Mais enfin : creusements, corvée de soupe ou pose nocturne de barbelés, on pouvait les consulter sur n'importe quel détail. Ils avaient des souvenirs précis, et ne se perdaient l'un et l'autre que par moments dans des anecdotes, par exemple les petites conversations que Jünger, se trouvant dans une tête de sape avancée, avait eu à trente mètres à peine avec un « Tommy » ou un « Franzmann », en se fiant à ses connaissances linguistiques de lycéen. Le temps de deux descriptions d'attaques et contre-attaques, j'avais l'impression d'y être. Puis il fut question des mines à billes des Anglais et de leur effet, de shrapnels, de mines-bouteilles et de mines dites « crécelles », d'obus non éclatés et de grenades lourdes à détonateurs d'impact ou à retardement, et des différents bruits que faisaient en arrivant les projectiles de différents calibres.

Les deux messieurs étaient capables d'imiter chaque voix de ce terrifiant concert qui avait pour nom « barrage de feu ». Ce devait être l'enfer. « Et pourtant, dit M. Jünger, il y avait en nous tous un élément que la sauvagerie de la guerre soulignait et spiritualisait, le goût tout simple du danger, l'élan chevaleresque portant à affronter un combat. Oui, je puis dire qu'au cours des années le feu de cette perpétuelle bataille a forgé un moral guerrier dont l'audace et la pureté n'ont fait que croître... »

Là, M. Remarque a ri au nez de son vis-à-vis : « Allons donc, Jünger ! Vous tenez des discours de *gentleman rider*. Ces malheureux bidasses aux chaussures trop grandes et aux cœurs enfouis sous la boue, on en a fait des bêtes.

Peut-être bien qu'ils n'avaient plus peur de rien. Mais l'angoisse de la mort, elle, était toujours là. Que savaient-ils faire ? Jouer aux cartes, pousser des jurons, se représenter des femmes aux cuisses écartées, et faire la guerre ; autrement dit assassiner sur ordre. Non sans compétences techniques. Ainsi, ils pesaient les mérites respectifs de la pelle-bêche et de la baïonnette : avec la pelle on pouvait non seulement frapper sous le menton, mais aussi l'abattre comme une hache, de biais, entre le cou et l'épaule. Ça vous fendait un bonhomme jusqu'à la poitrine, tandis que la baïonnette restait souvent coincée entre les côtes, obligeant à pousser du pied sur le ventre pour la dégager... »

Comme aucun des serveurs – particulièrement stylés – de la Kronenhalle ne se risquait à notre table plutôt bruyante, Jünger resservit un peu du rouge léger qu'il avait choisi pour ce qu'il appelait notre « séance de travail » et, ayant pris soin de marquer un temps avant d'en boire une gorgée, il dit : « Tout cela est juste, mon cher Remarque. Néanmoins, je le maintiens : quand je voyais mes hommes alignés dans la tranchée comme des statues de pierre, le fusil à la main, baïonnette au canon, et qu'une fusée éclairante venait faire luire cet alignement de casques et de lames, j'éprouvais un sentiment d'invulnérabilité. Oui. Nous pouvions être écrasés, nous ne pouvions pas être vaincus. »

Après un silence que rien ne put meubler – Remarque voulut sans doute dire quelque chose, puis il fit signe qu'il renonçait –, tous deux levèrent leur verre, sans toutefois se regarder, mais les vidèrent en même temps, d'un trait. Remarque tripotait sa pochette en soie. Par instants, Jünger me regardait comme un coléoptère rare qui manquait manifestement à sa collection. Je continuais d'affronter avec vaillance ma trop copieuse portion de mousse au chocolat.

Plus tard, mes messieurs évoquèrent, sur un ton plutôt

détendu et amusé, l'argot des tranchées. Il fut question de « rumeurs de latrines ». Les expressions trop vertes me valurent de galantes excuses. Pour finir, ils se complimentèrent mutuellement pour la vivacité de leurs descriptions de la guerre. « Qui y a-t-il encore, à part nous ? » demanda Jünger. « Chez les Français, tout au plus ce fou de Céline... »

1917

Tout de suite après le petit déjeuner – qui cette fois ne fut pas somptueux ni arrosé de champagne, au contraire ces messieurs tombèrent d'accord sur le *Birchermüsli* que je leur recommandai –, nous reprîmes notre conversation, au cours de laquelle ils m'expliquèrent tous deux avec maintes précautions, comme si j'étais une écolière qu'il fallait éviter de choquer, ce qu'avait été la guerre des gaz : le recours aux émissions de chlore, l'emploi tactique des gaz croix-bleue, croix-verte et finalement croix-jaune, leurs récits s'appuyant en partie sur leur expérience personnelle, mais aussi sur ce qui leur avait été rapporté.

Nous en étions venus aux armes chimiques sans beaucoup de détours, une fois que Remarque eut évoqué la guerre du Vietnam – contemporaine de ces entretiens – et qualifié de criminel l'emploi qu'on y faisait de napalm, et de même l'utilisation d'Agent orange. Il dit : « Quand on a lancé la bombe atomique, plus rien ne vous arrête. » Jünger jugea que la défoliation systématique de la jungle à l'aide de substances toxiques répandues en nappes constituait la suite logique de l'emploi des gaz de combat à l'époque, mais il estima, en accord là-dessus avec Remarque, que les Américains, en dépit de leur supériorité matérielle, perdraient cette « sale guerre » où un « comportement de soldat » était exclu.

« Mais il faut en convenir : c'est nous qui les premiers,

en avril 1915 à Ypres, avons utilisé le chlore contre les Français », dit Jünger. Alors Remarque cria, si fort qu'à proximité de notre table une serveuse se figea d'effroi, puis s'empressa de disparaître : « Alerte au gaz ! Gaz ! Gaaaz ! » Sur quoi Jünger imita le tintement des cloches d'alarme à l'aide de sa petite cuillère ; puis soudain, comme obéissant à un commandement intérieur, il se fit froidement descriptif : « Appliquant les consignes, nous commençâmes aussitôt à enduire de graisse les canons de nos fusils et tout objet métallique. Puis on mit le masque à gaz. Plus tard, nous vîmes à Monchy – c'était peu avant le début de la bataille de la Somme – quantité de gazés qui râlaient et vomissaient, avec les yeux qui pleuraient. Mais le chlore agit surtout en attaquant les poumons et en les brûlant. J'ai vu ses effets également dans les tranchées ennemies. Peu de temps après, ce furent les Anglais qui nous envoyèrent du phosgène, avec son odeur douceâtre. »

Remarque prit alors le relais : « Ils vomissaient pendant des jours et finissaient en crachant par morceaux leurs poumons brûlés. Le pire, c'était quand il y avait en même temps des tirs de barrage qui empêchaient de sortir des trous de bombe, parce que le gaz était comme une méduse qui se collait au fond de tous les creux du terrain. Malheur à celui qui ôtait son masque trop tôt... Les bleus qui arrivaient en relève s'y laissaient prendre à tous les coups... Ces jeunes types qui erraient désemparés... Ces figures pâles comme des navets... Dans leurs uniformes trop grands... Vivants, ils avaient déjà le visage inexpressif d'enfants morts... J'ai vu, lors d'un terrassement en première ligne, un abri enterré plein de ces pauvres types.. Je les ai trouvés les têtes bleues et les lèvres noires... Et dans un trou de bombe, ils avaient enlevé leurs masques trop tôt... Ils vomissaient le sang jusqu'à en crever... »

Les deux messieurs s'excusèrent auprès de moi : c'était

sans doute trop, de bon matin. D'ailleurs il était surprenant qu'une jeune dame s'intéresse à des réalités aussi bestiales, que la guerre implique inévitablement. Je rassurai Remarque qui, surpassant Jünger en cela, se voulait un monsieur de la vieille école. Je demandai que surtout l'on ne prenne pas de gants avec moi. La mission de recherche que nous avait confiée la firme Bührle exigeait l'exactitude jusque dans les détails, ajoutai-je. « Vous savez bien quels calibres on fabrique pour l'exportation, à Oerlikon, non ? » Et je redemandai des détails.

Comme M. Remarque restait muet et, détournant le regard, fixait le pont de l'hôtel de ville en direction du quai de la Limmat, M. Jünger, qui paraissait plus serein, m'expliqua l'évolution du masque à gaz, puis le gaz de combat dit « gaz moutarde », employé pour la première fois en juin 17 et – côté allemand – dans la troisième bataille d'Ypres. Il s'agissait de nappes de gaz presque inodores et à peine discernables, d'une sorte de brume collant au sol, dont l'effet destructeur sur les cellules ne commençait qu'au bout de trois ou quatre heures. Du sulfure d'éthyle dichloré, une substance huileuse vaporisée en très fines gouttelettes, contre laquelle aucun masque à gaz ne pouvait rien.

Puis M. Jünger m'exposa encore comment ce gaz croix-jaune, l'ypérite, permettait d'infester les tranchées ennemies, qu'on enlevait ensuite sans combat. Il dit : « Mais à la fin de l'automne 17, les Anglais mirent la main près de Cambrai sur un important dépôt de gaz moutarde, qu'ils envoyèrent aussitôt vers nos tranchées. Beaucoup restèrent aveugles... Dites-moi, Remarque, n'est-ce pas ce qui est arrivé, ou à peu près, au plus grand caporal de tous les temps ? Il a été transféré à l'hôpital de Pasewalk... C'est là qu'il a vécu la fin de la guerre... Là qu'il a décidé de devenir homme politique... »

1918

Après quelques emplettes – Jünger fit provision de cigares, y compris ceux de Brissago sur le lac Majeur, et Remarque acheta chez Grieder, sur mes conseils, une écharpe de soie pour Paulette, sa femme –, j'emmenai ces messieurs en taxi jusqu'à la gare centrale. Comme nous avions encore du temps, nous nous installâmes au buffet de la gare. Je proposai, pour le verre d'adieu, un vin blanc léger. Bien qu'au fond tout fût déjà dit, en une bonne heure j'eus encore de quoi prendre quelques notes. Je demandai si, la dernière année de la guerre, ils avaient fait l'expérience des tanks anglais engagés dès lors en grand nombre, et ils nièrent tous deux avoir subi leurs assauts, mais Jünger prétendit que sa troupe, à l'occasion de contre-attaques, était tombée sur plusieurs de ces « colosses calcinés et fumants ». On s'en défendait au lance-flammes et avec des bouquets de grenades. « Cette arme, dit-il, en était encore à ses balbutiements. L'époque des percées rapides et massives de blindés était encore à venir. »

Mais ensuite ces deux messieurs se révélèrent comme des observateurs de combats aériens. Remarque se rappela les paris qu'on faisait dans les tranchées ou depuis l'arrière : « Une portion de pâté de foie ou cinq cigarettes, c'était l'enjeu, qu'il s'agisse de voir tomber avec une traînée de fumée un Fokker à nous ou un monoplace anglais Spad. Mais nous étions de toute manière inférieurs en nombre. A la fin, pour un avion à nous, il y en avait cinq anglais ou américains. »

Jünger confirma : « D'une façon générale, leur supériorité en matériel était écrasante, surtout dans les airs. Pourtant, je regardais nos types dans leurs triplans avec une certaine envie. Les combats aériens avaient malgré tout quelque chose de chevaleresque. C'était follement téméraire, cette façon dont un seul appareil, le soleil derrière lui, fonçait sur l'adversaire qu'il choisissait dans la formation ennemie. Quelle était déjà la devise de l'escadrille Richthofen ? Ça y est : "Implacables, mais fous !" Ils lui ont fait honneur, en tout cas. Sang-froid et fair-play. C'est du reste une lecture qui vaut la peine, mon cher Remarque, *Le Baron rouge*, même si lui aussi, vers la fin de ces souvenirs si vivants, doit avouer qu'au plus tard en 16 c'en était fini de la guerre fraîche et joyeuse. Qu'il n'y avait plus, en bas, que de la boue et des cratères. Que tout était sérieux, acharné. Et pourtant : jusqu'à la fin, jusqu'à ce qu'il soit abattu à son tour, il est resté intrépide. Et cette attitude existait aussi sur terre. Seulement, le matériel était plus fort. Invaincus sur le terrain, a-t-on dit. Mais derrière nous, nous avions la révolte. Or quand je compte mes blessures – au moins quatorze projectiles au but, cinq balles de fusil, deux éclats d'obus, une par shrapnel, quatre à mettre au compte de grenades à main et deux d'autres éclats encore, ce qui fait une bonne vingtaine de cicatrices si l'on compte l'endroit où c'est entré et celui par où c'est ressorti –, je parviens à cette constatation : ça valait la peine ! »

Il conclut ce bilan par un rire clair, ou plutôt un rire à la fois sénile et juvénile. Remarque était assis là avec un air renfrogné : « Je n'entends pas vous faire concurrence. Moi je n'y ai eu droit qu'une fois. Ça m'a suffi. Je ne peux pas présenter des états de service aussi glorieux. Ensuite, je n'ai plus été affecté qu'à l'hôpital. J'y ai vu et entendu suffisamment de choses. Et je puis encore moins faire concurrence à ce qui orne votre cou, l'ordre "Pour le Mérite". Mais vaincus, nous l'avons été tout de même. De tout point de vue. A vous et à vos semblables, il ne manqua que le courage de reconnaître la défaite. Et ce courage fait manifestement défaut aujourd'hui encore. »

Est-ce que cette fois tout était dit ? Non. Jünger fit le bilan des victimes de l'épidémie de grippe qui fit rage dans les deux camps pendant les dernières années de la guerre : « Plus de vingt millions de malades morts de la grippe, à peu près autant que les morts au combat de tous les côtés, et ceux-ci savaient au moins à quoi ça servait ! » Presque à mi-voix, Remarque demanda : « A quoi, grand Dieu ? »

Un peu gênée, je posai alors sur la table les livres devenus si célèbres des deux auteurs et sollicitai une dédicace. Jünger s'empressa de signer son livre en y inscrivant : « Pour notre vaillante Vreneli » ; Remarque signa sous un acte de foi sans ambiguïté : « Comment de soldats on fit des assassins ».

Cette fois, tout était dit. Ces messieurs vidèrent leur verre. Presque en même temps – Remarque le premier –, ils se levèrent, s'inclinèrent brièvement mais évitèrent la poignée de main et me prièrent, après m'avoir tous deux infligé l'esquisse d'un baisemain, de n'accompagner ni l'un ni l'autre jusque sur le quai. Ils n'avaient qu'un bagage à main.

M. Remarque mourut cinq ans plus tard. M. Jünger avait manifestement l'intention de survivre à ce siècle.

1919

C'est des profiteurs de guerre, voilà ce que c'est. Tous autant qu'ils sont. Prenez celui qui a engrangé des millions avec sa « Bratoline », prétendument de la côtelette reconstituée. Mais c'était juste du hachis de maïs, de pois et de betteraves. Ou dans la saucisse. Et voilà ces truqueurs de saucisses qui crient que nous, du front intérieur comme on dit, hein, tous ceux qui n'ont pas fabriqué assez d'obus, et aussi les ménagères allemandes, on aurait pris nos soldats à revers, sournoisement, on les aurait poignardés dans le dos... Avec ça que mon homme, qu'à la fin ils ont encore mobilisé dans la territoriale, il est revenu infirme ; et mes deux petites, maigrichonnes comme elles étaient, elles sont mortes de la grippe. Et aussi Erich, qu'était mon seul frère et qu'a tout fait, dans la marine, le Doggerbank, le Skagerrak, tous les coups durs je vous dis, et qu'a eu la chance de s'en tirer, voilà qu'il monte à Berlin avec son bataillon pour la République, et qu'il se fait descendre sur une barricade. La paix ? Me faites pas rigoler. Tu parles d'une paix. Ça n'arrête pas de tirer dans tous les coins. Et la betterave, ça n'arrête pas non plus. Dans le pain, dans les paupiettes : de la betterave ! Même des gâteaux, que j'ai fait l'autre jour à la betterave, avec quelques faînes de hêtre dedans, parce que c'était dimanche et qu'on avait de la visite. Et voilà que ces escrocs, qui nous ont vendu à prix d'or, pour mettre sur la viande de l'enduit au plâtre soi-disant parfumé, voilà que dans le journal ils parlent de coup de poignard dans le dos ! On croit rêver ! Faudrait les pendre, à la lanterne, pour en finir de tous ces ersatz ! Ça veut dire quoi, trahison ? C'est juste qu'on veut plus d'empereur et plus de betteraves. Mais pas non plus de révolution sans arrêt, ni de coup de poignard dans le dos ni ailleurs. Mais qu'il y ait de nouveau suffisamment de vrai pain. Et pas du « Frux », mais de la vraie confiture. Et pas des « Eirol » où y a que de l'amidon dedans, mais de vrais œufs de poule. Et plus jamais de rôti reconstitué, mais des morceaux de vrai cochon. Voilà ce qu'on veut, rien d'autre. Alors ce sera aussi la paix, enfin. Et c'est pour ça que chez nous, dans le quartier de Prenzlau, je me suis engagée pour la République des conseils, à savoir dans le conseil des femmes pour l'alimentation, où on a fait un appel, qu'est à présent imprimé, et qu'est du coup collé sur toutes les colonnes d'affichage. « Ménagères allemandes ! » j'ai crié du perron de la mairie : « Faut en finir des escroqueries et des profiteurs de guerre. Qu'est-ce que c'est que cette histoire de coup de poignard dans le dos ? Est-ce qu'on ne s'est pas battues, nous aussi, pendant toutes ces années, sur le front intérieur ? Dès novembre 15, ça a commencé, la pénurie de margarine et l'abondance de betteraves. Et tiens donc ! Pas de lait, mais les tablettes lactiques du docteur Caro. Et après, il y a eu en plus la grippe qui nous est tombée dessus, et qui a fait, comme c'était marqué dans le journal, une abondante moisson. Et ensuite, après un hiver terrible, plus de patates, seulement des betteraves, toujours des betteraves. "Ça vous a un goût de barbelés", disait mon homme quand il venait en permission. Et maintenant que le Guillaume s'est tiré avec tous ses trésors, pour se planquer en Hollande dans son château, on voudrait que ce soit nous autres, du front intérieur, qui avec un poignard, et lâchement, par-derrière... »

1920

A votre santé, messieurs ! Après des semaines de dur labeur, l'heure est à la fête. Mais avant que je ne lève mon verre, laissez-moi vous dire ceci : que serait l'Empire sans le chemin de fer ? Enfin nous l'avons ! Cette exigence figurait d'ailleurs clairement dans une Constitution par ailleurs contestable : « L'une des tâches de l'Empire sera de... » Et il a fallu que ce soient messieurs les camarades, lesquels d'habitude se contrefichent de la patrie, qui en fassent leur cheval de bataille. Ce que jadis le chancelier Bismarck n'était pas parvenu à réaliser, ce dont Sa Majesté avait dû faire son deuil, ce qui pendant la guerre nous a coûté si cher, car faute de normalisation, avec au contraire leur émiettement en deux cent dix modèles de locomotive, les chemins de fer furent souvent à court de pièces détachées, si bien que restèrent en rade les transports de troupes, les renforts tant attendus, les munitions qui faisaient défaut à Verdun..., eh bien cette situation déplorable, messieurs, ce sont maintenant les socialistes qui y ont mis fin. Je le répète, ce sont eux, capables de la trahison de novembre, ce sont ces socialistes qui ont sinon traduit ce projet louable en actes qui n'avaient que trop tardé, mais qui ont du moins rendu possible sa réalisation. Car de quelle utilité – je vous le demande – pouvait être le réseau ferroviaire le plus dense, aussi longtemps que la Bavière et la Saxe se refusaient – tout bonnement par haine de la Prusse, disons-le sans détour – à ce que soit enfin unifié d'un bout à l'autre de l'Empire ce qui ne fait qu'un, non seulement de par la volonté de Dieu, mais au regard de la raison ? C'est pourquoi j'ai toujours dit que le train de la véritable unité allemande ne roulerait que sur les rails d'une Reichsbahn enfin réalisée. Ou, comme le disait le vieux Goethe avec une sagesse prémonitoire : « Ce qu'empêche l'entêtement des princes, le chemin de fer y pourvoira… » Mais sans doute fallait-il d'abord que le diktat de Versailles, stipulant que huit mille locomotives et des dizaines de milliers de wagons de voyageurs et de marchandises devaient être livrés aux mains cupides d'un ennemi éhonté, vînt porter notre malheur à son comble pour que nous soyons prêts, sur ordre de cette douteuse République, à conclure avec la Prusse et la Saxe, avec la Hesse et même avec la Bavière, avec le Mecklembourg-Schwerin et l'Oldenbourg, un traité d'État au terme duquel l'Empire reprenait toutes les compagnies régionales, au demeurant terriblement endettées, moyennant quoi le coût de reprise eût été équivalent à l'endettement, si l'inflation n'avait pas rendu tout calcul dérisoire. Cependant, lorsque je me retourne sur cette année 20 et que je lève mon verre devant vous, je puis dire en toute confiance que, depuis que la loi sur la Reichsbahn nous a assuré un confortable capital en nouveaux *Rentenmark*, nous sommes sortis du rouge, nous sommes même en situation de dégager les réparations qu'on exige impudemment de nous, et de surcroît nous sommes en passe de nous moderniser radicalement, et ce avec votre précieuse collaboration. Même si l'on a pu m'appeler – d'abord à voix basse, puis très publiquement – le « père de la locomotive allemande unitaire », j'ai toujours su qu'une norme unique en matière de construction de locomotives ne pourrait être que le fruit de nos efforts réunis. Qu'il s'agisse de Hanomag pour les boîtes à graisse, de Krauss & Cie pour la direction, de Maffei pour les couvercles de cylindre ou de Borsig pour l'assemblage, toutes ces entreprises industrielles, dont les responsables sont aujourd'hui réunis pour cette cérémonie festive, ont bien compris que la locomotive unitaire incarnait non seulement l'unité technique, mais l'unité de l'Allemagne ! Cependant, à peine commençons-nous à exporter avec profit – récemment même en Russie bolchevique, où le célèbre professeur Lomonossov a fait sur notre locomotive-tender à vapeur surchauffée pour trains de marchandises un excellent rapport d'expertise – que déjà des voix se font entendre qui prônent la privatisation des chemins de fer. On veut des profits rapides. Des économies de personnel. La suppression de sections prétendument non rentables. Là, je ne puis que crier casse-cou. Ne laissons pas les choses évoluer dans ce sens ! Celui qui mettrait la Reichsbahn entre des mains privées, autrement dit inconnues, et finalement étrangères, porterait un grave préjudice à notre pauvre patrie humiliée. Car, comme Goethe, à la sagesse prémonitoire duquel nous allons tous lever notre verre et le vider d'un coup, le disait déjà à son fidèle Eckermann...

1921

Cher Peter Panter,

Je n'écris jamais aux journaux, d'habitude. Mais quand l'autre jour mon fiancé, qui lit pratiquement tout ce qui lui tombe sous la main, m'a glissé quelques-uns de vos trucs vraiment marrants – au petit déjeuner, sous mon coquetier – j'ai bien rigolé, même si je n'ai pas tout compris des allusions politiques. Vous êtes joliment méchant, mais en même temps toujours drôle. J'aime ça. Il n'y a que pour la danse : vous n'y entendez vraiment rien. Car ce que vous écrivez là sur un danseur de shimmy « les mains dans les poches », c'est carrément à côté de la plaque. Ça irait à la rigueur pour le one-step, ou pour le fox-trot. En tout cas, mon Horst-Eberhard – qui est bien à la Poste, comme vous l'avez justement noté dans votre petit article, mais pas receveur, plutôt guichetier, et dont j'ai fait la connaissance l'an dernier au Walter's Shimmy Saloon – danse avec moi le shimmy à deux mains, que ce soit de tout près ou à distance. Et vendredi dernier – ma paie de la semaine suffisait tout juste pour une paire de bas, mais on voulait absolument se faire beaux (peut-être que c'est moi votre « Mam'selle Piesenwang », dont vous vous moquez tant) –, on est allés à l'Admiralspalast, où il y avait un concours, et là on a dansé le dernier truc venu d'Amérique, un charleston, qui était pas piqué des vers. Lui en frac, qu'il s'était fait prêter, et moi ma robe jaune d'or au-dessus du genou.

Mais c'était pas pour autant « la danse autour du veau d'or » ! Là, vous n'y êtes pas, mon cher monsieur Panter. On danse pour le plaisir et c'est tout. Même dans la cuisine, au son du phono. Parce qu'on a ça dans la peau. Partout. Dans le ventre, jusque dans les épaules. Même dans les deux oreilles, que mon Horst-Eberhard, comme vous l'avez bien observé dans votre petit article, a plutôt décollées. Parce que, shimmy ou charleston, c'est pas qu'une question de jambes, ça vient de l'intérieur et ça vous traverse de partout. De vraies ondes, de bas en haut. Et même jusque sous la peau du crâne. Même qu'on tremble, ça en fait partie, et c'est le bonheur. Mais si vous ne savez pas ce que c'est que le bonheur, je veux dire le bonheur de l'instant, venez donc chez Walter, tous les mardis et samedis, que je vous donne une leçon gratuite.

Je vous assure, c'est promis ! Et n'ayez pas peur. On commencera tout doux. Pour s'échauffer, on mettra d'abord un petit one-step, en avant et en arrière. Je mènerai, et pour une fois vous vous laisserez mener. C'est une pure question de confiance. Et c'est plus simple que ça en a l'air. Ensuite on essaiera « Yes We Have Bananas ». Ça se chante, en dansant : c'est marrant. Et si vous n'êtes pas essoufflé et que mon Horst-Eberhard est d'accord, on se risquera tous les deux à faire un vrai charleston. Au début, ça tire drôlement dans les mollets, mais ça chauffe. Et quand on sera bien, vous aurez le droit de vous servir, dans ma petite boîte. Rien à craindre ! Juste une ligne. Pas de quoi en prendre l'habitude. Juste pour être gais, vrai.

Du reste mon Horst-Eberhard dit que généralement vous signez de genres de pseudonymes. Tantôt Panter, tantôt Tiger, des fois Wrobel, des fois Tucholsky. Et que vous êtes un petit Juif polonais plutôt gros, il a lu ça quelque part. Mais ça ne fait rien. Moi aussi, j'ai un « ki » au bout. Et les gros sont généralement bons danseurs. Mais si samedi prochain vous êtes d'humeur à faire des frais, on ouvrira vite une bouteille de champ' ou deux. Et je vous raconterai comment c'est, les magasins de chaussures. En fait, je suis chez Leiser, rayon messieurs. Mais on ne parlera pas politique. Promis ?

De tout cœur votre
Ilse Lepinski

1922

Qu'est-ce que vous voulez encore que je vous raconte ? Vous savez toujours tout mieux que tout le monde, vous autres journalistes. La vérité ? Ce qu'il y avait à dire, je l'ai dit. Mais personne ne veut me croire. « Sans ressources fixes et de réputation douteuse », a-t-on inscrit dans le procès-verbal, au tribunal. Et encore : « Ce Theodor Brüdigam est un espion, payé par les socialistes, et en plus par la réaction. » Oui, d'accord, mais j'ai juste été payé par des gens de la brigade Ehrhardt qui ont pris la suite lorsque le putsch de Kapp a foiré et que la brigade a été interdite et dissoute. Que vouliez-vous qu'ils fassent d'autre ? Et qu'est-ce que ça veut dire, « illégal », quand tout ce qui se passe est de toute façon un défi à la loi, et que l'ennemi est à gauche, pas à droite comme le prétend le chancelier Wirth ? Non, ce n'était pas le capitaine de corvette Ehrhardt qui était responsable des honoraires, mais le capitaine Hoffmann. Lequel fait à coup sûr partie de l'OC, l'Organisation Consul qui a pris la suite. Pour d'autres, on ne sait jamais trop bien, car ils ne savent pas eux-mêmes qui fait partie de l'organisation ou pas. Il y avait aussi de petites sommes qui venaient de Tillessen. C'est le frère du Tillessen qui a tiré sur Erzberger, et il est tout aussi catholique que ce notable du Zentrum catholique maintenant disparu. Tillessen se cache en Hongrie ou je ne sais où. Mais celui qui m'a vraiment chargé d'un travail, c'est Hoffmann. Il voulait que je renseigne l'Organisation Consul sur quelques mouvements de gauche, pas seulement communistes. Accessoirement, il m'a donné la liste de ceux qui devraient y passer, après le « traître de novembre » Erzberger. Naturellement, le socialiste Scheidemann, et le politicien partisan des réparations, Rathenau. Il y avait aussi des plans visant le chancelier Wirth. C'est exact, c'est moi qui à Cassel ai averti Scheidemann. Pourquoi ? Eh bien, parce que j'estime que ce n'est pas à coups d'assassinat, mais de façon plus ou moins légale qu'il faut, en commençant par la Bavière, déboulonner tout le système, le renverser et ensuite, comme ce Mussolini en Italie, instaurer un État fondé sur l'ordre national, au besoin avec ce caporal Hitler, qui est certes un hurluberlu, mais qui sait parler aux masses comme personne, et qui a de plus en plus de partisans, en particulier à Munich. Mais Scheidemann n'a pas voulu m'écouter. D'ailleurs personne ne veut jamais me croire. Heureusement, ça a raté : le coup de l'acide prussique en pleine figure, dans la forêt près de Cassel, ça n'a pas marché. Oui, c'est sa moustache qui l'a protégé. Ça fait drôle, mais c'est ce qui s'est passé. Du coup, on a d'ailleurs renoncé à cette méthode. Tout à fait vrai : je trouvais ça répugnant. Et du coup j'ai voulu ne plus travailler que pour Scheidemann et ses gens. Mais les socialistes ne m'ont pas cru, quand je leur disais que derrière l'Organisation Consul il y avait l'armée, le deuxième bureau. Et naturellement Helferrich, dont la banque fournissait les fonds. Tout comme Stinnes, bien sûr. Pour des ploutocrates, ça équivaut à un pourboire. En tout cas Rathenau, qui était lui-même capitaliste et que j'ai aussi mis en garde, aurait dû se douter de ce qui allait arriver. Car Helferrich, qui avait poussé sa campagne contre Erzberger jusqu'à dire que « seul un traître à la patrie pouvait consentir à négocier avec le Français Foch cet armistice infamant », a traité Rathenau de « politicien partisan des réparations » juste avant que les coups de feu partent.

Mais monsieur le ministre n'a pas voulu me croire. Au dernier moment, alors que l'affaire était déjà lancée, il a voulu avoir un entretien confiant entre capitalistes, en l'occurrence avec Hugo Stinnes, mais ça ne lui a pas sauvé la mise, parce que de toute façon il était juif. Lorsque je lui ai suggéré : « Vous êtes particulièrement en danger sur le trajet qui vous amène au ministère le matin », il a eu cette réponse arrogante, bien dans le style de cette noblesse d'argent juive : « Mais comment voulez-vous que je vous croie, cher monsieur Brüdigam, avec la réputation qui est la vôtre d'après mes renseignements... » Rien d'étonnant à ce que plus tard, lors du procès, l'avocat général se soit opposé à mon audition comme témoin sous serment, sous prétexte que j'étais « soupçonné d'avoir participé aux faits incriminés ». C'est clair, la cour voulait tenir l'Organisation Consul en dehors de tout ça. Ceux qui tirent les ficelles devaient rester dans l'ombre. On a tout au plus évoqué des organisations éventuellement illégales. Il n'y a eu que ce Salomon, un jeune imbécile qui se prétend écrivain, pour lâcher des noms lors de son interrogatoire, rien que pour se faire mousser. Du coup, ils lui ont collé cinq ans, alors qu'il n'avait fait que procurer le chauffeur de Hambourg. En tout cas, mes mises en garde n'ont servi à rien. Tout s'est déroulé comme dans le cas d'Erzberger. Déjà à l'époque, les gars de la brigade étaient dressés à l'obéissance, aussi l'Organisation Consul a pu tout simplement tirer au sort les exécutants. A partir de là, l'affaire était dans le sac. Comme vous le savez sans doute par vos propres journaux, ils l'ont eu dans la Forêt-Noire, où il était allé se reposer avec sa femme et sa fille. Ils l'ont attendu lors d'une promenade qu'il faisait avec un autre type du Zentrum catholique. Sur les douze coups tirés, il a été tué par une balle dans la tête. L'autre, un certain docteur Diez, s'en est tiré avec une blessure. Ensuite de quoi les meurtriers ont tranquillement rejoint à pied la localité proche d'Oppenau et y ont pris le café dans une pension de famille. Mais ce que vous ne savez pas, messieurs, c'est que dans le cas de Rathenau aussi il y a eu tirage au sort, et qu'avant même l'attentat l'un des exécutants est allé se confesser à un prêtre, sur quoi celui-ci alerta le chancelier Wirth, sans toutefois enfreindre le secret de la confession et sans donner de nom. Mais Rathenau ne voulut croire ni le prêtre ni moi. Même le Conseil des Juifs allemands de Francfort, alerté encore une fois par mes soins, ne parvint pas à le persuader d'être prudent : il refusa toute protection policière. Le 24 juin, il entendit se faire amener comme d'habitude en voiture découverte de sa villa de Grunewald, dans la Königsallee, à la Wilhelmstrasse. Il ne voulut pas davantage écouter son chauffeur. Aussi tout se déroula comme dans un manuel d'entraînement. Avant même d'avoir quitté la Königsallee, comme tout le monde le sait, le chauffeur dut freiner au coin des rues Erdener et Lynar, parce qu'une voiture à cheval, dont le conducteur n'a d'ailleurs pas été interrogé, coupait l'allée. De la Mercedes-Benz qui suivait furent tirés neuf coups, dont cinq firent mouche. En doublant, ils réussirent à placer encore une grenade à main. Les exécutants n'étaient pas seulement d'esprit militariste, ils étaient pleins de haine xénophobe. Techow était au volant de la Mercedes, Kern maniait le pistolet-mitrailleur, Fischer – qui se tua lors de la fuite – lança la grenade. Mais tout cela n'a pu marcher que parce que moi, le personnage à la réputation douteuse, l'espion Brüdigam, personne n'a voulu me croire. Bientôt, l'Organisation Consul cessa de payer, et l'année suivante la marche du caporal Hitler sur la Feldherrnhalle à Munich foira de façon sanglante. Ma tentative pour prévenir Ludendorff échoua. Pourtant cette fois j'agissais gratuitement, car jamais je n'ai tenu à l'argent. Il ne valait d'ailleurs plus rien, avec la dévaluation. C'était uniquement par souci de l'Allemagne... C'est en patriote que j'ai... Mais personne ne veut m'écouter. Vous non plus.

1923

Ces billets, aujourd'hui, font joli. Et mes arrière-petits-enfants aiment bien s'en servir pour jouer au Monopoly, d'autant que j'ai gardé aussi, de l'époque d'avant la chute du Mur, quelques billets où figurent épis et compas – qui ont moins de valeur aux yeux des enfants, parce qu'ils s'ornent de zéros moins nombreux et leur servent donc de petite monnaie.

J'ai trouvé ces billets du temps de l'inflation, après la mort de ma mère, dans son livre de ménage, que je feuillette maintenant souvent et qui me rend songeuse, car en matière de prix et de recettes de cuisine il évoque pour moi des souvenirs aussi tristes qu'attachants. Ah, Maman n'était certainement pas à la fête ! Les quatre petites filles que nous étions devaient lui causer bien malgré elles beaucoup de soucis. J'étais l'aînée. Et c'est sûrement à moi qu'était destiné ce tablier de cuisine dont je lis que, fin 1922, il a coûté trois mille cinq cents marks : car chaque soir j'aidais ma mère à servir à nos sous-locataires le dîner où elle avait mis toute son ingéniosité. Cette robe *dirndl*, c'est ma sœur Hilde qui l'a usée jusqu'à la corde, même si elle ne se rappelle sans doute pas son motif vert et rouge. Mais Hilde, qui est passée à l'Ouest dès les années cinquante et qui dès l'enfance n'en faisait qu'à sa tête, ne veut de toute façon plus entendre parler de tout le passé.

Ah oui, ces prix astronomiques. Nous avons grandi avec.

Et à Chemnitz, mais sûrement aussi ailleurs, on chantait une comptine que mes arrière-petits-enfants trouvent encore très jolie :

> Un, deux, quatre et cinq millions,
> Maman fait des haricots.
> La livre coût' dix millions
> Si t'as pas de lard, tu sors !

Et les haricots, c'était trois fois par semaine, ou bien des lentilles. Car les légumes secs, faciles à stocker, quand on en avait fait provision à temps comme Maman, ne faisaient que prendre de la valeur. De même le *corned-beef*, dont plusieurs douzaines de boîtes s'empilaient dans le buffet de la cuisine. Maman servait donc à nos trois sous-locataires, qui devaient payer jour après jour à cause de l'inflation galopante, du *corned-beef* en chaussons ou dans des feuilles de chou. Par chance, l'un de ces sous-locataires, que nous autres enfants appelions Oncle Eddy et qui avait travaillé avant la première guerre comme steward sur des paquebots chics, avait mis de côté un petit sac de dollars d'argent. Et comme l'oncle Eddy, notre père étant mort très tôt, était très proche de Maman, je trouve dans le livre de ménage des indications selon lesquelles le dollar américain s'échangeait au début à sept mille cinq cents marks, et plus tard à vingt millions et plus. Mais vers la fin, alors que le petit sac de l'oncle Eddy ne contenait plus que quelques pièces d'argent, cette contre-valeur atteignit – incroyable ! – plusieurs billions. En tout cas, grâce à l'oncle Eddy, nous avions du lait frais, de l'huile de foie de morue, et les gouttes pour le cœur de Maman. Et quelquefois, quand nous avions été sages, nous avions droit à des carrés de chocolat.

Mais les petits employés, les petits fonctionnaires, sans parler de tous ceux qui n'avaient que l'assistance publique pour vivre, s'en sortaient très mal. Comme veuve touchant seulement ce qui lui revenait de la pension de notre père, Maman n'aurait guère pu assurer notre subsistance. Et partout des mendiants, partout des invalides de guerre tendant la main. En revanche M. Heinze, qui habitait le rez-de-chaussée et qui avait fait un confortable héritage juste au lendemain de la guerre, avait été manifestement bien conseillé : il avait placé sa fortune dans plus de quarante hectares de champs et de prés, dont les exploitants lui payaient les fermages en nature. On disait qu'il avait chez lui des quartiers de porc fumé entiers. Lorsque la monnaie n'a plus été que des séries de zéros, et qu'on a partout émis des monnaies de fortune – chez nous en Saxe, même gagées sur le charbon –, lui a échangé son porc contre des coupons de tissus (peigné, gabardine), de sorte qu'à l'instauration du *Rentenmark* il ne tarda pas à faire de bonne affaires. Il a réussi, celui-là !

Mais je ne crois pas que M. Heinze ait été, comme les gens le disaient méchamment, un profiteur de guerre. Les profiteurs avaient d'autres noms. Et Oncle Eddy, qui était déjà communiste à l'époque et qui plus tard a fait son chemin dans l'État des Ouvriers et des Paysans, ici à Chemnitz rebaptisée Karl-Marx-Stadt, pouvait énumérer les noms de ces « requins en haut-de-forme », comme il appelait les capitalistes. Heureusement pour Maman et lui qu'ils n'ont pas vécu l'introduction du mark ouest. Du coup, ils n'ont pas eu non plus à s'inquiéter de ce qui se passera quand arrivera l'euro.

1924

La date colombienne était définitivement retenue : nous devions décoller ce jour-là et pas un autre. Comme le Génois qui avait largué les amarres en l'an de grâce 1492 à destination des Indes, mettant en réalité le cap sur l'Amérique, nous aussi, avec un instrument à vrai dire plus précis, nous tentions un exploit. Et au petit matin du 11 octobre, notre aéronef était fin prêt dans son hangar ouvert. Le combustible nécessaire aux cinq moteurs Maybach et l'eau de lest étaient à bord, en quantités calculées au plus juste. Déjà les équipages au sol avaient les mains sur les câbles. Mais le LZ 126 ne voulut pas flotter, il s'était alourdi et demeurait lourd, parce que des brouillards et des masses d'air chaud étaient venus peser sur toute la région du lac de Constance. Comme nous n'avions pas le droit de nous délester, ni en eau ni en carburant, le départ dut être remis au lendemain matin. Les railleries de la foule qui attendait furent difficiles à supporter. Mais le 12, nous réussîmes parfaitement notre décollage.

Avec un équipage de vingt-deux hommes. Mon embarquement en qualité de mécanicien de bord resta longtemps incertain, car j'étais considéré comme l'un de ceux qui, lorsque nos quatre derniers dirigeables militaires, en maintenance à Friedrichshafen, attendaient d'être livrés à l'ennemi, les avaient détruits par un acte de protestation nationale ; de la même façon qu'en juin 1919, plus de soixante-dix navires de notre flotte, dont une douzaine de cuirassés d'escadre et de vaisseaux de ligne, destinés à être livrés aux Anglais, avaient été coulés par les nôtres au large de Scapa Flow.

Les Alliés exigèrent aussitôt des dédommagements. De nous, les Américains prétendirent encaisser trois millions de marks-or. Alors la société Zeppelin proposa d'éponger toute la dette par la livraison d'un dirigeable construit selon la technique la plus moderne. Et comme les militaires américains étaient plus que vivement intéressés par notre dernier modèle, qui garantissait une capacité de 70 000 mètres cubes d'hélium, ce marchandage de maquignons aboutit : il fut entendu que le LZ 126 serait dirigé sur Lakehurst et remis à nos créanciers dès son atterrissage.

C'est précisément cela que beaucoup d'entre nous trouvaient infamant. Moi aussi. N'étions-nous pas suffisamment humiliés ? Le diktat de Versailles n'avait-il pas imposé à la patrie des charges excessivement écrasantes ? Nous nous demandions, quelques-uns d'entre nous du moins, s'il ne fallait pas faire disparaître l'objet de cette louche transaction. Je dus lutter longuement avec moi-même avant de trouver à l'entreprise un sens quelque peu positif. Mais je n'eus le droit d'être du voyage qu'après avoir donné au docteur Eckener, que nous respections tous comme commandant et comme homme, ma parole que je renonçais à tout sabotage.

Le LZ 126 était d'une beauté si parfaite que je le vois encore aujourd'hui comme s'il était là. Et pourtant d'emblée, encore au-dessus du continent européen, tandis que nous survolions à cinquante mètres d'altitude les collines de la Côte d'Or, mon esprit était occupé par l'idée de le détruire. Car enfin, quoiqu'il fût luxueusement aménagé pour deux douzaines de passagers, nous n'avions à bord que quelques militaires américains, qui d'ailleurs nous surveillaient à toute heure du jour et de la nuit. Mais lorsque au-dessus de la côte d'Espagne, au cap Ortegal, nous eûmes affaire à de violentes turbulences qui nous faisaient fortement tanguer, que tout le monde était occupé à maintenir le cap, et les militaires obligés de concentrer leur attention sur la navigation, un attentat eût été possible. Il aurait suffi de jeter par-dessus bord des fûts d'essence pour contraindre à un atterrissage forcé. J'éprouvai cette tentation une autre fois lorsque nous survolâmes les Açores. Nuit et jour j'étais agité de doutes, j'étais tenté, je cherchais l'occasion. Encore quand nous montâmes à deux mille mètres au-dessus du brouillard du banc de Terre-Neuve, et peu après lorsqu'un hauban se rompit dans la tempête, je songeai à écarter de nous la honte, qui se rapprochait, de livrer le LZ 126. Mais je ne passai pas à l'acte.

Qu'est-ce qui me fit hésiter ? Certainement pas la peur. Après tout, au cours des raids sur Londres, dès que notre aéronef était pris dans les projecteurs, j'avais constamment risqué d'être abattu. Non, je ne craignais rien. C'est uniquement la volonté du docteur Eckener qui m'a paralysé, sans toutefois me convaincre. Il tenait, en dépit de l'arbitraire discrétionnaire que manifestaient les puissances victorieuses, à apporter la preuve de l'efficacité allemande, fût-ce sous la forme de notre cigare céleste aux reflets argentés. C'est devant cette volonté que je m'inclinai pour finir jusqu'à renoncer totalement ; car un incident mineur et pour ainsi dire symbolique n'aurait guère fait impression, d'autant que les Américains avaient envoyé à notre rencontre deux croiseurs avec lesquels nous étions en contact constant par TSF. Ils se seraient portés à notre secours en cas de détresse, non seulement si un fort vent contraire s'était installé durablement, mais même au plus petit sabotage.

Aujourd'hui seulement, je sais qu'en renonçant au geste libérateur j'ai agi judicieusement. Mais à l'époque déjà, lorsque le LZ 126 approcha de New York, que le

15 octobre la statue de la Liberté émergea de la brume en nous saluant, que nous remontâmes la baie, que nous survolâmes enfin le massif montagneux formé par les gratte-ciel de la métropole et que tous les navires ancrés dans le port nous saluèrent des hurlements de leurs sirènes, lorsque par deux fois nous survolâmes Broadway dans les deux sens à mi-hauteur, pour monter ensuite à trois mille mètres, afin que l'image lumineuse de l'efficacité allemande puisse se graver dans l'esprit de tous les habitants de New York, lorsque enfin nous virâmes en direction de Lakehurst et trouvâmes encore juste le temps de nous laver et de nous raser avec ce qui restait des réserves d'eau, lorsque nous fûmes tirés à quatre épingles et prêts pour le débarquement et la réception, je n'éprouvais plus que de la fierté, une immense fierté.

Plus tard, lorsque fut passée la triste cérémonie de la remise du LZ 126, et que ce qui faisait notre fierté fut affublé du nouveau nom de « Los Angeles », le docteur Eckener me remercia, m'assurant au passage qu'il avait partagé mon combat intérieur. « Eh oui, dit-il, c'est dur de se conformer à l'exigence impérieuse de dignité. » Qu'a-t-il bien pu éprouver lorsque, treize ans plus tard, le plus bel emblème du Reich revigoré, hélas gonflé non à l'hélium mais à l'hydrogène inflammable, fut dévoré par les flammes en s'amarrant à Lakehurst ? Est-ce que, comme moi, il fut certain que c'était du sabotage ?! C'étaient les rouges ! Eux n'ont pas hésité. Leur dignité avait d'autres exigences.

1925

Plus d'un ne voyait en moi que l'enfant pleurnichard. Aucun moyen traditionnel ne pouvait me faire taire. Même le guignol au castelet multicolore qu'avait amoureusement bricolé mon papa, avec sa demi-douzaine de marionnettes, ne parvenait pas à me distraire. Je pleurnichais sans désemparer. Tous les efforts étaient vains pour faire cesser le son, plus ou moins fort mais ininterrompu, de ma pleurnicherie. Ni les contes qu'essayait Grand-Mère ni la balle de Grand-Père ne m'empêchaient de grogner, puis de geindre, et de taper sur les nerfs de ma famille et des visiteurs par mon humeur uniformément grincheuse, gâchant et ruinant immanquablement leurs conversations abonnées aux sujets les plus intelligents. On parvenait certes à me soudoyer l'espace de cinq minutes avec du chocolat, mais à part cela rien ne pouvait, comme naguère le sein maternel, me faire tenir tranquille. Même les disputes entre mes parents ne pouvaient se développer sans que je les perturbe.

Et puis enfin, et même avant que nous ne soyons membres cotisants de la Société nationale de radiodiffusion, ma famille réussit, grâce à un récepteur à détecteur et à son casque d'écoute, à faire de moi un enfant muet et silencieux. Cela se passa dans la région radiophonique de Breslau, où la société de TSF silésienne offrait, matin et après-midi, un programme varié. J'appris vite à tourner les quelques boutons et à m'assurer une écoute exempte de perturbations atmosphériques et de tous parasites.

J'écoutais tout. Les ballades mises en musique par Carl Loewe, l'éclatant ténor Jan Kiepura, la divine Erna Sack. Que Waldemar Bonsels lût *Maïa l'abeille* ou qu'on retransmît en direct une passionnante régate à la rame, j'étais tout ouïe. Des exposés sur l'hygiène buccale ou sur « ce qu'on doit savoir des étoiles » me donnèrent des connaissances encyclopédiques. Deux fois par jour, j'écoutais les cotations en Bourse et suivais ainsi l'essor économique de l'industrie ; mon papa exportait des machines agricoles. Ma famille, qui était désormais débarrassée de moi et pouvait se consacrer pleinement à son conflit fondamental et incessant, apprit après moi la mort d'Ebert et, peu après, que le maréchal Hindenburg était élu au second tour pour lui succéder. Mais les émissions pour enfants, où le géant Rübezahl hantait ses monts des Géants en faisant peur aux pauvres charbonniers, avaient aussi en moi un auditeur fidèle. J'appréciais moins les lutins de l'émission du soir, précurseurs remuants des divers « Bonne nuit, les petits » des télévisions tant de l'Ouest que de l'Est. Mais ma véritable préférence allait aux pièces radiophoniques mises au point dans les premiers temps de la radio, où le vent sifflait, la pluie crépitait comme en vrai sur le toit, le tonnerre grondait, le cheval d'Ivanohé hennissait, une porte grinçait et un enfant pleurnichait comme moi-même naguère.

Comme, les jours de printemps et d'été, on me laissait souvent dans le parc de notre villa, où grâce au récepteur à détecteur je me trouvais fort bien aussi, je m'instruisais au sein de la nature. Mais les divers chants d'oiseaux ne me parvenaient pas du ciel ou des branches de nos arbres fruitiers : c'est un génial imitateur nommé Hubertus qui me fit connaître, à travers mon casque, le verdier et la mésange, le merle et le pinson, le loriot et le bruant, l'alouette. Il n'est pas étonnant que la querelle de mes parents m'ait échappé, quoiqu'elle ait pris les dimensions d'une crise conjugale. Leur divorce ne fut d'ailleurs pas un événement très douloureux, car Maman et moi conservâmes à Breslau la villa et son parc, ainsi que tout son mobilier, et donc aussi le poste à détecteur et ses écouteurs.

L'appareil était muni d'un amplificateur de basses fréquences. Pour le casque, Maman avait acheté des coquilles protectrices qui en atténuaient la pression. Plus tard, mon cher détecteur fut supplanté par des appareils à haut-parleurs : nous eûmes ainsi un poste à cinq lampes de la firme Blaupunkt. Certes, nous pouvions désormais capter la station de Königs Wusterhausen, et même écouter les grands concerts du port à Hambourg ou les Petits Chanteurs de Vienne, mais ça n'avait plus le côté chic du casque individuel.

Au demeurant, c'est la station silésienne qui, sur trois notes agréables, fut la première à introduire l'usage d'un indicatif, qui fut ensuite de règle dans toute l'Allemagne. Il n'est pas surprenant que je sois resté fidèle à la radio, où j'ai trouvé ma vocation. C'est ainsi que, pendant la guerre, j'assurai la réalisation des émissions les plus écoutées, de l'océan Arctique à la mer Noire, du mur de l'Atlantique au désert de Libye ; par exemple à Noël : images d'ambiance de tous les fronts. Lorsque sonna pour nous l'heure zéro de la reconstruction, je me spécialisai à la NWDR de Cologne dans les pièces radiophoniques. Ce genre est entre-temps en voie de disparition, tandis que le casque de mon enfance revient à la mode parmi les jeunes : ils ont les oreilles bouchées, l'air silencieux et pénétré, ils sont absents et pourtant tout à fait là.

1926

Les feuilles de décompte sont de ma main. Lorsque Sa Majesté impériale s'est vue contrainte de partir en exil, c'est à moi qu'est échu d'emblée le soin de veiller au bon ordre des choses : quatre traits verticaux, un trait en travers. Déjà dans la première résidence qu'elle occupa en Hollande, S.M. se plut à abattre des arbres elle-même. Et ensuite, au château de Doorn, situé au milieu de forêts, ce fut tous les jours. J'en tins le décompte à titre accessoire, car ma véritable tâche était l'entretien des voitures et carrosses rangés dans la remise. C'est d'ailleurs là aussi que, par mauvais temps, avec moi et parfois avec son aide de camp, M. von Ilsemann, S. M. débitait les troncs à la scie, afin de constituer des réserves de bûches pour les cheminées de la demeure principale et celles de l'orangerie, où étaient logés les hôtes. Quant au petit bois, il le fendait lui-même à la hache, de sa main valide évidemment. Dès le petit matin, juste après le service religieux auquel S. M. assistait avec les domestiques, on partait en forêt, même par temps de pluie. Et ce, jour après jour. Mais il paraît que déjà au grand quartier général à Spa, l'empereur se détendait en abattant des arbres, au moment où, fin octobre, Ludendorff fut – si j'ose dire – scié et remplacé par le général Groener. J'entends encore S. M. qui pestait, par la suite, en maniant la scie dans la remise : « C'est la faute de ce Ludendorff ! » Et de pester aussi contre tous ceux qui étaient responsables de l'armistice et de tout ce qui s'ensuivit. Les rouges, naturellement. Mais aussi le prince Max de Bade, tous les ministres, la diplomatie, même le prince héritier. Au grand-amiral Tirpitz, il voulait même retirer son ordre du Grand Aigle noir, mais son entourage, conseil privé en tête, le persuada de s'en tenir à une remontrance. Il reste que S. M. a souvent distribué les distinctions de façon par trop libérale, si je puis me permettre cette remarque. Par exemple quand des visiteurs débarquaient juste après que S. M. avait manié scie ou hache; et c'étaient souvent des flagorneurs qui par la suite l'ont laissé tomber. En tout cas, ça s'est passé ainsi pendant des semaines et des mois.

Chargé de tenir les décomptes à jour, je puis assurer qu'au bout d'un an d'exil sous la protection hollandaise à Amerongen, Sa Majesté impériale avait déjà abattu des milliers d'arbres. Lorsque ensuite tomba le douze millième, il fut débité à la scie en rondelles qui, signées d'un grand W, constituèrent des cadeaux appréciés par les hôtes. Non, pour ma part je n'eus pas l'honneur de recevoir un tel présent.

Mais si, je vous assure ! Plus de douze mille arbres. J'ai conservé les feuilles de décompte, couvertes de petits traits. Eh bien, pour plus tard, quand la dignité impériale resurgira et qu'enfin l'Allemagne se sera réveillée. Et comme en ce moment les choses bougent pas mal, tous les espoirs sont permis. Car c'est pour cela, uniquement pour cela que S. M. a persévéré. Récemment, lorsque le référendum sur l'expropriation des princes a échoué faute de majorité absolue des électeurs, et qu'on nous a remis la dépêche qui nous apprenait, en plein sciage, ce résultat obtenu de justesse mais non moins réjouissant, l'espoir parut encore plus justifié. En tout cas, Sa Majesté impériale déclara spontanément : « Si le peuple allemand m'appelle, je suis prêt dans l'instant ! »

Déjà en mars, lorsque le célèbre explorateur Sven Hedin

nous a rendu visite et a été autorisé à assister à l'abattage matinal, il a vivement encouragé l'empereur en lui disant : « Quand on est capable d'abattre autant de troncs de sa seule main droite, on peut aussi remettre de l'ordre en Allemagne. » Il a ensuite raconté ses voyages dans le Turkestan oriental, au Tibet et à travers le désert de Gobi. Le lendemain matin, entre un arbre et un autre, S. M. a plusieurs fois assuré au Suédois combien il détestait la guerre, et qu'il ne l'avait certainement pas voulue. Je puis m'en porter témoin. En particulier quand il fendait du bois de chauffage, le matin, je l'ai souvent entendu se dire à lui-même : « J'étais encore en voyage d'été en Norvège que déjà Français et Russes étaient l'arme au pied... J'étais tout à fait opposé à la guerre... J'ai toujours voulu être un souverain de la paix... Mais quand il a fallu... Et puis notre flotte était dispersée... tandis que la Navy se trouvait à Spithead... Parfaitement, concentrée et sous pression... Il fallait agir... »

Ensuite, S. M. passait généralement à la bataille de la Marne. Il maudissait les généraux, et Falkenhayn avec une violence toute particulière. D'une façon générale, il aimait bien exploser pendant qu'il fendait du bois. Chaque coup – toujours de sa main valide, la droite – portait. Surtout quand il s'agissait de novembre 18. C'était en priorité les Autrichiens, avec ce renégat d'empereur Charles, qui en prenaient pour leur grade ; puis il vitupérait les planqués de l'arrière, les manifestations d'insubordination, les drapeaux rouges dans les trains de permissionnaires. Il dénonçait aussi, entre les coups de hache, le gouvernement, et le prince Max en tête : « Ce chancelier de la révolution ! » Sur quoi, tandis que le tas de bois grossissait, S. M. en arrivait à l'abdication qu'on lui avait imposée. « Non ! criait-il, ce sont mes propres gens qui m'y ont contraint, les rouges ne s'y sont mis qu'ensuite !... Ce Scheidemann... Ce n'est pas moi qui ai lâché l'armée, c'est elle qui m'a lâché... Plus possible de retourner à Berlin... Tous les ponts sur le Rhin étaient sous leur contrôle... Il aurait fallu risquer une guerre civile... Ou bien de tomber aux mains de l'ennemi... Une fin honteuse... A moins de me tirer une balle... Il ne restait plus qu'une chose à faire : passer la frontière... »

Voilà comment se déroulent toutes nos journées, monsieur. Sa Majesté paraît infatigable. Mais, ces derniers temps, elle manie la hache en silence. Et je n'ai plus à tenir de décompte. Et dans les coupes, tout autour de Doorn, on replante chaque année. Et lorsque les taillis seront redevenus des futaies, S. M. est prête à les abattre.

1927

Maman m'a porté jusqu'au milieu du mois d'octobre doré, mais à y regarder de plus près la seule année dorée fut celle de ma naissance : les autres *golden twenties*, avant et après, tentèrent tout au plus de cacher le quotidien sous les paillettes et les bigarrures criardes. Mais qu'est-ce qui donna un éclat particulier à l'année de ma naissance ? Serait-ce le *Reichsmark*, parce qu'il s'était stabilisé ? Ou bien *Être et Temps*, ce livre qui arriva sur le marché en grande pompe verbale, moyennant quoi n'importe quel petit pigiste des rubriques culturelles se mit dès lors à heideggériser ?

Il est bien vrai qu'après la guerre, la famine et l'inflation – que rappelaient les invalides de guerre à tous les coins de rue, et l'appauvrissement général des classes moyennes – on pouvait jaboter sur la vie comme « être-pour-la-mort » en sirotant du champagne, ou du moins un petit verre de Martini. Mais « dorés », ces grands mots claironnés en finale existentiel ne l'étaient certainement pas. De l'or, c'était plutôt le ténor Richard Tauber qui en avait dans la voix. Et Maman, qui l'adorait éperdument à distance dès que le phonographe tournait au salon, n'a cessé après ma naissance et toute sa vie – elle ne vécut pas vieille – de fredonner les airs du *Tsarévitch* de Franz Lehar, qui triomphait sur toutes les scènes d'opérette : « C'est un soldat au bord de la Volga... », ou « Est-ce que là-haut tu m'oublies moi aussi... », ou « Seul, à nouveau seul… », jusqu'au dénouement doux-amer : « Me voilà dans une cage dorée… ».

Mais tout cela n'était que du plaqué or. En vrai or, il y avait les girls, uniquement les girls. Même chez nous à Dantzig, elles passaient en tournée, avec leurs paillettes et leurs trucs en plumes, pas précisément au grand théâtre municipal : au casino de Sopot. Mais Max Kauer – qui avec son médium Susi avait quelque succès dans les cabarets comme prestidigitateur et voyant extralucide, de sorte que les capitales européennes s'étalaient sur ses valises sous forme d'étiquettes d'hôtels, et que j'appellerais plus tard Oncle Max parce qu'il avait été à l'école avec l'oncle Friedel, le frère de Papa – n'avait qu'un geste désabusé quand il était question des « girls qui passent ici » : « Imitation au rabais ! »

Quand Maman était encore enceinte de moi, il paraît qu'il s'écriait : « Il faut absolument que vous veniez voir Berlin. Il s'y passe toujours des tas de choses ! » Et avec ses longs doigts de prestidigitateur, il faisait les Tiller-Girls, c'est-à-dire qu'il imitait leurs jambes qui n'en finissaient pas, à la manière de Chaplin. Il savait en parler, de ces jambes ! Il affirmait qu'elles étaient « façonnées à la perfection ». Puis il évoquait la « précision de leur rythme » et les « grands moments de l'Admiralspalast ». Passaient aussi, concernant le reste du programme, des noms sertis dans l'or : « Il faut voir comment cette boute-en-train de Trude Hesterberg, avec sa petite troupe, danse les *Brigands* de Schiller en jazz, c'est à mourir de rire. » On l'entendait porter aux nues les Chocolate Kiddies, qu'il avait vues à la Scala ou au Jardin d'hiver. « Et bientôt c'est Joséphine Baker qui doit venir en tournée à Berlin, cette merveille de féminité animale. Pour "être-là", comme dit le philosophe, elle est un peu là ! L'"être-pour-la-danse", c'est elle… »

Maman, qui donnait volontiers libre cours à l'expression de ses nostalgies, m'a transmis l'enthousiasme de l'oncle Max : « Ça danse de toute façon beaucoup, à Berlin, il n'y a que de la danse. Il faut que vous veniez, absolument, et que vous voyiez une vraie Haller-Revue, avec la Jana dansant devant un rideau brodé d'or. » Sur quoi, avec ses longs doigts de prestidigitateur, il refaisait les Tiller-Girls. Et Maman, qui me portait, avait sans doute un sourire : « Peut-être plus tard, quand la boutique marchera mieux. » Mais jamais elle n'a poussé jusqu'à Berlin.

Une fois seulement, vers la fin des années trente, quand des *twenties* il ne restait plus la moindre paillette d'or, elle a laissé l'épicerie à mon père et a fait un voyage avec « La force par la joie » qui l'a menée jusque dans les montagnes du Salzkammergut. Là, ça dansait à la rustique, en culottes de cuir.

1928

Allez-y, vous n'avez qu'à lire. J'ai écrit tout ça pour mes arrière-petits-enfants, plus tard. On n'imagine pas tout ce qui s'est passé, à l'époque, dans ce faubourg de Hambourg et partout. Ça se lit comme un roman, mais j'ai vécu tout ça pour de bon. Alors voilà, j'étais seule avec trois garçons et une petite pension, après que mon mari, qui était arrimeur au dock 25 du quai Versmann, s'était fait écraser par une palette de caisses d'oranges. Par sa faute, a dit l'armateur. Pas question d'indemnité d'aucune sorte. A l'époque mon aîné était déjà dans la police, commissariat 46, vous voyez ça là : « Herbert n'a jamais adhéré au parti, mais il a toujours voté à gauche... » Parce qu'en fait on était une vieille famille socialiste, déjà mon père et le père de mon mari. Oui, et Jochen, le cadet, quand ça a démarré, les bagarres et les coups de couteau, il est brusquement devenu carrément communiste, il est même entré dans la Ligue des combattants du Front rouge. En fait, c'était un garçon très tranquille, qui avant ne s'intéressait qu'à ses insectes et à ses papillons. Il était employé au port pour conduire les barges au Kehrwiederfleet et dans tous les docks. D'un seul coup il est devenu fanatique. Tout comme Heinz, le benjamin, qui au moment des élections au Reichstag est devenu un vrai petit nazi, sans m'en souffler mot à l'avance. Voilà un jour qu'il s'amène en uniforme de SA et commence à tenir des discours. Un boute-en-train, en fait, et que tout le monde aimait bien. Il travaillait aussi aux docks, expédition de café brut. Des fois, il m'en apportait en douce à brûler. Ça sentait partout dans le logement, jusque dans l'escalier. Et voilà-t'il pas... Malgré tout, au début, ça s'est encore passé sans trop de mal. Même le dimanche, quand ils étaient tous les trois attablés à la cuisine, et que j'étais au fourneau. Ils se contentaient de s'envoyer des vannes. Et quand le ton montait, qu'ils commençaient à taper sur la table, mon Herbert rétablissait l'ordre. Les deux autres l'écoutaient, même s'il n'était pas en service ni en uniforme. Mais ensuite, ça a été tout le temps la bagarre. Vous n'avez qu'à lire ce que je raconte du 17 mai, juste avant les élections, quand deux camarades à nous, des ligues socialistes qui faisaient le service d'ordre dans les réunions et devant les bureaux de vote, y sont passés tous les deux. Le premier a été tué chez nous à Barmbek, l'autre à Eimsbüttel. Les communistes ont tiré depuis leur camion de propagande sur le camarade socialiste Tiedemann et l'ont tué. Et le camarade Heidorn, c'est les SA qui l'ont froidement descendu, quand ils ont été surpris à recouvrir nos affiches au coin de la Bundesstrasse et de la Hohe Weide. Alors, ça a été des engueulades, à la table de la cuisine. « Non ! braillait Jochen, c'est les social-fascistes qui ont commencé à canarder, et c'est eux qui ont touché leur propre bonhomme par erreur... » Et mon Heinz s'égosillait : « Légitime défense, nous c'était de la légitime défense ! C'est ces salauds de socialistes qui ont commencé... » Alors mon aîné, qui savait ce qui en était par les rapports de police, et qui en plus avait flanqué le *Volksblatt* grand ouvert sur la table... Tenez, j'ai collé l'article, vous n'avez qu'à lire : « La victime, le menuisier Tiedemann, a reçu une balle qui a pénétré latéralement au-dessus du front et qui est ressortie nettement plus bas, il apparaît donc que le coup a été tiré d'un emplacement situé en hauteur... » Enfin, il était clair que les cocos avaient tiré de haut en bas, et aussi qu'à Eimsbüttel c'étaient les SA qui avaient commencé. Mais ça n'a pas empêché l'engueulade de continuer de plus belle, à ma table, parce que mon Heinz a joué le SA et a traité mon aîné de « cochon de flic », sur quoi le cadet en a rajouté en balançant en pleine figure à mon Herbert l'insulte vraiment dégueulasse de « social-fasciste ». Mais mon aîné est resté très calme, c'est sa manière. Il a juste dit ce que j'ai écrit là : « Depuis que ceux de Moscou vous ont rendus idiots avec cette décision du Komintern, vous n'êtes même plus capables de distinguer le rouge du brun... » Et il a encore dit plusieurs choses. Que quand les travailleurs se battaient entre eux, c'était tout bénéfice pour les capitalistes, qui devaient bien se marrer. « Exactement ! » j'ai dit devant mon fourneau. Et c'est bien ce qui s'est passé finalement, je le dis encore aujourd'hui. En tout cas, après la nuit sanglante de Barmbek et d'Eimsbüttel, on n'a plus eu la paix un seul instant, à Hambourg. Et chez nous, à la table de la cuisine, non plus. C'est seulement quand mon Jochen, avant même l'arrivée de Hitler, il a plaqué les communistes et, se retrouvant au chômage du jour au lendemain, qu'il est entré dans les SA à Pinneberg et que bientôt il a eu un boulot dans les silos à grain, que le calme est enfin revenu dans la maison. Mais le plus jeune, s'il est bien resté nazi extérieurement, il est devenu de plus en plus taciturne, et plus boute-en-train du tout. Quand ça a été la guerre, il a rejoint la marine à Eckernförde, il a été dans les sous-marins, et il n'en est pas revenu. Comme mon cadet : il a été jusqu'en Afrique, et il y est resté aussi. J'ai juste des lettres de lui, je les ai collées là. Mon aîné, lui, est resté dans la police, et il a survécu. Il a dû partir avec un bataillon de police en Russie, jusqu'en Ukraine, et il a dû participer à des choses pas jolies. Il n'en a jamais rien dit. Même après la guerre. Et je ne lui ai pas posé de questions. J'ai toujours su sans ça ce qu'il avait sur le cœur, mon Herbert, jusqu'au bout, quand il a pris sa retraite en 53 parce qu'il avait le cancer, et il en est mort quelques mois plus tard. Il laissait trois enfants à sa Monika, ma belle-fille, oui, rien que des filles. Elles sont mariées depuis longtemps, et elles ont des enfants à leur tour. C'est pour eux que j'ai écrit tout ça, pour plus tard, même si ça fait mal. Je veux dire : d'écrire. Tout ce qui s'est passé à l'époque. Mais vous n'avez qu'à lire.

1929

D'un seul coup d'un seul, v'là qu'on était tous américains. Ouais, ils nous avaient achetés, aussi sec. Parce que le vieux Adam Opel était plus là, et que les jeunes messieurs von Opel voulaient plus de nous. Mais les gars savaient ce que c'était que la chaîne, depuis longtemps. On travaillait tous aux pièces ! Et moi qui vous cause, j'étais à la tâche sur la Grenouille… On l'appelait comme ça parce que c'est ce qu'avaient crié les gamins des rues quand le roadster était sorti, peint tout en vert : « La Grenouille ! » Ouais, c'est vers 1924 qu'elle est sortie en série. Moi, je tournais ce qu'on appelait des excentriques de frein. Pour l'essieu avant. Mais quand on est tous devenus américains, en 29, on n'a plus été qu'aux pièces, y compris sur la Grenouille, parce qu'elle sortait à la chaîne. Non, mais il n'y avait plus tout le monde, parce qu'ils ont licencié, juste avant Noël, c'était vache. C'était marqué dans *Opel-Prolo*, qu'était notre journal d'entreprise, que les Américains voulaient appliquer comme chez eux ce qu'ils appelaient le système Ford : virer les gens tous les ans pour reprendre des types non qualifiés. Ça marche, à la chaîne ou aux pièces. Mais la Grenouille, c'est vrai qu'elle était chouette. Elle se vendait comme des petits pains. Ouais, c'est vrai que dans la branche il y a eu des rouspétances : comme quoi elle était copiée sur les Français, sur la Trèfle de Citroën, sauf qu'il paraît que la Trèfle était jaune. Les Français sont allés en justice, pour être indemnisés, mais ils ont rien eu. Et la Grenouille, elle s'est vendue dans toute l'Allemagne. Ben, parce qu'elle était pas chère, même pour les petits, pas seulement pour les bourgeois ou les gens à chauffeur. Non, pas moi. Avec quatre mioches, et la baraque pas finie de payer ? Mais mon frère, qu'était représentant en mercerie, qui devait circuler par tous les temps, il a changé sa moto pour notre roadster. Douze chevaux, qu'elle avait, hein ! On croirait pas. Elle consommait que cinq litres et tapait son soixante à l'heure. Au début elle coûtait encore quatre mille six, mais mon frère l'a eue à deux sept, parce qu'on a baissé tous les prix et que ça devenait de pire en pire avec le chômage. Il en a fait, du chemin, mon frère, avec sa valise d'échantillons dans sa Grenouille. Toujours sur les routes, pardi, il descendait jusqu'à Constance. Et les virées avec Elsbeth, c'était sa fiancée, jusqu'à Heilbronn ou Karlsruhe. Il avait la belle vie, même si les temps étaient durs. Parce qu'un an après qu'on soit tous devenus américains, je me suis retrouvé au chômage, comme beaucoup à Rüsselheim et ailleurs. Quelle époque, hein ? Mais mon frère m'a emmené quelquefois en tournée, comme copilote pour ainsi dire. Une fois, on est montés avec la Grenouille jusqu'à Bielefeld, où était sa boîte. Et j'ai vu la Porta Westphalica, et comme l'Allemagne est un beau pays. Et l'endroit où les Chérusques, dans le temps, ont foutu une raclée aux Romains, dans la forêt de Teutobourg. On y a cassé la croûte. C'était chouette. Mais sinon j'avais pas grand-chose à faire. Je bricolais des fois pour les jardins publics, des fois en dépannage à la cimenterie. C'est seulement après le grand tournant, quand l'Adolf est arrivé, qu'il y a eu de nouveau des places chez Opel, et j'ai d'abord été chargé des réclamations au service « achats », et ensuite j'ai été à l'atelier d'essais, parce que j'avais longtemps été ajusteur, et encore du temps du vieux Opel. Mais mon frère, il a encore fait des années de tournées dans sa Grenouille, même sur autoroute après, jusqu'à ce qu'il parte soldat, et que la Grenouille soit rangée chez nous dans le hangar, pour après la guerre. Mais elle y est encore, parce que mon frère est pas revenu de Russie, et que je peux pas m'en séparer. Non, moi j'ai juste été réquisitionné pour aller à Riga, dans notre atelier de réparation. Ouais, et j'ai repris chez Opel juste après la guerre, avec les gars. C'était bien qu'on soit américains. On n'a pas été beaucoup bombardés avant, ni démontés après. On a eu du pot, hein ?

1930

Le bar à bière de Franz Diener se trouvait près de la place Savigny, dans la Grolmanstrasse, juste avant le passage sous le métro. Je venais de temps à autre m'accouder au comptoir de cet établissement assez peu banal, et j'entendais alors la table des habitués – tous les soirs des personnalités – commenter avec une bonne humeur bien arrosée les événements grands et petits. Comme Franz avait été champion d'Allemagne poids lourd vers la fin des années vingt, avant d'être détrôné en quinze reprises par Max Schmeling, on aurait pu penser que parmi les habitués se trouveraient quelques anciens boxeurs ou des boxeurs encore en activité. Mais pas du tout. Dans les années cinquante et au début des années soixante, on trouvait là des comédiens, des gens du cabaret et de la radio, voire des écrivains et des personnages plutôt douteux qui se présentaient comme des intellectuels. Il n'était donc pas question des succès de Bubi Scholz et de sa défaite contre Johnson, mais de ragots de théâtre, par exemple de spéculations sur les causes de la mort de Gustav Gründgens aux Philippines, ou de quelque magouille à la radio de Berlin. Tout cela venait déferler par vagues jusqu'au comptoir. Je me rappelle encore que *Le Vicaire* de Hochhuth faisait l'objet d'âpres discussions, mais sinon il n'était jamais question de politique, même si on sentait bien que l'ère Adenauer approchait de sa fin.

Franz Diener s'efforçait d'être un patron jovial, il n'en avait pas moins une tête de boxeur, pleine de dignité et de mélancolie. Sa compagnie était recherchée, il émanait de lui quelque chose de mystérieusement tragique qui donnait confiance. Mais rien de nouveau là-dedans : les artistes et les intellectuels étaient attirés par la boxe. Brecht ne fut pas le seul à avoir un faible pour les cogneurs. Autour de Max Schmeling, avant même qu'il parte pour l'Amérique et y fasse les gros titres, on trouvait de grands noms, dont ceux du comédien Fritz Kortner et du réalisateur Josef von Sternberg. Heinrich Mann aussi s'afficha avec lui. Et dans l'établissement de Franz Diener, sur tous les murs du bar et aussi derrière le comptoir, on pouvait admirer non seulement des photos de boxeurs dans les poses bien connues, mais une majorité de clichés encadrés où l'on reconnaissait des vedettes de la vie culturelle, autrefois célèbres ou qui l'étaient encore.
   Franz était de ces rares professionnels qui avaient su placer assez sagement les cachets de leurs combats. En tout cas, sa boîte était toujours pleine à craquer. La table des habitués restait souvent complète jusque bien après minuit. Il servait lui-même. Lorsque par extraordinaire il était question de combats de boxe, ce n'était pratiquement jamais de ceux de Diener contre Neusel ou Heuser – Franz était bien trop modeste pour évoquer ses victoires –, mais toujours uniquement des deux matchs de Schmeling contre Sharkey, en 30 et en 32, quand Max devint champion du monde poids lourd et perdit rapidement le titre. Et puis il s'agissait de la victoire sur Young Stribling à Cleveland, par K.-O. au quinzième round. Mais ces réminiscences, pour la plupart de vieux messieurs, se situaient dans une sorte de vide, par rapport à la politique des années en question : pas un mot sur le gouvernement Brüning, ni sur le choc que représenta le score des nazis, soudain deuxième parti à l'issue des élections au Reichstag.

Je ne sais plus qui lança le débat, si ce fut le comédien O. E. Hasse, qui s'était fait un nom dans *Le Général du diable*, ou bien l'auteur suisse déjà connu à l'époque, Dürrenmatt, que des répétitions amenaient parfois à Berlin. Peut-être que ce fut moi, depuis le comptoir. C'est bien possible, car dans la dispute qui suivit il fut principalement question de cette sensationnelle retransmission radiophonique du 12 juin 1930, captée chez nous le 13 à trois heures du matin grâce aux émetteurs à ondes courtes américains. Or le technicien responsable, c'était moi, à la station de Zehlendorf. Avec le récepteur à ondes courtes que nous venions de construire, c'est moi qui assurai la réception optimale, comme j'avais déjà retransmis – non sans parasites – le match Schmeling-Paolino, ou encore participé comme assistant à la retransmission de l'arrivée du premier Zeppelin à Lakehurst. Nous avions eu des centaines de milliers d'auditeurs lorsque le LZ 126 avait fait ses passages spectaculaires au-dessus de Manhattan. Mais cette fois, le plaisir dura une demi-heure à peine : Sharkey, après avoir eu l'avantage pendant trois rounds grâce à ses crochets du gauche, à la troisième reprise en porta un à l'estomac de Schmeling, mais trop bas. Schmeling alla au tapis, mais Sharkey fut disqualifié. Tandis que Max se tordait encore de douleur, l'arbitre le proclama nouveau champion du monde, et sous les acclamations, car même à New York Schmeling était le chouchou du public.

Certains des habitués, chez Franz Diener, avaient encore le reportage dans l'oreille. « Mais Sharkey était nettement le meilleur », disait l'un. « Penses-tu ! Max était lent à démarrer. Il ne trouvait sa pleine forme qu'à partir du cinquième round... » « Exact. Deux ans plus tard, quand il a perdu contre Sharkey après avoir dominé pendant quinze reprises, tout le monde a protesté, même le maire de New York, parce que Schmeling avait été le meilleur aux points. »

Les matchs ultérieurs contre le « bombardier noir » – victoire de Max d'abord, par K.-O. au bout de douze rounds, et de Joe Louis la seconde fois, par K.-O. aussi dès la première reprise – n'étaient évoqués qu'accessoirement, tout comme la qualité encore accrue de nos retransmissions radiophoniques. Il s'agissait bien plutôt de la « légende Schmeling ». Au fond, ce n'était pas un boxeur tellement exceptionnel, disait-on, mais plutôt une individualité catalysant la sympathie. Sa vraie grandeur se manifestait plus dans sa personnalité que dans la force de ses poings. D'ailleurs, sans qu'il y puisse rien, la foutue politique de ces années-là l'avait servi : un Allemand à montrer ! Rien d'étonnant à ce qu'il n'ait pas réussi son come-back, après la guerre, quand il avait perdu contre Neusel et contre Vogt.

Alors Franz Diener, qui était resté derrière son comptoir et qui commentait très rarement les combats de boxe, dit : « Je suis tout de même encore très fier d'avoir perdu mon titre contre Max, même si aujourd'hui il n'a qu'un élevage de poulets. »

Et il se remit à tirer ses bières à la pression, à disposer œufs durs, moutarde et boulettes sur ses assiettes, à remplir à ras bord ses verres de schnaps. Et la table des habitués revint à ses ragots de théâtre, jusqu'au moment où Friedrich Dürrenmatt cloua le bec à toute la tablée ébahie en expliquant en détail et à la bernoise l'univers, les galaxies, les amas d'étoiles et les années-lumière. « Notre Terre, je veux dire, ce qui grouille dessus et se croit important, ce n'est qu'une miette ! » s'écria-t-il, lançant vers le comptoir la commande d'une nouvelle tournée.

1931

— Tous à Harzburg, tous à Brunswick, c'était le mot d'ordre...
— De toutes les subdivisions SA, ils arrivaient. En train la plupart, mais nous, camarades du Vogtland, en voiture et en convoi...
— On va en finir de la servitude ! De nouveaux étendards vont être inaugurés ! Même des côtes, du rivage de Poméranie, de Franconie, de Munich, de Rhénanie, ils arrivaient par camions, en autocar, à moto...
— Et tous en tenue d'honneur brune...
— Nous, de l'escadron motorisé n° 2, nous sommes partis de Plauen à vingt voitures, en chantant : « Que tremblent les os ramollis ! »...
— Dès l'aube, notre compagnie quittait Crimmitschau. Et on a traversé Altenburg, par un temps d'automne splendide, en direction de Leipzig...
— Je vous le dis, camarades ! J'ai découvert la masse imposante du monument, j'ai vu les héros appuyés sur leur glaive, j'ai compris qu'aujourd'hui, beaucoup plus de cent ans après la bataille des Nations, l'heure de la libération sonne de nouveau... Finie la servitude !...
— Tu l'as dit, camarade ! C'est pas dans ce nid de radoteurs qu'est le Reichstag, auquel on devrait foutre le feu, non, c'est sur les routes d'Allemagne que la nation se retrouve enfin...
— Nous, une fois traversée la belle Thuringe, avec

notre gauleiter Sauckel en tête du convoi, une fois dépassées Halle et Eisleben, la ville de Luther, nous sommes arrivés en Prusse à Aschersleben, où il a fallu quitter nos chemises brunes et mettre des chemises blanches, neutres en quelque sorte...

– Parce que les socialistes s'obstinent à interdire...

– Et ce chien de ministre de la Police ! Retenez bien son nom : Severing !

– Mais une fois à Harzburg, déjà sur le territoire du Brunswick, nous étions de nouveau libres de toute contrainte : des milliers et des milliers, tous en tenue d'honneur brune...

– Comme une semaine plus tard, toujours à Brunswick même, où c'est nos gars qui ont fait la police, et où plus de cent mille chemises brunes se sont rassemblées dans l'ordre...

– Là, j'ai croisé le regard du Führer...

– En défilant devant lui, moi aussi !...

– Et moi pendant une seconde, non, pendant une éternité...

– Ah, camarades ! Là, il n'y avait plus de « moi », seulement un grand « nous », qui défilait heure après heure, la main levée pour le salut allemand. Tous, nous avons tous capté son regard...

– J'ai eu l'impression que ses yeux me bénissaient...

– C'était une armée brune qui défilait. Et le regard du Führer se posait sur chacun de nous...

– Mais avant, il a passé en revue les plus de quatre cents camions découverts, autocars et motos rangés en ligne. Car ce n'est qu'avec les unités motorisées que l'avenir...

– Et ensuite, sur le champ de Mars, il a inauguré les étendards des nouvelles unités, vingt-quatre en tout, en prononçant des paroles comme coulées dans le bronze...

– Sa voix venait par les haut-parleurs. C'était comme si la main de la Destinée nous touchait. C'était comme si, du fond des orages d'acier de la Grande Guerre, nous parvenait la lumière de cette Allemagne de discipline et de rigueur. C'était comme si la Providence parlait par sa bouche. C'était, coulé dans le bronze, l'ordre nouveau...

— Il y en a pourtant qui disent que les « faisceaux » de Mussolini nous ont servi de modèle. Oui, avec leurs chemises noires, leur « squadrisme », leurs unités d'assaut...

— C'est des histoires, tout ça ! Ça se voit, qu'on n'a rien de latin. On prie en allemand, on aime en allemand, nos haines sont allemandes. Et ceux qui se mettront sur notre chemin...

— Mais pour l'instant on a encore besoin de quelques alliés, comme la semaine dernière, quand on a constitué ce Front de Harzburg, et que ce Hugenberg s'est amené avec ses guignols nationaux-allemands...

— Tous de sales bourgeois, des ploutocrates à haut-de-forme et à chapeau...

— Ils sont d'hier, voyons, et il faudra les mettre sur la touche, un jour, et ceux du Casque d'acier aussi...

— Parfaitement, l'avenir c'est nous et nous seuls...

— Et quand les SA motorisées, quittant la Leonhardsplatz en convois interminables, ont ramené les masses brunes depuis la ville d'Henri le Lion jusque dans nos subdivisions proches et lointaines, nous avons tous emporté avec nous ce feu qu'avait allumé en nous le regard du Führer, afin qu'il brûle, brûle à jamais...

1932

Il fallait qu'il se passe quelque chose. N'importe quoi, mais quelque chose. Ça ne pouvait pas continuer comme ça, à coups d'ordonnances et d'élections à répétition. Mais au fond ça n'a pas beaucoup changé. « Sans ressources » à l'époque, « au chômage » aujourd'hui : bon, ça ne fait pas exactement le même effet. Dans ce temps-là, on ne disait pas « je suis sans travail », mais « je pointe ». Ça faisait plus actif, en un sens. Personne ne voulait convenir qu'il était au chômage. C'était considéré comme honteux. En tout cas, moi, quand on me posait la question à l'école ou au catéchisme, je répondais toujours « mon père pointe », tandis que mon petit-fils, une fois de plus et très à l'aise, « vit de ses indemnités ». C'est vrai que du temps de Brüning ils étaient près de six millions, mais on en est de nouveau à près de cinq, si on compte bien. Du coup, aujourd'hui comme à l'époque, on regarde à la dépense et on n'achète que le strict nécessaire. Ça n'a pas beaucoup changé, dans le fond. Sauf que vers 32, comme ça faisait déjà le troisième hiver que mon père pointait, il était en fin de droits, et on lui rognait même sans arrêt le minimum vital. Il touchait, en tout et pour tout, trois marks cinquante par semaine. Et comme mes deux frères pointaient aussi, et que ma sœur Erika était la seule – comme vendeuse chez Tietz – à rapporter un salaire, ma mère n'avait même pas cent marks par semaine comme budget pour la maison. C'était tout sauf suffisant, mais dans le coin tout le monde en était là. Malheur à qui attrapait la grippe ou n'importe quoi. Rien que pour la feuille de maladie, fallait casquer cinquante pfennigs. Un ressemelage faisait un trou dans la caisse. Les briquettes de charbon arrivaient à près de deux marks le quintal. Mais les dépôts débordaient. Ils étaient naturellement gardés, et même sévèrement, avec des barbelés autour et des chiens. Et les pommes de terre pour l'hiver, c'était la catastrophe. Il fallait qu'il se passe quelque chose, parce que tout le système était pourri. Ça n'a pas changé, au fond. C'est comme l'attente au Bureau du travail. Une fois, mon père m'a emmené : « Pour que tu voies comment ça se passe. » Devant le bureau, deux flics veillaient à ce que personne ne resquille, car dehors il y avait la queue, et dedans les gens étaient debout aussi, parce qu'il n'y avait pas assez de chaises, mais c'était très calme dehors comme dedans, parce que tout le monde ruminait ses soucis. Du coup, on entendait très bien le bruit des tampons sur les cartes, ce claquement sec. Je l'entends encore. Et je vois encore la tête de ceux qui se faisaient refouler : « Hors délai ! » ou « Manque un papier ! » Mon père avait tout ce qu'il fallait : fiche de domicile, dernier certificat de travail, attestation d'indigence, et la carte pour les versements. Car depuis qu'il ne touchait plus que le minimum vital, l'indigence faisait l'objet de contrôles, jusque dans le logement. Malheur à celui qui avait des meubles neufs, ou une radio. Ah, et puis ça sentait les vêtements humides. C'est que les gens faisaient la queue sous la pluie. Non, pas de bousculades ni de disputes, pas même politiques. Ben, tout le monde en avait ras le bol et savait que ça ne pouvait pas continuer comme ça. Il fallait qu'il se passe quelque chose. Mais après, mon père m'a emmené à l'entraide des chômeurs, à la Maison des syndicats. On y voyait des affiches et des appels à la solidarité. Et il y avait aussi de quoi se caler un peu l'estomac, généralement un plat unique avec des légumes. Fallait pas que Maman sache qu'on était allés là. « J'arriverai bien à vous nourrir », qu'elle disait, et quand pour l'école elle pouvait me tartiner un peu de saindoux dans mon sandwich, elle avait un grand sourire. Et quand il n'y avait que du pain sec, elle disait : « Aujourd'hui, on joue sans atout. » Bon, de nos jours c'est pas à ce point-là, mais ça pourrait encore venir. En tout cas, il y avait déjà une sorte de service du travail obligatoire, pour les chômeurs assistés en fin de droits. Chez nous, à Remscheid, ils devaient bosser pour construire la route du barrage. Mon père aussi, puisqu'on vivait de l'assistance. Et comme les chevaux coûtaient trop cher, on attelait une vingtaine d'hommes devant un rouleau qui pesait des tonnes, et à « hue ! » il fallait qu'ils tirent. Je n'avais pas le droit d'aller voir, parce que mon père, qui avait été mécanicien qualifié, aurait eu honte devant son fils. Mais à la maison, je l'entendais pleurer, quand il était couché dans le noir avec Maman. Elle ne pleurait jamais. Seulement à la fin, peu avant la prise du pouvoir par Hitler, elle disait tout le temps : « Ça ne peut pas devenir pire que c'est. » Des choses pareilles ne peuvent plus nous arriver aujourd'hui, je l'ai dit à mon petit-fils pour le calmer, un jour qu'il ne faisait que râler contre tout et le reste. « T'as raison, a répondu ce vaurien, l'emploi va mal, mais les actions n'arrêtent pas de monter. »

1933

La nouvelle de Sa nomination comme chancelier nous surprit à midi, tandis qu'avec Bernd, mon jeune collaborateur, nous déjeunions sur le pouce à la galerie en écoutant la radio d'une oreille distraite. Surpris, à vrai dire, je ne l'étais pas : après la démission de Schleicher, tout indiquait que ce serait Lui, il n'y avait plus que Lui d'envisageable, même le sénile président du Reich ne pouvait que se plier au désir qu'Il avait du pouvoir. Je tentai de réagir par une plaisanterie : « A présent, le peintre en bâtiment va être artiste peintre, pour notre bonheur. » Mais Bernd, qui d'habitude se souciait de politique « comme de sa première chemise », se sentait personnellement menacé : « Filons ! Il faut filer ! » s'écria-t-il.

Certes, je souris de sa réaction excessive, mais je voyais tout de même mes inquiétudes confirmées : déjà plusieurs mois auparavant, j'avais transféré à Amsterdam une partie des tableaux qui, dans la perspective de la probable prise du pouvoir par Hitler, devaient être considérés comme particulièrement suspects : plusieurs Kirchner, Pechstein, Nolde, etc. Seuls restaient à la galerie quelques toiles du maître Liebermann : des œuvres récentes, des vues de jardins. Elles n'entraient certes pas dans la catégorie de l'art « dégénéré ». C'était uniquement en tant que Juif qu'il était menacé, tout comme sa femme, même si je tentais de me rassurer, et Bernd avec moi : « Il a plus de quatre-vingts ans. Ils n'oseront pas porter la main sur lui. Il devra tout au plus démissionner de la présidence de l'Académie. Et puis quoi ! Dans trois ou quatre mois, cette fantasmagorie sera de toute façon terminée. »

Néanmoins, mon inquiétude persistait, voire augmentait. Nous fermâmes la galerie. Et après être parvenu à calmer quelque peu mon cher Bernd, qui était naturellement en larmes, je me mis en route vers la fin de l'après-midi. Très vite, il n'y eut plus guère moyen de passer. J'aurais dû prendre le métro. Des colonnes arrivaient de partout. Déjà dans la Hardenbergstrasse. En rangs par six, ils remontaient l'allée de la Victoire, une compagnie de SA après l'autre, conscientes de leur but unique. Un tourbillon semblait les aspirer et les diriger vers la Grande Étoile, où manifestement toutes les colonnes devaient se rejoindre. Dès que les unités étaient freinées dans leur marche, elles marquaient le pas sur place, impatientes et insistantes : surtout pas d'arrêt ! Ah, ce sérieux effrayant dans ces jeunes visages marqués par les jugulaires ! Et de plus en plus de badauds, dont l'afflux commençait à bloquer les trottoirs. Et par-dessus tout cela, ces chants à l'unisson...

Alors je pris en quelque sorte le maquis et piquai à travers le Tiergarten déjà sombre, mais je n'étais pas le seul qui s'efforçât de progresser par des voies détournées. Enfin, lorsque je fus près du but, il apparut que la porte de Brandebourg était interdite à la circulation normale. Ce n'est que grâce à un agent de police, auquel je racontai je ne sais plus quoi, que je fus autorisé à gagner la Pariser Platz, juste derrière la porte. Ah, combien de fois n'étions-nous pas descendus de voiture là, le cœur battant ! Une adresse réservée à une élite, et pourtant connue de tous ! Toutes ces visites à l'atelier du maître ! Et tout y était toujours plein d'esprit, souvent de drôlerie. Son humour berlinois cinglant.

Devant le bel immeuble bourgeois – propriété de la

famille depuis des décennies –, le portier semblait m'attendre. « Madame et Monsieur sont sur le toit », dit-il, et il m'accompagna dans les escaliers. Entre-temps devait avoir commencé cette marche aux flambeaux qui paraissait avoir été répétée depuis des années, tant elle était réglée à la minute. Car lorsque je mis le pied sur le toit en terrasse, les acclamations annonçaient l'approche des colonnes. Certes : répugnante, cette populace ! Et pourtant ces mugissements qui s'enflaient avaient quelque chose d'excitant. Aujourd'hui, je dois avouer que je fus fasciné – ne serait-ce que le temps d'un frisson.

Mais pourquoi s'exposait-il à la masse ? Le maître et sa femme étaient debout à l'extrême bord du toit. Plus tard, quand nous fûmes assis dans l'atelier, nous apprîmes pourquoi : c'est de là qu'il avait déjà vu, en 1871, les régiments qui avaient vaincu la France entrer au pas cadencé par la porte de Brandebourg ; puis en 14, les fantassins qui montaient au front, encore équipés du casque à pointe ; en 18, même, il avait vu de là l'entrée des marins révoltés, et à présent il avait voulu risquer un dernier regard d'en haut. Là-dessus, on pouvait dire quantité d'inepties.

Mais auparavant, sur le toit en terrasse, il était resté debout et muet, le havane éteint planté dans le visage. Ils portaient tous deux chapeau et manteau et semblaient prêts à partir en voyage. Ils se détachaient en noir sur le ciel. Un couple qu'on aurait dit signé d'un statuaire. La porte de Brandebourg aussi était encore une masse grise, uniquement explorée de temps à autre par un projecteur de la police. Alors approcha, puis se déversa le défilé aux flambeaux, telle une coulée de lave dans toute sa largeur, brièvement fendue par les piliers pour se ressouder aussitôt, incessante, irrésistible, solennelle, fatale, rendant la nuit plus claire et illuminant la Porte jusqu'au quadrige qui la couronne, jusqu'au plus haut bord du casque triomphant de la déesse ; même nous, sur le toit de la maison des Liebermann, nous étions éclairés par cette lueur désastreuse, et enfumés par la puanteur fuligineuse de plus de cent mille torches.

Quelle honte ! J'avoue à contrecœur que cette image, ou plutôt ce tableau d'une sorte de cataclysme naturel, me faisait horreur, mais en même temps me transportait. Il en émanait une volonté à laquelle on était sommé de se plier. C'était un flot qui vous emportait. Et les ovations qui s'élevaient de toutes parts et montaient jusqu'à nous m'auraient peut-être bien arraché à moi aussi – ne fût-ce que pour essayer – un « Sieg Heil ! » d'approbation, si Max Liebermann n'y était allé d'une phrase qui par la suite, chuchotée de bouche à oreille, fit le tour de la ville. Se détournant de ce spectacle mémorable comme d'une peinture d'histoire luisante de vernis et signée d'un peintre pompier, il dit en dialecte berlinois : « Jamais je pourrai manger autant que j'ai envie de vomir. »

Lorsque le maître quitta la terrasse de sa maison, Martha lui prit le bras. Et je me mis à chercher les mots qui pourraient persuader le vieux couple de fuir. Mais aucun mot n'était recevable. Ces deux vieillards n'étaient pas transplantables, même à Amsterdam, où je me réfugiai bientôt avec Bernd. Nos chers tableaux – dont certains de la main de Liebermann – trouvèrent peu d'années après, en Suisse, un refuge relativement sûr, encore que peu aimé. Bernd me quitta... Ah... Mais c'est déjà une autre histoire.

1934

Entre nous soit dit : ce cas aurait pu être réglé plus proprement. Je me suis trop laissé guider par des motivations personnelles. Le cafouillage a commencé avec le changement précipité d'affectation consécutif au putsch de Röhm : nous avons dû quitter Dachau et prendre en charge, le 5 juillet, le KZ Oranienburg, juste après qu'une bande de clampins des SA avait été relevée par un commando de la compagnie d'élite – ces mêmes camarades ayant d'ailleurs quelques jours plus tôt, entre autres à Wiessee, réglé rondement son compte à la clique de Röhm. Encore visiblement épuisés, ils nous firent le récit de la « Nuit des longs couteaux » et nous laissèrent la boutique, ainsi que quelques sous-officiers SA, destinés à nous aider pour l'aspect bureaucratique de la relève, mais qui se révélèrent totalement incapables.

L'un de ces voyous – répondant comme par hasard au nom de Stahlkopf, tête d'acier – fit se ranger pour l'appel les détenus qui nous étaient désormais confiés et ordonna aux Juifs de sortir des rangs.

C'était à peine une douzaine de personnages, dont un se remarquait particulièrement. En tout cas, je reconnus aussitôt Mühsam. Une gueule impossible à confondre. Bien que l'ancien révolutionnaire des Conseils se soit fait sabrer la barbe au pénitencier de Brandenburg, et qu'on l'y ait secoué de toutes les façons comme il convenait, ce qu'il en restait suffisait. Entre nous soit dit, un anarchiste de l'espèce retorse et, en plus, le pilier de café littéraire typique : dans mes jeunes années à Munich, c'était un personnage plutôt ridicule, comme poète et promoteur de la liberté absolue, ben voyons, et surtout de l'amour libre. J'avais à présent devant moi une loque misérable, à qui on pouvait à peine s'adresser, car il était devenu sourd. Pour s'en expliquer, il montrait ses oreilles pleines de pus et de croûtes, et pleurnichait en s'excusant.

Comme officier adjoint au chef de brigade Eicke, je fis mon rapport à celui-ci, qualifiant Erich Mühsam à la fois d'inoffensif et de particulièrement dangereux, en rappelant que même les communistes redoutaient son éloquence d'agitateur : « A Moscou, il y a longtemps qu'on l'aurait liquidé. »

Eicke me dit de m'occuper de son cas, et conseilla un traitement spécial, ce qui était assez clair. Après tout, c'était Theodor Eicke qui avait personnellement réglé son compte à Röhm. Mais immédiatement après l'appel, je commis ma première faute en estimant pouvoir laisser ce sale boulot à cet imbécile de SA Stahlkopf.

Entre nous soit dit : j'avais une certaine répugnance à avoir affaire à ce Juif plus qu'il n'était nécessaire. A quoi s'ajoutait qu'aux interrogatoires il se tenait étonnamment bien. Il répondait à toutes les questions en citant des vers, de lui manifestement, mais aussi de Schiller : « Et si vous ne risquez pas la vie... » Il avait beau avoir perdu quelques dents de devant, il les disait comme au théâtre. D'un côté, c'était comique, mais d'un autre... Et puis ce pince-nez m'agaçait, sur son nez juif... Et encore davantage que les verres soient tous les deux fendus... Et il avait ce sourire imperturbable, après chaque citation...

Quoi qu'il en soit, je lui laissai un délai de quarante-huit heures, en lui conseillant instamment d'en profiter pour mettre lui-même fin à ses jours. Ç'aurait été la solution la plus propre.

Eh bien, il ne nous a pas fait ce plaisir. Ce fut donc à

Stahlkopf de jouer. Apparemment, il l'a étouffé en lui plongeant la tête dans une cuvette de cabinets. Je n'ai pas voulu connaître les détails. Un vrai gâchis, à vrai dire. Ce ne fut naturellement pas commode, ensuite, de simuler un suicide par pendaison. La crispation des mains ne collait pas. On a eu de la peine à sortir la langue. Et le nœud était trop professionnel, Mühsam n'aurait pas su faire ça. Et puis cet idiot de Stahlkopf a encore aggravé sa gaffe en publiant la chose à l'appel du matin, avec son commandement : « Des Juifs pour couper la corde ! » Naturellement, ces messieurs – il y avait deux médecins parmi eux – ont tout de suite vu la grossière supercherie.

Ça m'a aussitôt valu un savon d'Eicke : « Ehardt, mon vieux, vous auriez dû régler l'affaire plus proprement. »

On ne pouvait que lui donner raison, car, soit dit entre nous, cette sale histoire nous suivra longtemps : ce Juif sourd, on n'a pas été capables de le rendre muet. Partout on a dit... Et à l'étranger on a célébré Mühsam comme un martyr... Même les communistes... Et nous avons dû fermer Oranienburg, répartir les détenus dans d'autres camps. Je me retrouve à Dachau, à titre de mise à l'épreuve, je suppose.

1935

Par l'intermédiaire de ma corporation estudiantine, la Teutonia, à laquelle mon père était affilié lui aussi en tant qu'ancien, la possibilité me fut offerte, au terme de mes études de médecine, d'entrer comme stagiaire chez le docteur Brösing – ancien « Teuton » également –, c'est-à-dire de l'assister dans le suivi médical de ces camps de travailleurs implantés en rase campagne pour la construction de la section d'autoroute Francfort-Darmstadt. Comme il était normal à l'époque, les choses se passaient là-bas de manière très fruste, d'autant que parmi les travailleurs, et en particulier dans les équipes de terrassiers, se trouvaient nombre d'éléments dont le comportement asocial provoquait sans cesse des conflits. « Faire du foin » et « flanquer la pagaille », cela faisait partie de leur quotidien. Du coup, nos patients n'étaient pas seulement des ouvriers accidentés sur le chantier, mais aussi un certain nombre de voyous d'origine louche, blessés au cours de bagarres. Le docteur Brösing soignait les plaies sans s'enquérir de leur cause. Tout au plus l'entendais-je proférer sa phrase standard : « Enfin, messieurs ! Le temps n'est plus aux réunions publiques tournant à la bataille rangée ! »

Cependant, la majorité des travailleurs se montrait disciplinée et généralement reconnaissante, car la grande décision du Führer, annoncée dès le 1er mai 1933, de construire un réseau d'autoroutes couvrant toute l'Allemagne avait procuré du travail et un salaire à des milliers de jeunes gens. Et même pour des hommes plus âgés, des années de chômage avaient pris fin. Néanmoins, ce travail dur, auquel beaucoup n'étaient pas accoutumés, n'allait pas de soi. Une alimentation médiocre et trop peu variée lors de la période antérieure était sans doute la cause de beaucoup d'insuffisances physiques. Toujours est-il que le docteur Brösing et moi-même étions confrontés, à mesure qu'avançait rapidement le chantier, à un taux d'incapacités de travail jusque-là inconnu et donc jamais étudié. Cette pathologie, le docteur Brösing, en praticien traditionnel mais non dénué d'humour, l'appela la « maladie des terrassiers », ou encore le « mal de pelle ».

L'affection se déclarait toujours de la même façon : les hommes qui en étaient atteints, qu'ils fussent jeunes ou d'un âge plus avancé, ressentaient à l'effort, en particulier quand ils avaient à remuer à la pelle d'énormes masses de terre, une sorte de déchirure entre les omoplates, suivie de douleurs violentes rendant impossible toute poursuite du travail. Sur les clichés radiographiques, le docteur Brösing trouva le symptôme de la maladie qu'il avait si judicieusement nommée : une fracture par arrachement des apophyses épineuses à la limite du cou et du torse, généralement sur la première vertèbre dorsale et la septième cervicale.

En vérité, ces patients auraient dû être immédiatement déclarés inaptes et renvoyés ; mais le docteur Brösing, qui qualifiait les cadences imposées par le maître d'œuvre d'« irresponsables » et même, quand il s'adressait à moi, de « criminelles », mais qui paraissait par ailleurs être apolitique, différait les licenciements, au point que l'infirmerie était constamment bondée. Il collectionnait carrément les malades, soit pour observer le cours de la « maladie des terrassiers », soit qu'il voulût attirer l'attention sur une situation déplorable.

Mais comme il ne manquait pas de bras inemployés, la première section de l'autoroute finit tout de même par être terminée dans les délais. Le 19 mai, l'inauguration solennelle eut lieu en présence du Führer et de hauts dignitaires du parti, et avec la participation de plus de quatre mille ouvriers de l'autoroute. Le temps fut hélas détestable. La pluie alternait avec la grêle. Le soleil ne perçait que rarement. Le Führer n'en emprunta pas moins la section achevée, debout dans une Mercedes découverte et saluant les cent mille spectateurs tantôt le bras tendu, tantôt replié. Les acclamations étaient immenses. On rejouait sans cesse la « Badenweiler Marsch ». Et tous, depuis l'inspecteur général Todt jusqu'aux équipes de terrassiers, avaient conscience de vivre un grand moment. Après la brève allocution de remerciement du Führer, adressée aux « travailleurs du poing et du front », le prestigieux visiteur fut salué au nom de tous les participants au chantier par le mécanicien Ludwig Droessler, qui trouva entre autres ces mots d'une forte simplicité : « Avec la construction de cette autoroute, vous avez entamé, mon Führer, une œuvre qui parlera encore pendant des siècles de la volonté vitale et de la grandeur de cette époque... »

Ensuite, sous un ciel un peu plus clément, la section d'autoroute fut ouverte à un corso automobile auquel participèrent, pour la plus grande joie du public, des véhicules antiques pétaradants et chuintants, mais aussi des voitures d'avant-hier, et même le docteur Brösing dans son roadster Opel, vieux d'au moins dix ans et sans doute laqué vert à l'origine. Aux mondanités officielles, en revanche, il ne jugea pas nécessaire d'assister, estimant plus important de faire sa visite du soir à l'infirmerie et m'autorisant à prendre part à ce qu'il appela « ces balivernes en uniforme ».

Son compte rendu sur la « maladie des terrassiers » n'a malheureusement pu être publié dans aucune revue professionnelle ; il paraît que même notre petit bulletin *Teutonia* l'a refusé sans explication.

1936

Il y a toujours des optimistes. Chez nous au camp d'Esterwegen, devenu relativement célèbre par la « Chanson des soldats des marais », la rumeur se répandit à la fin du printemps 36 qu'avant l'ouverture des jeux Olympiques une amnistie mettrait fin à notre misérable existence d'ennemis du peuple et de tourbiers des marais de l'Ems. Ce bruit prenait sa source dans la pieuse hypothèse selon laquelle même Hitler était forcé de tenir compte de l'étranger, et que le temps n'était plus à l'intimidation par la terreur, et que d'ailleurs l'extraction de la tourbe, activité allemande ancestrale, devait être réservée aux volontaires du travail.

Mais voilà que cinquante détenus, tous artisans qualifiés, furent transférés à Sachsenhausen, près de Berlin. Sous la garde de SS encasernés des unités à tête de mort, il s'agissait que nous construisions là-bas un grand camp, qui était prévu d'abord pour accueillir deux mille cinq cents pensionnaires sur environ trente hectares de terrain clôturé : un camp promis à un grand avenir.

En qualité de dessinateur d'architecture, je faisais partie des tourbiers ainsi transférés. Comme les éléments de baraquements préfabriqués étaient livrés par une entreprise berlinoise, nous eûmes avec le monde extérieur quelques contacts, par ailleurs strictement interdits, et nous eûmes ainsi vent du ramdam qui se faisait dans la capitale du Reich dès avant l'ouverture des Jeux : des touristes du monde entier envahissaient le Ku'damm, la Friedrichstrasse, l'Alexanderplatz et la Potsdamer Platz. Mais rien de plus ne transpirait. C'est seulement ensuite que, dans la salle de garde de la baraque de commandement fraîchement installée, où se trouvait aussi le bureau du maître d'œuvre, on mit une radio qui diffusait du matin au soir les reportages d'ambiance sur la cérémonie d'ouverture, puis les résultats des premières compétitions, et que nous pûmes incidemment bénéficier de cette nouvelle acquisition. Comme j'avais assez souvent à me rendre, seul ou avec d'autres, au bureau du maître d'œuvre, nous fûmes un peu au courant du début des Jeux. Et lorsque à la proclamation des premiers résultats de finales l'appareil fut réglé à plein volume et arrosa ainsi même le terrain d'appel et les chantiers avoisinants, beaucoup d'entre nous furent informés de la moisson de médailles. En outre, nous apprenions à travers la cloison qui étaient les occupants de la tribune d'honneur : rien que du gratin international, avec Gustave-Adolphe l'héritier du trône suédois, Umberto le prince héritier italien, un sous-secrétaire anglais du nom de Vansittart, et toute une cohorte de diplomates, y compris suisses. C'est pourquoi certains d'entre nous espérèrent qu'avec une présence étrangère aussi massive la création de ce gigantesque camp de concentration aux portes de Berlin ne passerait pas inaperçue.

Mais le monde ignora notre existence. La « jeunesse sportive du monde » avait suffisamment à faire à s'occuper d'elle-même. Notre sort, tout le monde s'en fichait. Nous n'existions pas. Ainsi, la vie quotidienne dans le camp suivit son cours normal, à part la radio de la salle de garde. Car cet appareil, manifestement de provenance militaire et qui en avait la couleur, donnait des nouvelles d'une réalité située à l'extérieur des barbelés. Dès le 1er août, il y eut des victoires allemandes au poids et au marteau. Avec Fritjof Tuschinski, un « vert » – comme nous appelions les droit-commun à cause de leur signe distinctif –, j'étais dans le bureau du maître d'œuvre pour noter des rectifications de plans lorsque la deuxième médaille d'or fut annoncée à la radio et aussitôt bruyamment acclamée par les SS qui n'étaient pas de garde, dans la pièce voisine. Mais quand Tuschinski se crut autorisé à faire chorus, il eut droit à un regard glacial du maître d'œuvre, le Hauptsturmführer Esser, qui avait la réputation d'être sec, mais correct. Si moi je m'étais permis de manifester bruyamment, cela m'aurait certainement valu une punition sévère, car en tant que politique, distingué par un triangle rouge, j'aurais été traité plus durement que le « vert ». Tuschinski n'eut à faire que cinquante flexions, tandis qu'en prenant terriblement sur moi je parvins à attendre les instructions d'un air impassible, non sans me réjouir intérieurement de ces victoires allemandes, comme d'autres qui suivirent. Car enfin, seulement quelques années plus tôt, j'avais fait du demi-fond au Spartakus de Magdebourg, et j'avais même remporté des succès au trois mille mètres.

En dépit de l'interdiction de manifester sa joie – Esser nous faisant comprendre que nous n'étions pas dignes de participer ouvertement à des victoires allemandes –, il était inévitable qu'au cours des Jeux il y eût des minutes où détenus et gardiens se sentaient proches : par exemple lorsque l'étudiant de Leipzig Lutz Long, au saut en longueur, livra un duel palpitant contre le vainqueur du cent mètres et – peu après – du deux cents mètres, l'Américain noir Jesse Owens, duel que celui-ci remporta finalement en établissant le record olympique, huit mètres trois. Il détenait de toute façon le record du monde avec huit mètres treize. Mais la médaille d'argent de Long n'en fut pas moins célébrée par tous ceux qui étaient à proximité de la radio : deux sous-officiers SS de réputation sanguinaire, un capo « vert » qui méprisait les politiques et nous tarabustait à la moindre occasion, et moi, un permanent de rang moyen dans le parti communiste allemand, qui ai survécu à tout cela et à pire encore, et qui aujourd'hui remâche d'un dentier branlant mes souvenirs moroses.

Il se peut que ce copinage éphémère ait été dû à la poignée de main dont Hitler gratifia, paraît-il, le Nègre plusieurs fois vainqueur. Ensuite, chacun reprit ses distances. Le Hauptsturmführer Esser, au rapport, annonça des mesures disciplinaires à l'encontre des détenus et des gardiens. La radio non réglementaire disparut, de sorte que nous manquâmes la suite des jeux Olympiques. Ce fut uniquement par des rumeurs que j'appris la malchance de nos coureuses, qui laissèrent tomber le témoin au dernier passage du relais quatre fois cent mètres. Et une fois les Jeux terminés, ce fut aussi la fin de nos espoirs.

1937

Dans la cour de récréation, nos jeux n'étaient qu'interrompus par la sonnerie, ils se poursuivaient d'une récréation à l'autre, sous les marronniers et devant le petit bâtiment bas des cabinets, que nous appelions les pissotières. Nous nous battions les uns contre les autres. Les pissotières qui jouxtaient le gymnase représentaient l'Alcazar de Tolède. Son siège remontait à un an, mais dans nos rêves de collégiens la Phalange n'en finissait pas de défendre héroïquement ces murailles. Les rouges ne cessaient d'attaquer en vain. Mais leur échec tenait aussi au manque d'enthousiasme : personne n'avait envie de faire partie des rouges, moi non plus. On se voyait tous luttant au mépris de la mort du côté du général Franco. Finalement, quelques gars de troisième nous ont répartis par tirage au sort : avec d'autres sixièmes, je tirai le rouge, sans soupçonner la signification ultérieure de ce hasard ; manifestement, bien des choses se profilent dès la cour de récréation.

Donc, nous assiégions les pissotières. Cela ne se déroulait pas sans quelques compromis, car les profs qui nous surveillaient instauraient des trêves, afin de permettre aux collégiens neutres, et même aux combattants, de faire au moins pipi. L'un des grands moments de ces combats était la communication téléphonique entre le commandant de l'Alcazar, le colonel Moscardó, et son fils Luis, que les rouges avaient fait prisonnier et menaçaient d'abattre si la forteresse ne se déclarait pas prête à capituler.

Helmut Kurella, un quatrième avec un visage d'ange et une voix à l'avenant, faisait Luis. Moi, il fallait que je joue le commissaire rouge de la milice, Caballo, et que je passe l'écouteur à Luis. Le dialogue retentissait alors dans toute la cour de récréation : « Allô, Papa. » Et le colonel Moscardó disait : « Qu'y a-t-il, mon fils ? – Rien. Ils disent que je serai fusillé si l'Alcazar ne capitule pas. – Si c'est bien vrai, mon fils, recommande ton âme à Dieu, crie "Viva España!", et meurs en héros. – Adieu, Père. Et un gros baiser ! »

Voilà ce que criait l'angélique Helmut, dans le rôle de Luis. Sur quoi moi, le commissaire rouge, à qui un première avait inculqué le cri final de « Viva la muerte ! », je devais fusiller le valeureux garçon sous un marronnier en fleur.

Non, je ne sais plus très bien si c'est moi qui me chargeais de l'exécution, ou bien un autre ; mais ç'aurait pu être moi. Ensuite le combat reprenait. A la récréation suivante, on faisait sauter le donjon de la forteresse. On opérait acoustiquement. Mais les défenseurs ne cédaient pas. Ce que plus tard on a appelé la guerre d'Espagne se déroulait ainsi sous forme d'événement unique et répétitif dans la cour de récréation du Conradinum, à Dantzig-Langfuhr. Naturellement, la Phalange finissait pas gagner. L'encerclement était forcé de l'extérieur. Une horde de troisièmes tombait à bras raccourcis sur les rouges. Suivaient de grandes embrassades. Le colonel Moscardó accueillait les libérateurs d'un mot devenu célèbre : « Sin novedad », ce qui signifie à peu près : « Rien à signaler. » Ensuite on nous liquidait, nous les rouges.

De la sorte, vers la fin de la récréation, les pissotières retrouvaient leur destination normale, mais dès la journée suivante nous répétions notre jeu. Cela dura jusqu'aux vacances de l'été 37. A vrai dire, nous aurions pu aussi jouer au bombardement de Guernica. Les Actualités allemandes nous avaient montré au cinéma, avant le grand film, cet engagement de nos volontaires. C'est le 26 avril que la petite ville basque fut réduite en cendres. J'entends encore le fond musical qui accompagnait les bruits de moteurs. Mais on ne voyait que nos Heinkels et nos Junkers, leur approche, leurs piqués, leurs dégagements. On les aurait crus à l'exercice. Cela ne donnait pas d'exploit héroïque qu'on pût rejouer dans la cour de récréation.

1938

Les ennuis ont commencé, avec notre prof d'histoire, quand tout le monde a regardé à la télévision le Mur de Berlin brusquement grand ouvert, et tous les gens – même ma Mamie, qui habite Pankow – qui pouvaient venir à l'Ouest. Pourtant, il a sûrement cru bien faire, M. Hösle, en ne parlant pas seulement de la chute du Mur et en nous demandant à tous : « Savez-vous tout ce qui s'est encore passé un 9 novembre, en Allemagne ? Par exemple il y a cinquante et un ans exactement ? »

Comme on savait tous vaguement quelque chose, mais que personne ne savait rien de précis, il nous a alors expliqué la Nuit de cristal. Qu'elle s'appelait comme ça parce que, dans toute l'Allemagne, on avait cassé beaucoup de vaisselle qui appartenait à des Juifs, et surtout beaucoup de vases de cristal. Et qu'aussi on avait défoncé à coups de pavés toutes les vitrines des magasins dont les propriétaires étaient juifs. Et qu'on avait encore détruit bêtement toutes sortes de choses de valeur.

Peut-être que l'erreur de M. Hösle a été de ne pas savoir s'arrêter, et de passer encore des tas d'heures d'histoire à nous parler de ça, et à nous lire des documents sur toutes les synagogues incendiées et les quatre-vingt-onze Juifs qui avaient été purement et simplement assassinés. Rien que des histoires tristes, pendant qu'à Berlin – qu'est-ce que je dis ? dans toute l'Allemagne ! – naturellement tout le monde exultait, parce que enfin les

Allemands étaient tous réunis. Mais avec lui il s'agissait toujours uniquement des vieilles histoires, de comment on en était arrivé là. Et c'est vrai qu'à force de nous raconter ce qui s'était passé ici à l'époque, il commençait à nous fatiguer.

En tout cas, à la réunion des parents d'élèves, presque tous les présents ont critiqué ce qu'on a appelé son « obsession du passé ». Même mon père, qui pourtant aime bien parler d'autrefois – raconter par exemple comment, avant que le Mur de Berlin soit construit, il a fui la zone d'occupation soviétique pour venir ici en Souabe, où il a eu du mal à se faire adopter –, a dit à M. Hösle à peu près ceci : « Il n'y a rien à redire, naturellement, à ce que ma fille apprenne à quels débordements se sont livrées les hordes SA, partout et aussi malheureusement ici à Esslingen, mais je vous en prie, que cela vienne à son heure, et pas au moment précis où, comme maintenant, il y a lieu de se réjouir enfin, et où le monde entier nous présente, à nous Allemands, ses félicitations et ses vœux... »

Pourtant, nous les élèves, ça nous intéressait assez, de savoir ce qui s'était passé dans notre ville à l'époque, par exemple à l'orphelinat israélite. Tous les enfants avaient dû se ranger dans la cour. Les livres de classe, les livres de prières, même les rouleaux de la Torah avaient été jetés en tas et brûlés. Obligés de regarder ça, les enfants en larmes avaient peur d'être brûlés à leur tour. Mais on n'avait battu que le professeur, Fritz Samuel : battu avec des massues de gymnastique prises au gymnase, et laissé inconscient.

Mais Dieu merci, il y avait aussi eu des gens, à Esslingen, pour tenter de venir en aide aux malheureux, par exemple un chauffeur de taxi qui avait bien voulu emmener quelques orphelins jusqu'à Stuttgart. En tout cas, ce que racontait M. Hösle était assez intéressant, quelque part. Pour une fois, même les garçons de la classe ont participé, y compris les garçons turcs, et bien sûr aussi ma copine Chirine, dont la famille vient de Perse.

Et à la réunion avec les parents d'élèves, notre prof d'histoire s'est rudement bien défendu, mon père en a convenu. Il paraît qu'il a dit aux parents : un enfant ne peut pas comprendre la fin de l'époque du Mur s'il ne sait pas quand et où exactement l'injustice a commencé, et ce qui a finalement abouti au partage de l'Allemagne. Et il paraît que les parents ont tous approuvé, de la tête. Mais M. Hösle a dû interrompre là son enseignement sur la Nuit de cristal, et remettre la suite à plus tard. En fait, c'est dommage.

Mais on en sait maintenant tout de même un peu plus. Par exemple, que presque tout le monde à Esslingen s'est contenté de regarder sans rien dire, ou a tout bonnement regardé ailleurs, au moment de l'histoire de l'orphelinat. Aussi, il y a quelques semaines, quand il a été question que Yasir, un copain kurde, soit expulsé vers la Turquie avec ses parents, on a eu l'idée d'écrire une lettre de protestation au maire. On a tous signé. Mais, sur les conseils de M. Hösle, on n'a pas parlé dans la lettre du sort des enfants juifs de l'orphelinat israélite. Maintenant, on espère tous que Yasir aura le droit de rester.

1939

Trois journées insulaires. Lorsqu'on nous eut assuré qu'il y avait des chambres d'hôtes libres à Westerland et aux environs, et que la grande salle de séjour serait assez spacieuse pour héberger nos palabres, je remerciai notre hôte, un ancien comme nous, maintenant fort bien recasé dans l'édition et heureux propriétaire d'une de ces maisons frisonnes à toit de chaume si prisées dans l'île de Sylt. Notre réunion avait lieu en février. Plus de la moitié des invités vinrent effectivement, y compris même des grosses pointures de la radio-télévision ou – voyez-vous ça ! – de la presse écrite.

On avait pris des paris, mais de fait le grand patron d'un magazine à gros tirage débarqua lui aussi, même si ce fut en retard et pour une brève visite de courtoisie. Pourtant, après la guerre, la plupart des anciens avaient ramé dans des rédactions de bas étage, ou bien avaient, comme moi, fait leur chemin comme pigistes. Ils avaient – et moi aussi – une tare, qui était en même temps une qualification : on savait qu'ils avaient servi dans les compagnies de propagande en qualité de correspondants de guerre. Aussi voudrais-je rappeler à ce propos qu'un millier de nos confrères, à vue de nez, qui dans la tourelle d'un He 111 au-dessus de l'Angleterre, qui en première ligne sur le front, y ont tout de même laissé leur peau.

Or, parmi les survivants que nous étions, le désir de se revoir s'exprima de façon de plus en plus pressante, si bien qu'après quelques hésitations je me chargeai d'organiser une rencontre. On convint que la chose se ferait sans tapage, qu'on ne publierait pas de noms, qu'on s'abstiendrait de régler des comptes. Ce qu'on souhaitait, c'était une rencontre tout à fait normale entre camarades, comparable à ces réunions de l'immédiat après-guerre entre anciens décorés, anciens camarades de telle ou telle division, ou encore anciens déportés des camps. Ayant été sur la brèche dès le début, à savoir dès la campagne de Pologne, et n'étant pas suspect d'avoir exercé quelque activité bureaucratique au ministère de la Propagande, je jouissais d'une certaine considération. De plus, beaucoup de camarades se rappelaient mes premiers comptes rendus, tout au début de la guerre, sur le 79ᵉ bataillon du génie de la 2ᵉ division blindée pendant la bataille de Bzura – établissement de ponts sous le feu ennemi – et sur la percée de nos chars jusqu'aux portes de Varsovie, où j'insistais sur l'intervention des Stukas vue par le simple fantassin. D'ailleurs, d'une manière générale, je n'ai jamais cessé de parler essentiellement de la troupe, des pauvres bidasses, et de leur héroïsme sans phrases. Le fantassin allemand. Ses marches exténuantes, jour après jour, sur les routes poudreuses de Pologne. Ma prose chantait les godillots ! La progression à la suite des blindés, couvert de boue, brûlé par le soleil, mais toujours plein d'entrain, même lorsque après un bref combat plus d'un village en flammes révélait le vrai visage de la guerre. Ou encore mon regard, qui n'avait rien d'indifférent, sur les interminables colonnes de prisonniers polonais, battus à plate couture...

Ma foi, le ton à l'occasion méditatif de mes reportages devait les rendre crédibles. Avec ça, la censure me rogna plus d'une fois les ailes. Par exemple, le jour où, dépeignant la jonction de notre avant-garde blindée avec les Russes à Mosty Wielkie, j'insistai un peu trop sur la « fraternité d'armes ». Ou bien lorsque, décrivant les barbes de vieux Juifs en caftan, j'y mis une drôlerie trop affectueuse. En tout cas, plusieurs confrères de l'époque m'ont assuré, lors de cette rencontre, que mes articles sur la Pologne étaient de ce réalisme vivant qu'on retrouvait tout à fait dans ce que j'ai écrit plus tard, pour l'un de nos grands magazines, sur le Laos, l'Algérie ou le Moyen-Orient.

Une fois réglées les questions d'hébergement, la conversation prit tout de suite un tour professionnel. Mais le temps nous boudait. Il ne fallait pas songer à une promenade sur la plage, ni vers la rive continentale de l'île. Bien qu'habitués à endurer tous les climats, nous révélâmes un esprit passionnément casanier et fîmes cercle autour du feu de cheminée, sirotant les grogs et les punchs généreusement servis par notre hôte. Et nous évoquâmes donc la campagne de Pologne. La guerre éclair. Les fameux dix-huit jours.

Lorsque fut tombé le gigantesque tas de ruines qui avait été Varsovie, l'un des anciens, apparemment devenu un fort prospère marchand d'art, prit son souffle et entonna une autre chanson, fort longue et de plus en plus tonitruante. Il nous servit des citations des comptes rendus qu'il avait rédigés à bord d'un sous-marin et publiés par la suite en un volume intitulé *Chasseur dans l'océan*, avec préface du grand-amiral : « Tube 5 paré ! – Coup en pleine coque ! – Rechargez une torpille !... » Évidemment, cela faisait plus d'effet que mes fantassins couverts de poussière sur les interminables routes de Pologne...

1940

L'île de Sylt, je l'ai à peine vue. Le temps, je l'ai dit, permettait tout au plus de brèves promenades sur la plage vers List ou dans l'autre direction, vers Hörnum. Comme si les pieds étaient encore meurtris par les retraites, notre drôle de clique d'anciens combattants restait au coin du feu, à boire et à fumer. Nous fouillions tous dans les souvenirs. Quand l'un évoquait les victoires qu'il avait partagées en France, le suivant y allait de hauts faits à Narvik et dans les fjords de Norvège. C'était comme si chacun ne pouvait que ruminer des articles parus dans *Adler*, le bulletin de l'aviation, ou dans *Signal*, la revue militaire fort bien présentée – impression en couleurs, maquette moderne – et bientôt répandue dans toute l'Europe. A la rédaction de *Signal*, l'orientation avait été déterminée par un certain Schmidt. Après la guerre, et naturellement sous un autre nom, c'est lui qui avait donné son style au *Kristall* de l'éditeur Springer. Et voilà que nous avions droit au plaisir équivoque de sa présence insistante. Impossible de couper à son sermon sur les « victoires gaspillées ».

Il s'agissait de Dunkerque, où s'était réfugié tout le corps expéditionnaire britannique : près de trois cent mille hommes devaient y être rembarqués précipitamment. Celui qui s'était appelé Schmidt, et dont le nom récent ne saurait être prononcé, s'étouffait encore d'indignation : « Si Hitler n'avait pas stoppé le corps des blindés de Kleist à Abbeville, s'il avait au contraire autorisé les chars de Guderian et de Manstein à pousser jusqu'à la côte, s'il avait donné l'ordre de prendre les plages et de fermer la poche, alors les Anglais auraient perdu toute une armée et pas seulement son matériel. La guerre aurait pu tourner dès ce moment à notre avantage, la Grande-Bretagne n'aurait guère pu résister à une invasion. Mais le chef suprême a gaspillé la victoire. Sans doute pensait-il devoir ménager les Anglais. Dans la perspective de négociations. Ah, si nos blindés, à ce moment-là... »

Ainsi se lamentait l'ex-Schmidt, pour retomber ensuite dans des ruminations boudeuses, le regard rivé sur le feu de cheminée. Ce que les autres avaient à offrir – encerclements imparables, tactiques téméraires – ne l'intéressait pas. Il y en avait un, par exemple, qui dans les années cinquante avait surnagé chez un grand éditeur populaire en publiant des petits récits militaires, et qui vendait à présent son âme à des publications peu honorables – ce qu'on appelle la presse « à sensation » –, mais qui à l'époque s'était illustré dans *Adler* par des reportages sur les raids de la Luftwaffe. Il nous exposait maintenant les avantages du Ju 88 sur le Ju 87, vulgairement appelé Stuka, et nous dépeignait à grands gestes le largage des bombes en piqué : c'était l'avion tout entier qui visait, qui lâchait ses bombes au moment de se redresser, qui calculait les brefs intervalles lors du largage en chapelet ou bien piquait de flanc sur les convois maritimes qui tentaient d'esquiver en zigzaguant. Il avait été à bord de ces appareils Junker, mais aussi dans le He 111. A savoir dans sa tourelle vitrée, avec vue sur Londres, sur Coventry. Il le faisait à l'objectivité. On croyait volontiers que s'il avait survécu à la bataille d'Angleterre, c'était pur hasard. En tout cas, il évoquait si efficacement les tapis de bombes lâchés par les escadrilles – employant au passage le petit mot « anéantir » – qu'il nous faisait revivre l'époque des ripostes, quand les bombardements détruisirent Lubeck, Cologne, Hambourg, Berlin.

Après cela, l'ambiance menaça de retomber, autour de la cheminée. La compagnie s'en tira par les ragots habituels entre journalistes : qui avait eu la peau de tel rédacteur en chef ; qui était sur un siège éjectable ; quels salaires Springer ou Augstein payaient à tel ou tel. Finalement, le salut vint de notre spécialiste de l'art et des sous-marins. Quand il ne dissertait pas en termes choisis et colorés sur l'expressionnisme et les trésors qu'il avait accumulés, il nous faisait sursauter en lançant soudain d'une voix de stentor : « Paré à plonger ! » Déjà nous croyions entendre les mines. « Hydrophone à 60 degrés ! » Et puis c'était : « Remontez à profondeur de périscope ! » Et là, nous voyions le danger : « Destroyer à tribord par travers... » Heureusement que nous étions au sec, tandis qu'au-dehors les bourrasques fournissaient la musique appropriée.

1941

Dans mon travail de correspondant de guerre, que ce soit en Russie ou plus tard en Indochine et en Algérie (car pour nous autres la guerre a continué), j'ai rarement donné dans le sensationnel, car même en Ukraine je fus la plupart du temps, comme lors des campagnes de Pologne et de France, avec des unités d'infanterie qui suivaient nos avant-gardes de blindés : ce fut d'abord une série de batailles d'encerclement, de Kiev à Smolensk, puis, quand vint la saison de la boue, je suivis un bataillon du génie qui, pour permettre le réapprovisionnement, construisait des chaussées en rondins et assurait les dépannages. Je l'ai déjà dit : ma prose chantait les godillots et les chiffons qu'on ficelait autour. Mes confrères avaient l'éloquence plus glorieuse. L'un d'eux, qui plus tard, bien plus tard, devait pour notre feuille de chou nationale couvrir en Israël les « victoires éclairs » comme si la guerre des Six Jours était la continuation de l'opération Barberousse, avait été lâché au-dessus de la Crète avec nos parachutistes en mai 41 : « ... et Max Schmeling s'est tordu le pied ». Un autre, sur le croiseur *Prince Eugène*, avait vu le *Bismarck* envoyer par le fond le cuirassé britannique *Hood*, trois jours avant de couler lui-même avec plus de mille hommes à son bord : « Et si une torpille aérienne n'avait pas touché le gouvernail, de sorte que le *Bismarck* n'était plus manœuvrable, peut-être qu'il aurait pu... » Et d'autres histoires encore, sur le mode du « s'il n'était pas mort, il aurait survécu... ».

C'était le cas de Schmidt, stratège du coin du feu, qui avait engrangé des millions avec sa série parue d'abord dans *Kristall*, et qui avait ensuite donné un gros pavé chez Ullstein. Il lui était entre-temps apparu comme une évidence que c'était la campagne des Balkans qui nous avait privés de la victoire finale en Russie : « Juste parce qu'un général serbe du nom de Simovitch avait fait un putsch à Belgrade, il a fallu que nous allions y mettre bon ordre, et ça nous a fait perdre cinq précieuses semaines. Mais que se serait-il passé si nos armées s'étaient portées à l'Est non pas seulement le 22 juin, mais dès le 15 mai ? Si par conséquent les chars du général Guderian ne s'étaient pas trouvés seulement à la mi-novembre, mais cinq semaines plus tôt, avant que la boue n'arrive et que le gel ne frappe, aux portes de Moscou pour porter le coup de grâce ?... »

Et, dialoguant en silence avec le feu de cheminée, il ruminait de plus belle sur les « victoires gaspillées » et tentait de gagner *a posteriori* les batailles perdues : Stalingrad et El-Alamein lui en fourniraient bientôt l'occasion. Personne n'entra dans ses spéculations. Mais nul ne se risqua à le contredire. Car enfin, à part lui, deux ou trois autres nazis bon teint – rédacteurs en chef aujourd'hui comme à l'époque – étaient assis en bonne place dans notre cercle d'anciens combattants. Et qui se permettrait, délibérément, d'irriter ceux qui le font vivre ?

C'est seulement lorsque, avec un copain qui comme moi avait toujours présenté les choses du point de vue du fantassin, nous avons réussi à échapper à la zone d'influence du grand stratège et à gagner l'un des bistrots de Westerland que nous avons rigolé de cette philosophie du « si on avait... ». Nous nous connaissions depuis janvier 41 : nous avions alors tous les deux – lui comme photographe, moi comme écrivassier – reçu notre feuille de route pour la Libye et l'Afrikakorps de Rommel. Ses photos du désert et mes articles sur la reconquête de la Cyrénaïque avaient été mis en vedette dans *Signal* et avaient eu un certain succès. Nous avons parlé de cela au comptoir, tout en éclusant des schnaps.

Passablement ivres, nous nous sommes ensuite retrouvés sur la promenade de la plage de Westerland, arc-boutés contre le vent. Au début, nous chantions encore : « Nous aimons les tempêtes et le fracas des vagues... » Ensuite, nous sommes restés plantés là en silence. Sur le chemin du retour, dans la nuit noire, je m'essayai à parodier notre monsieur ex-Schmidt, dont il est préférable de taire le nouveau nom : « Imagine un peu que Churchill, au début de la Première Guerre mondiale, ait réussi à réaliser son plan et à débarquer à Sylt avec trois divisions. Est-ce que tout ne se serait pas terminé beaucoup plus rapidement ? Et est-ce que l'histoire ne se serait pas, alors, inventé un autre cours ? Pas d'Adolf, ni tout le merdier qui a suivi. Pas de barbelés, ni de Mur en plein milieu. Nous aurions encore un empereur et des colonies, si ça se trouve. Et pour le reste aussi, on serait mieux lotis, beaucoup mieux... »

1942

Le lendemain matin, on s'est réunis sans entrain. Ça patinait, pour ainsi dire. Comme la couverture nuageuse consentait à quelques trous de soleil, on aurait pu faire un petit tour jusqu'à mi-chemin de Keitum. Mais dans la vaste salle de séjour dont les poutres rustiques promettaient de ne pas plier avant des siècles, le feu était déjà rallumé – ou encore entretenu – dans la cheminée. Notre hôte avait veillé à ce qu'il y eût du thé dans des théières ventrues. Les conversations étaient néanmoins languissantes. Même le présent ne donnait rien qui vaille. Il fallut de la patience pour piocher, dans la maigre salade verbale de notre cercle taciturne, quelques mots clés – poche du Volkhov, encerclement de Leningrad, front de la mer Polaire –, mais c'étaient des allusions qui ne faisaient pas sensation. Quelqu'un parla, sur un mode plutôt touristique, du Caucase. Un autre évoqua, lui aussi comme des vacances, l'occupation de la zone Sud en France. Tout de même, il y eut la prise de Kharkov : la grande offensive d'été débutait. Les bulletins spéciaux se succédaient. Mais les choses prenaient petit à petit un tour scabreux. L'un s'était fait sucrer, dans son compte rendu, les soldats gelés sur le lac Lagoda ; un autre, les secours qui n'étaient pas arrivés devant Rostov. Et c'est là, dans un silence qui s'était fait par hasard, que j'ai parlé.

Jusque-là j'avais réussi à me retenir. Peut-être que les gros bonnets, les rédacteurs en chef, m'avaient intimidé.

Mais comme leur escouade, y compris le spécialiste des beaux-arts et des sous-marins, n'avait pas encore fait surface, ayant sans doute trouvé quelque auditoire plus palpitant dans les somptueuses demeures de Sylt, je sautai sur l'occasion et je dis, ou plutôt je bafouillai, car je n'ai jamais été bon à l'oral : « De Sébastopol, j'ai eu une permission pour aller chez moi à Cologne. Je suis descendu chez ma sœur, près du Neumarkt. Tout avait encore relativement l'allure du temps de paix, comme avant ou presque. Je suis allé chez le dentiste, me faire fraiser une molaire gauche qui me taquinait méchamment. Le plombage était pour le surlendemain. Mais je ne l'ai pas eu. Parce que dans la nuit du 30 au 31 mai... Pleine lune... Comme un coup de marteau... Près de mille bombardiers de la Royal Air Force... Ils ont d'abord canardé notre D.C.A., ensuite ils ont lâché des quantités de bombes incendiaires, puis des bombes explosives, des mines aériennes, des bidons de phosphore... Pas seulement sur le centre-ville, aussi sur les faubourgs, même sur Deutz et sur Mülheim, de l'autre côté du Rhin... Sans viser : des tapis de bombes... Chez nous, seule la charpente a pris feu, mais les voisins y ont eu droit... Et j'ai vu des choses, à ne pas croire... Dans l'appartement au-dessus de nous, j'ai aidé deux vieilles dames à éteindre le feu dans leur chambre, les rideaux et la literie étaient en flammes... J'avais à peine fini qu'une des vieilles m'a dit : "Et qui est-ce qui va nous fournir quelqu'un pour nettoyer ?" Mais c'est impossible à raconter, tout ça. C'est comme les gens enfouis sous les décombres... Ou les cadavres calcinés... Mais je vois encore, dans la Friesenstrasse, les câbles du tramway qui pendaient entre les ruines, comme d'habitude les serpentins du carnaval. Et dans la Breite Strasse, quatre grands magasins qui n'étaient plus que des squelettes de fer. Incendiée aussi, l'Agrippahaus et ses deux cinémas. Et sur les boulevards le Café Wien, où j'étais allé avec Hildchen, ma future femme... La préfecture de police n'avait plus d'étages... Et l'église des Saints-Apôtres était fendue en deux comme par un coup de hache... La cathédrale, elle, était debout, fumante mais debout, alors que tout autour même le pont vers Deutz... Ah oui, et l'immeuble où se trouvait le cabinet de mon dentiste, il n'en restait rien. C'était, Lubeck mis à part, le premier bombardement systématique d'une ville. Bon, c'est nous en fait qui avions commencé, avec Rotterdam, Coventry, sans compter Varsovie. Et ça a continué, jusqu'à Dresde. Il y en a toujours un qui commence. Mais avec mille bombardiers, dont soixante-dix quadrimoteurs Lancaster... Notre D.C.A. a eu beau en descendre trente... Il en arrivait de plus en plus... Les trains n'ont remarché que quatre jours plus tard. J'ai interrompu ma permission. Même si ma dent me faisait toujours souffrir. Je voulais regagner le front. Là-bas, au moins, je savais à quoi m'attendre. J'ai pleuré, pleuré pour de bon, je vous le dis, en voyant ma ville de l'autre rive. Elle fumait encore, seule la cathédrale était debout... »

On m'avait écouté. Ça n'arrive pas souvent. Parce que je ne suis pas bon à l'oral, mais pas seulement. Cette fois, pourtant, c'est moi qui ai donné le ton. Il y en a ensuite qui ont raconté Darmstadt et Wurtzbourg, Nuremberg, Heilbronn, etc. Et Berlin, naturellement, et Hambourg. Des décombres, en veux-tu, en voilà. Toujours les mêmes histoires... Impossibles à raconter, en fait... Mais après, vers midi, quand le cercle a été à peu près complet, ce fut le tour de Stalingrad, il n'y eut plus que Stalingrad, bien qu'aucun d'entre nous ne s'y soit trouvé encerclé. On a eu du pot, tous autant qu'on est...

1943

Notre hôte avait beau, tel Dieu le Père, se tenir au-dessus des débats, il s'arrangeait néanmoins pour que nos palabres suivent en gros les étapes de la guerre, de sorte qu'après Stalingrad et El-Alamein il n'était plus guère question que de retraites ou, comme on disait alors, de replis stratégiques. La plupart des présents se plaignirent de difficultés rédactionnelles, non seulement parce que la censure coupait leurs textes ou les détournait, mais de façon générale : il était évidemment plus facile de briller à propos de batailles d'encerclement, de convois décimés dans l'Atlantique ou de défilés sur les Champs-Élysées qu'en parlant d'engelures, de l'évacuation totale du bassin du Donetz ou de la capitulation, à Tunis, de ce qui restait de l'Afrikakorps. Comme sujet héroïque, il y avait tout au plus la défense de Montecassino. « Bon, la libération du Duce pouvait s'assaisonner en coup de main spectaculaire, mais à part ça ? » Aussi trouva-t-on embarrassante, sinon même déplacée, une intervention concernant la répression du soulèvement du ghetto de Varsovie, d'autant que son auteur entendait en plus que l'on considérât cette boucherie comme une victoire.

Quelqu'un qui n'avait pas ouvert le bec jusque-là, un monsieur rondouillard tout vêtu de loden, dont j'appris ensuite qu'il faisait le bonheur d'une clientèle de chasseurs passionnés grâce à ses remarquables photos d'animaux et à ses reportages de safaris, avait été là avec son

Leica lorsque, en mai 43, dans le quartier fermé par un mur, l'artillerie et les lance-flammes avaient liquidé cinquante mille Juifs. Ensuite, il n'était resté quasi aucune trace du ghetto de Varsovie.

Servant dans une compagnie de propagande de la Wehrmacht, il avait été détaché pour la durée de l'opération de nettoyage. De surcroît – ou, pour mieux dire, à ses moments perdus – il avait agrémenté de ses clichés cet album noir relié en cuir grainé qui avait été livré en trois exemplaires au Reichsführer SS Himmler, au chef des SS et de la police de Cracovie, Krüger, et au commandant de la place de Varsovie, le Brigadeführer SS Jürgen Stroop. C'est sous le nom de « rapport Stroop » que cet album fut produit plus tard au procès de Nuremberg.

« J'ai pris pas loin de six cents photos, dit-il, mais cinquante-quatre seulement ont été sélectionnées pour l'album. Toutes fort proprement collées sur du bristol bien lisse. De la belle ouvrage, un travail de précision. Mais les légendes manuscrites ne sont qu'en partie de moi. L'adjoint de Stroop, Kaleske, y a mis son grain de sel. Et l'épigraphe en lettres gothiques, "Il n'y a plus de quartier juif à Varsovie!", est une trouvaille de Stroop. C'est qu'au début il s'agissait seulement de faire évacuer le ghetto, à cause des risques d'épidémie, disait-on. Mais nos hommes se sont heurtés à une résistance : des types mal armés, mais aussi des femmes, dont certaines appartenant au mouvement des Pionniers, de sinistre réputation. Engagés de notre côté, il y eut des Waffen-SS et une section de sapeurs de la Wehrmacht avec des lance-flammes, mais aussi des gens de Trawniki, c'est-à-dire des volontaires lettons, lituaniens et polonais. Bien sûr que nous eûmes aussi des pertes. Mais je ne les ai pas fixées sur la pellicule. D'ailleurs on voit peu de morts sur ces photos. C'est plutôt des clichés de groupes. Une photo qui a été plus tard connue partout s'intitulait :

"Tirés de force des bunkers." Une autre, tout aussi célèbre : "En marche vers le lieu de transbordement." En effet, on les amenait tous à la rampe de chargement. Et de là ils partaient pour Treblinka. C'était la première fois que j'entendais ce nom. Ils ont été près de cent cinquante mille à être ainsi déplacés. Mais il y a aussi des photos sans légende, parce qu'elles parlent d'elles-mêmes. Une est amusante : on voit nos hommes s'entretenir tout à fait gentiment avec un groupe de rabbins. Mais la photo qui est devenue la plus célèbre après la guerre, c'est celle qui montre des femmes et des enfants les mains en l'air. Au fond et à droite, quelques-uns de nos hommes, le flingue à la main. Et au premier plan un mignon petit gamin juif, avec ses chaussettes et sa grande casquette de travers. Vous connaissez sûrement cette photo. Elle a été reproduite des milliers de fois. En Allemagne et à l'étranger. Même sur des couvertures de livres. Un vrai culte, autour de cette photo, et qui dure toujours. Naturellement, sans le nom du photographe, jamais... Ça ne me rapporte pas un pfennig... Pas le moindre mark... Droit d'auteur, tu parles !... Pas le moindre honoraire... J'ai fait le calcul un jour... Si j'avais touché cinquante marks par reproduction, j'aurais sur mon compte, pour cette seule photo... Non, je n'ai pas tiré un seul coup de feu. Pourtant, toujours en première ligne. Vous connaissez ça. Il n'y a que ces photos... Et les légendes manuscrites, naturellement... D'une écriture tout à fait démodée, ancienne... Des documents extrêmement importants, on le sait aujourd'hui... »

Il continua encore longtemps à soliloquer. Personne n'écoutait plus. Dehors, le temps s'améliorait enfin. Alors nous nous risquâmes à faire un petit tour, en groupe ou chacun pour soi, en luttant contre le vent qui ne faiblissait pas. Sur des sentiers dans les dunes. J'avais promis à mon fiston de lui rapporter quelques coquillages. Et j'en ai trouvé.

1944

A un moment ou à un autre, il était inévitable qu'on s'engueule. Non qu'il y eût de l'électricité dans l'air. Mais dans les réunions de ce genre, on n'y coupe pas. Désormais il était uniquement question de retraites : « Kiev est tombée, Lemberg aussi, les Russes sont à Varsovie... » ; le front cédait autour de Nettuno, Rome tombait sans combat et le débarquement ridiculisait l'infranchissable mur de l'Atlantique ; dans le pays même, une ville après l'autre était pilonnée par les bombes, il n'y avait plus rien à bouffer et c'est tout juste si les affiches de propagande faisaient encore sourire : « L'ennemi écoute ! », « Ne laissez pas voler le charbon ! » ; et même notre cercle d'anciens combattants ne faisait plus que des plaisanteries sur la volonté affichée de tenir bon... C'est alors que quelqu'un – un de ces types des compagnies de propagande qui n'avaient jamais été avec la troupe mais s'étaient toujours planqués dans des bureaux où ils rédigeaient des textes vengeurs en attendant de fabriquer des best-sellers dans un style à peine différent – tira de son chapeau le terme provocant d'« armes miracles ».

Ce fut un beau tollé. Le grand patron du plus grand magazine lança : « Ne soyez pas ridicule ! » Il y eut même des sifflets. Mais le monsieur, qui n'était plus tout jeune, ne voulut pas en démordre. Il afficha un sourire provocant puis prédit un bel avenir au « mythe de Hitler ». Citant comme témoins Charlemagne le massacreur des Saxons, naturellement le grand Frédéric, et bien évidemment le « prédateur Napoléon », il érigea un futur monument au « Führerprinzip ». Il ne retira pas un seul mot de son article sur les armes miracles qui avait été publié par le *Völkischer Beobachter* dans l'été 44, qui avait fait fureur et qui – cela va de soi – avait conforté la volonté de « tenir ».

Il était là debout, le dos à la cheminée, et bombait le torse : « Qui a eu la vision de l'Europe future et lui a tracé la voie ? Qui a jusqu'au bout fait barrage à la marée bolchevique, sauvant ainsi l'Europe ? Qui, par des armes à longue portée, a fait œuvre de pionnier sur la voie qui devait mener au développement de système d'armes porteurs de têtes nucléaires ? Lui et lui seul. Il est le seul à manifester une grandeur qui restera dans l'histoire. Et pour ce qui est de mon article dans le *Völkischer Beobachter*, je vous pose la question à tous : Est-ce qu'une fois encore, fût-ce sous la forme de cette ridicule Bundeswehr, on ne demande pas des soldats allemands ? Ne sommes-nous pas le fer de lance et le rempart tout à la fois ? La preuve n'est-elle pas faite aujourd'hui, même si elle est tardive, que c'est nous, que c'est l'Allemagne qui a gagné la guerre ? C'est avec envie et admiration que le monde voit le commencement de notre travail de reconstruction. Au lendemain d'une défaite totale, nos énergies débordantes nous donnent la puissance économique. Nous sommes quelqu'un à nouveau. Bientôt nous serons en tête. Et de même le Japon réussit à... »

La suite fut noyée sous les huées, les éclats de rire, les échanges de répliques. Quelqu'un lui lança à la figure « Deutschland über alles ! », citant ainsi le titre de ce qui était depuis plusieurs années son best-seller. Protestant vigoureusement, le grand patron priva notre compagnie de sa présence imposante. Mais l'auteur présent jouissait de l'effet produit par sa provocation. Il s'était rassis et donnait à son regard l'expression de qui voit l'avenir.

Notre hôte et moi-même firent de vains efforts pour que s'engage une discussion quelque peu ordonnée. Certains tenaient absolument à revivre les retraites, à survivre encore une fois au désastre de la poche de Minsk ; à d'autres, l'attentat du 20 juillet inspirait des spéculations : « Si ça avait marché, un armistice avec les alliés occidentaux aurait alors certainement stabilisé le front Est, de sorte qu'avec les Américains, contre les Russes... » ; mais la plupart se lamentaient qu'on eût perdu la France, évoquaient leurs « beaux jours à Paris », et plus généralement les charmes de « l'art de vivre des Français » ; ils se voyaient transportés, avant le débarquement, dans un monde à ce point féerique qu'on aurait dit que la nouvelle du D-Day ne leur était parvenue qu'avec des années de retard et par les films américains sur grand écran. Naturellement, certains racontaient des histoires de femmes, comme notre expert en sous-marins et œuvres d'art, qui disait sa nostalgie des belles filles des ports français, pour ensuite repartir en mission et en plongée.

Mais le vieux bonhomme qui tenait tant au « mythe de Hitler » insista pour nous rappeler le prix Nobel de chimie attribué cette année-là à un Allemand. Depuis le banc de la cheminée, où il semblait avoir piqué un petit roupillon, il nous adressa ce message : « Cela s'est passé, messieurs, peu après la chute d'Aix-la-Chapelle et quelques jours avant notre dernière offensive, dans les Ardennes : la Suède neutre a couronné alors le grand savant qu'était Otto Hahn, pour sa découverte de la fission du noyau de l'atome. Découverte en vérité trop tardive pour nous. Mais si avant l'Amérique, et fût-ce au dernier moment, nous avions disposé de cette arme miracle décisive entre toutes... »

Il n'y avait plus de bruit. Rien que du silence et la rumination songeuse des conséquences d'une possibilité manquée. Soupirs, hochements de tête, raclements de gorge, mais aucun propos important ne suivit. Même notre sous-marinier, sentimental de la variété bruyante, était au bout de son rouleau de filin.

Alors notre hôte nous fournit en grogs préparés à la frisonne. Ils restaurèrent peu à peu l'ambiance. Nous rapprochâmes nos sièges. Personne n'eut envie de sortir dans la nuit qui commençait tôt. On annonçait du mauvais temps.

1945

Selon les propres mots de notre hôte, une dépression cyclonique se déplaçait de l'Islande vers la Suède. Il avait écouté le bulletin de la météo : la pression atmosphérique dégringolait rapidement et il fallait s'attendre à des bourrasques de force 12. « Mais pas de panique, braves gens, cette maison défie les plus violentes tempêtes. »

Et ce vendredi 16 février 1962, les sirènes hurlèrent peu après vingt heures. C'était comme la guerre. L'ouragan frappa l'île sur sa longueur et de toute sa force. On comprend que ce grand spectacle ait rendu toute leur vivacité à certains d'entre nous. Nos années au front nous avaient entraînés à être sur l'événement, et si possible en première ligne. Nous étions et restions des spécialistes – moi aussi.

En dépit des mises en garde de notre hôte, un petit groupe d'anciens correspondants de guerre quitta cette maison qu'on nous avait assuré être à l'épreuve des intempéries. A grand-peine, en courbant l'échine, nous avons progressé, voire rampé depuis la partie ancienne de Westerland jusqu'à la promenade de la plage, pour y découvrir les mâts des drapeaux pliés, les arbres déracinés, les toits de chaume emportés, les bancs et les clôtures volant dans les tourbillons. Et, à travers les embruns, nous devinions plus que nous ne voyions les vagues hautes comme des maisons assaillir la côte ouest de l'île. Nous n'avons appris que plus tard les dégâts qu'avait causés ce raz de marée en remontant l'Elbe, à Hambourg et en particulier dans le quartier de Wilhelmsburg : une crue de trois mètres et demi au-dessus de la normale. Les digues rompues. Les sacs de sable qui manquaient. Plus de trois cents morts. L'intervention de la Bundeswehr. Un futur chancelier donnant des ordres et évitant le pire...

Non, à Sylt il n'y eut pas de morts. Mais la côte ouest fut emportée jusqu'à seize mètres de profondeur. Même de l'autre côté, sur le bassin, de la terre fut arrachée. La falaise de Keitum submergée. List et Hörnum menacés. Aucun train ne pouvait emprunter la digue Hindenburg.

Une fois la tempête calmée, nous sommes allés inspecter les dégâts. Nous entendions rendre compte. C'était ce que nous avions appris à faire. C'était notre spécialité. Mais lorsque la guerre toucha à sa fin, et qu'il y aurait eu à rendre compte uniquement de dégâts et de pertes, on nous demanda tout au plus – et ce jusqu'au dernier moment – d'exhorter à « tenir ». J'eus beau écrire sur des convois de réfugiés de Prusse-Orientale partis de Heiligenbeil et tentant d'atteindre la Frische Nehrung en franchissant le Haff gelé, personne, aucun *Signal*, n'imprima mon reportage sur une telle détresse. Je vis partir de Dantzig-Neufahrwasser des bateaux bondés de civils, de blessés, de gros bonnets du parti, je vis le *Wilhelm Gustloff* trois jours avant qu'il coule. Je n'écrivis pas un mot là-dessus. Et lorsqu'on vit loin à la ronde Dantzig qui flambait, cela ne m'arracha pas une déchirante élégie, mais je me frayai un chemin, parmi les soldats dispersés et les réfugiés civils, jusqu'à l'embouchure de la Vistule. Je vis évacuer le camp du Stutthof, je vis les déportés – pour autant qu'ils avaient survécu à la marche jusqu'à Nickelswald – entassés sur des bacs et transbordés sur des bateaux ancrés devant l'estuaire. Je n'ai rien écrit d'horrible, je n'ai réchauffé aucun « Crépuscule des dieux ». J'ai vu tout cela et je n'ai rien écrit dessus. J'ai vu, dans le camp de concentration évacué, les cadavres qu'on empilait et auxquels on mettait le feu, j'ai vu les réfugiés d'Elbing et de Tiegenhof, avec leur barda, occuper les baraquements vides. Mais je ne vis plus de gardiens. Puis arrivèrent des ouvriers agricoles polonais. Il y avait de temps à autre des pillages. Et encore des combats, parce que la tête de pont sur l'estuaire de la Vistule fut tenue jusqu'en mai.

Tout cela par le plus beau des temps printaniers. Je m'étendais entre les pins du rivage, je prenais le soleil, mais je ne pouvais écrire la moindre ligne, alors que j'avais dans l'oreille leur détresse à tous : la paysanne de Mazurie qui avait perdu ses enfants, un couple de vieillards qui était arrivé jusque-là depuis Frauenburg, un professeur d'université polonais qui était l'un des rares déportés du camp restés sur place. Cela, je n'avais pas appris à le décrire. Pour cela, les mots me manquaient. C'est ainsi que j'appris à taire les choses. Embarqué sur l'un des derniers garde-côtes qui, partant de Schiewenhorst, mit le cap à l'ouest et, en dépit de quelques attaques d'avions à basse altitude, accosta à Travemünde le 2 mai, je m'en suis tiré.

Et voilà que je me retrouvais parmi des gens qui eux aussi s'en étaient tirés, qui comme votre serviteur étaient exercés à rendre compte des percées et des victoires, et à taire le reste. J'essayai, tout comme les autres, de noter les ravages causés par la tempête sur l'île de Sylt, et tout en prenant des notes j'écoutai les plaintes des sinistrés. Qu'auriez-vous voulu nous voir faire d'autre ? Après tout, nous en vivions, nous autres, de rendre compte.

Le lendemain, la compagnie s'éparpilla. Les plus notoires de ces anciens combattants étaient de toute manière accueillis dans les grosses villas que possédaient sur la plage le jet-set de l'île. Pour finir, j'eus la joie d'assister, par un temps d'hiver clair et glacial, à un coucher de soleil indescriptible.

Puis, lorsque le train circula de nouveau, je partis par la digue Hindenburg. Non, nous ne nous sommes plus rencontrés, nulle part ailleurs.

Mon reportage suivant, je l'ai écrit au fin fond de l'Algérie, où, après sept ans de massacres continuels, la guerre menée par la France s'essoufflait sans vouloir finir. Qu'est-ce que ça veut dire la paix ? Pour nous autres, la guerre n'a jamais cessé.

1946

D'la brique, j'vous dis, partout de la poussière de brique ! Dans l'air, dans les frusques, entre les dents, et j'vous dis pas où encore. Mais nous les femmes, ça nous dérangeait pas. L'essentiel, c'est que c'était la paix, enfin. Et v'là qu'aujourd'hui ils veulent nous construire un monument, même. Si, si ! Y a même une vraie association pour : la Berlinoise déblayeuse de décombres ! Mais à l'époque, quand c'était que des ruines partout dans Berlin, avec juste des petits chemins entre les tas de décombres, ça rapportait tout juste soixante et un pfennigs l'heure, je m'en souviens. Mais ça donnait aussi une meilleure carte d'alimentation, numéro 2, une carte de travailleur de force. Parce que avec la carte de ménagère on avait droit seulement à trois cents grammes de pain par jour et sept grammes de matière grasse. Qu'est-ce qu'on pouvait faire de cette misère, je vous le demande.

C'était un boulot dur, le déblayage. Moi et Lotte – c'est ma fille – on bossait dans la même équipe. A Berlin-Centre, où presque tout était par terre. Lotte toujours avec la poussette. S'appelait Felix, le gosse, mais il est devenu tubard, à cause de toute cette poussière de brique, je suppose. Et il est mort l'année d'après, en 47, avant que son père rentre de captivité. Ils se connaissaient à peine, elle et son mari. C'était un mariage du temps de guerre, célébré à distance, parce que lui avait été dans les Balkans et ensuite sur le front de l'Est. Il a d'ailleurs pas tenu, ce mariage. Non, parce qu'ils se sentaient étrangers, les deux. Et que lui ne faisait rien pour aider, même pas chercher du bois mort dans le Tiergarten. Il voulait tout le temps rester au lit, à regarder le plafond. Ben, parce qu'en Russie, je suppose, il avait vécu des choses assez terribles. Il ne faisait que se plaindre, comme si nous les femmes on avait rigolé, sous les bombardements. Mais ça servait à rien de se plaindre. On a retroussé nos manches : à nous les décombres ! Et des fois on débarrassait aussi des greniers en ruine, des étages entiers. Les gravats dans des seaux, sur cinq étages, parce qu'on n'avait pas encore de glissières.

Et une fois, je me souviens, on farfouillait dans un appartement sinistré. Il n'y avait plus rien dedans, que les papiers peints en lambeaux. Mais dans un coin Lotte a trouvé un ours en peluche. Tout plein de poussière, avant qu'elle le secoue et le tape. Ensuite il était comme neuf. Mais on s'est toutes demandé ce qu'était devenu l'enfant à qui il avait appartenu. Dans l'équipe personne n'en voulait, jusqu'à ce que Lotte le prenne pour son Felix, parce que le p'tit vivait encore. Mais la plupart du temps on poussait des charrettes de gravats, ou bien on enlevait le vieux mortier des briques encore entières, au marteau. Les gravats, au début ils les déversaient dans des trous de bombes, ensuite avec des camions ils les emportaient jusqu'à une montagne de décombres, qui entre-temps est couverte de verdure et donne une belle vue.

Tout à fait ! Les briques encore intactes étaient mises en piles. Lotte et moi, on travaillait aux pièces, sur ces briques. C'était une équipe formidable. Il y avait des femmes dedans qu'avaient sûrement connu des jours meilleurs, des veuves de fonctionnaires, et même une vraie comtesse. Je m'en souviens encore : s'appelait Von Türckheim. L'avait eu des domaines à l'Est, je suppose. Et la touche qu'on avait ! Des pantalons taillés dans de vieilles couvertures de l'armée, des pulls tricotés avec des laines récupérées. Et toutes avec le foulard noué bien haut, hein, à cause de la poussière. Paraît qu'il y en a eu près de cinquante mille, dans Berlin. Non, rien que des femmes, pas d'hommes. C'est que les hommes, il y en avait pas assez. Et ceux qui restaient ne fichaient rien, ou bien s'occupaient de marché noir. Ce sale boulot, ils n'en voulaient pas.

Mais un jour, je me rappelle, on attaquait un nouveau tas de décombres et il fallait dégager une poutrelle en fer, et je me suis retrouvée avec un soulier dans la main et, tout juste, il y avait un homme au bout. Mais on voyait plus bien à quoi il ressemblait, sauf qu'il avait été des derniers réservistes, du Volkssturm, à cause du brassard sur sa manche de manteau. Et ce manteau, il avait l'air encore en assez bon état. Pure laine, d'avant guerre. Allez hop, que je me suis dit, et j'ai mis de côté la jolie trouvaille, avant qu'on vienne emporter le corps. Il y avait même encore tous les boutons. Et dans une poche, j'ai trouvé un harmonica, un Hohner. J'en ai fait cadeau à mon gendre, pour l'égayer un peu. Mais il n'avait pas envie d'en jouer. Ou alors, rien que des choses tristes. Lotte et moi, on n'était pas du tout comme ça. Fallait aller de l'avant, quoi, d'une façon ou d'une autre. Et d'ailleurs ça a marché, petit à petit...

Exact! J'ai eu un travail à la cantine de la mairie de Berlin-Schöneberg. Et Lotte, qu'avait été personnel féminin dans les transmissions, elle a, une fois que les ruines ont été plus ou moins finies, bossé la sténo et la dactylo à l'École supérieure populaire. Et elle a vite trouvé une place, maintenant elle est plus ou moins secrétaire, depuis qu'elle a divorcé. Et puis je me rappelle encore que Reuter, le maire de l'époque, a fait notre éloge à toutes. Et généralement j'y vais, quand les anciennes déblayeuses se retrouvent pour manger des gâteaux et boire du café chez Schilling, sur la Tauentzien. On rigole bien.

1947

Lors de cet hiver sans précédent, où nous avons subi des températures de – 20 degrés et où, l'Elbe, la Weser et le Rhin étant gelés, l'acheminement par voie fluviale du charbon de la Ruhr était impossible dans les trois zones occidentales, j'étais à Hambourg le sénateur responsable des approvisionnements énergétiques. Comme Brauer, le maire, l'avait souligné dans ses allocutions radiophoniques, la situation n'avait encore jamais été aussi désespérée, même pendant les années de guerre. Au cours de cette longue période de gel, nous eûmes à déplorer quatre-vingt-cinq décès dus au froid. Mais, de grâce, ne me demandez pas le nombre de décès dus à la grippe.

Les halls chauffés ouverts à l'initiative du Sénat dans tous les quartiers – à Eimsbüttel et à Barmbek, ou à Langenhorn, ou à Wandsbek – amenèrent une petite amélioration. Les stocks de charbon constitués l'année précédente ayant été réquisitionnés au profit de l'armée par l'administration militaire britannique, et les centrales électriques de Hambourg n'ayant plus que quelques semaines de réserves, il fallut prendre de sévères mesures de restriction. On instaura donc, dans tous les secteurs de la ville, des coupures de courant. Le métro régional réduisit son trafic, les tramways également. Les restaurants et débits de boissons étaient fermés à partir de dix-neuf heures, les théâtres et les cinémas l'étaient totalement. Plus de cent écoles durent cesser les cours. Et toutes les entreprises dont la production n'était pas d'intérêt vital durent tourner tout au plus au ralenti.

A dire vrai, bientôt ce fut pire encore : même les hôpitaux furent touchés par les restrictions d'électricité. L'administration sanitaire fut contrainte de suspendre les examens radiologiques systématiques au centre de vaccination de la Brennerstrasse. Ajoutez à cela que, du fait de la maigre récolte d'oléagineux l'année précédente, les rations alimentaires déjà peu caloriques restaient pratiquement lettre morte : soixante-quinze grammes de margarine par personne et par mois ! Et comme la demande allemande de participer à la campagne internationale de chasse à la baleine avait été rejetée par les autorités britanniques, il n'y avait rien à espérer non plus des usines locales de margarine du groupe hollandais Unilever. Personne ne nous secourait ! Tout le monde souffrait de famine et de froid.

Mais si vous me demandez qui étaient les plus touchés, je vous répondrai aujourd'hui encore, non sans accuser ceux qui à l'époque déjà s'en sortaient mieux, que c'étaient tous les sinistrés condamnés à loger dans les caves des quartiers bombardés, et les réfugiés de l'Est vivant dans les cabanes des jardins ouvriers ou dans les abris Nissen. Bien que n'étant pas le sénateur responsable du logement, je tins à inspecter ces gîtes de fortune, érigés à la hâte en tôle ondulée sur une sole de béton, ainsi que les jardins ouvriers de Waltershof. Il s'y passait des choses indescriptibles. Le vent glacial sifflait par toutes les fentes, mais la plupart des poêles n'étaient pas allumés. Les vieilles gens ne quittaient plus leur lit. Comment s'étonner dès lors si les plus pauvres des pauvres, n'ayant plus rien à échanger au marché noir – où l'on pouvait avoir quatre briquettes de charbon pour un œuf ou pour trois cigarettes –, perdaient tout espoir ou optaient pour la voie de l'illégalité ? Les enfants de sinistrés ou de personnes déplacées participaient en particulier au pillage des convois de charbon.

Je conviens volontiers qu'à l'époque déjà je m'interdisais de porter un jugement conforme aux règlements. En présence de hauts fonctionnaires de la police, il me fut donné d'observer, dans la gare de triage de Tiefstack, ce genre d'agissements délictueux : des silhouettes protégées par l'obscurité nocturne ne reculaient devant aucun risque, et certaines étaient celles d'adolescents, d'enfants. Ils arrivaient avec des sacs et des hottes, profitant de toutes les ombres et s'exposant rarement aux lueurs des réverbères. Certains jetaient le charbon à bas des wagons, d'autres le ramassaient. Et bien vite ils redisparaissaient, lourdement chargés et contents, pouvait-on supposer.

Du coup, je demandai au responsable de la police ferroviaire de ne pas intervenir pour cette fois. Mais la rafle était déjà déclenchée. Des projecteurs éclairaient les voies. Des ordres étaient lancés, amplifiés par les haut-parleurs. Des chiens policiers aboyaient. J'entends encore les sifflets à roulette, et je vois ces visages enfantins hagards. Si seulement ils avaient pleuré, mais ils n'en étaient même plus capables.

Je vous en prie, ne me demandez pas ce que je ressentais. Pour votre compte rendu, encore une remarque ; il n'était pas possible de faire autrement. Les services municipaux, en particulier la police, étaient tenus de ne pas laisser faire sans rien dire. C'est seulement en mars que le froid a diminué.

1948

En fait, c'était la première fois que, ma femme et moi, on voulait prendre de vraies vacances. Avec nos petites retraites, nous étions obligés de compter, même si le *Reichsmark* ne valait pratiquement plus rien. Mais comme nous n'étions pas fumeurs, avec les cartes de tabac – on ne pouvait rien avoir sans tickets –, au marché noir, on arrivait à s'en sortir et même à mettre un petit peu de côté.

Donc nous sommes partis dans l'Allgäu. Mais là il a plu comme vache qui pisse. Ça a permis à ma femme, ça et tout ce qui a suivi, d'écrire un vrai poème, avec des rimes, et en rhénan authentique, s'il vous plaît, parce que tous les deux nous sommes natifs de Bonn.

Et ce poème, il commençait comme ça :

De trois jours et trois nuits il a plu sans arrêt.
Ciel, étoiles et monts ? Rien, rien : quel intérêt ?

Mais voilà qu'on commençait, à la pension et partout, à entendre dire que le nouveau mark allait enfin arriver, et un beau jour le bruit a couru : c'est dans quarante-huit heures !

Ah bien, merci alors ! Quel cadeau de vacances !
Manquait plus qu'la monnaie pour arranger l'ambiance...

elle a écrit, ma femme. Alors, par précaution, avec des anciens marks, je suis allé me faire couper les cheveux chez le coiffeur du village, et plus courts que d'habitude. Ma femme, elle, elle s'est fait faire une teinture châtain et même – tant pis pour la dépense – une nouvelle permanente. Mais ensuite il a fallu faire les bagages. Les vacances, terminées ! Seulement, les trains à destination de partout, et surtout de la Rhénanie, étaient aussi bondés que quand on allait en douce à la campagne chercher de quoi manger, parce que tout le monde voulait rentrer le plus vite possible, ce qui fait qu'Anneliese a rimé :

    Les trains qui circulaient étaient bondés partout.
    Le nouveau mark rendait les gens complèt'ment fous.

Et c'est comme ça que, à peine arrivés à Bonn, on s'est précipités à la Caisse d'épargne pour enlever le peu qu'on y avait encore, parce que le dimanche d'après, le 20 juin pour être exact, c'était l'échange qui démarrait. D'abord, il a fallu faire la queue. Sous la pluie. Parce que, ce jour-là, il pleuvait partout, pas seulement dans l'Allgäu. On y est restés trois heures, tellement la file était longue. On avait droit à quarante marks par personne, et un mois plus tard à vingt de plus, seulement ce n'étaient plus des *Reichsmark*, mais des *Deutsche Mark*, parce que le Reich, de toute façon, c'était foutu. Il paraît que c'était plus ou moins de la justice, mais ça ne l'était pas. En tout cas pas pour nous, les petits retraités. Parce que ce qu'on a vu dès le lendemain, ça vous donnait le vertige pour de bon. Brusquement, comme sur un coup de baguette magique, toutes les vitrines étaient remplies. Des saucisses, des jambons, des postes de radio, des chaussures normales, pas à semelles de bois, et des costumes – laine peignée ! – de toutes les tailles. Bien sûr que tout ça, ça avait été mis de côté. Rien que des accapareurs qui avaient tout planqué en attendant la nouvelle monnaie. Plus tard on a dit qu'on devait tout ça au gros Erhard avec son cigare. Mais ce sont les Amerloques qui ont imprimé les nouveaux billets en secret. Et qui ont bien fait attention que, le nouveau mark, il n'y en ait que dans la « trizone » des Alliés, et pas dans la zone soviétique. C'est pour ça que les Russes, ensuite, ils ont fait imprimer leurs propres marks de l'autre côté et qu'ils ont bouclé Berlin-Ouest, après quoi on a eu le pont aérien, et notre Allemagne a été divisée même pour l'argent. Mais celui-là, il n'a pas tardé à manquer. Pour les petits retraités, en tout cas. Ce qui fait qu'Anneliese a écrit :

> Nulle part on ne veut nous donner le bon taux.
> Mais vivre sans argent, il faut se lever tôt.

Pas étonnant qu'à la cellule, chez nous, le camarade Hermann se soit énervé : « D'où ça vient, d'un seul coup, hein, toutes ces marchandises ? C'est parce que l'économie privée, ça ne sert pas à couvrir les besoins, mais uniquement au profit... » Ça, il avait raison, même si ça s'est un peu amélioré ensuite. Mais pour les petits retraités, c'est resté un peu juste. On pouvait se mettre devant des vitrines pleines et ouvrir de grands yeux, mais pour le reste, tintin. La seule chose vraiment bien, c'est qu'il y avait enfin des fruits et des légumes frais, des cerises, cinquante pfennigs la livre, et du chou-fleur à soixante-cinq la pièce. Mais on était quand même obligés de compter.

Heureusement, ma femme a envoyé à un concours du journal, la *Kölnische Rundschau*, son poème qui s'appelait « Fuyons l'Allgäu ! ». Le sujet imposé, à mettre en vers, c'était « Mon plus beau souvenir de vacances ». Eh bien, elle a eu le deuxième prix. Ça nous a fait vingt nouveaux marks tombés du ciel. Et pour l'imprimer dans la *Rundschau*, ils nous en ont donné dix de plus. On les a mis à la Caisse d'épargne. On économisait autant qu'on pouvait. Mais pendant toutes ces années, ça n'a quand même pas suffi pour nous payer un voyage. Nous, on a été, comme on disait à l'époque, des « sinistrés monétaires ».

1949

... et figure-toi, mon cher Ulli, qu'il y a des signes et des miracles, car j'ai fait récemment, sur mes vieux jours, une rencontre d'une nature particulière : elle existe encore, la belle Inge, dont la froide apparition *(in natura et figura)* nous échauffait autrefois – dois-je dire : au temps d'Adolf ? –, nous, jeunes garçons de Stettin, et qui nous faisait bouillir le sang ou nous faisait bégayer, en tout cas nous tournait la tête ; je peux même affirmer avoir eu, le cœur tremblant, la belle Inge à portée de main. Non, ce n'était pas lorsque nous campions sur le cordon littoral, mais lorsque nous organisions ensemble le Secours d'hiver pour les combattants frigorifiés du front de l'Est : c'est en empilant, en emballant des caleçons, des pull-overs, des mitaines et autres lainages que nous nous sommes jetés l'un sur l'autre. Mais ça n'a été finalement qu'un douloureux léchage de museaux sur une couche faite de manteaux de fourrure et de gilets tricotés. Après quoi nous dégagions une atroce puanteur de naphtaline.

Pour revenir à l'Inge d'aujourd'hui – comme à nous, les ans lui ont infligé quelques outrages, mais, fût-ce sous les rides et le gris argenté, il émane toujours de Mme le professeur Stephan cette force animée de jeunesse qui l'avait, à l'époque, poussée jusqu'aux étages supérieurs de la hiérarchie. Tu t'en souviens sans doute : avancement sur avancement. Vers la fin, elle était chef de division à la Fédération des Jeunes Filles allemandes, tandis que nous n'étions pas allés plus loin que chef de section pour moi et de groupe pour toi. Quand ensuite on nous a passé l'uniforme des auxiliaires de la Luftwaffe, le temps des chemises brunes, des foulards, des fourragères (également dénommées « balançoires à singes ») était de toute façon révolu. Inge, elle, m'a-t-elle chuchoté en rougissant, a tenu ses filles jusqu'aux derniers jours du combat : secours aux réfugiés de Poméranie orientale, séances de chant à l'hôpital. Elle n'a renoncé aux Jeunes Filles allemandes que quand les Russes ont été là – et sans subir de dommages corporels.

Mais je ne voudrais pas abuser de ta patience au moment où tu lis cette épître : nous nous sommes rencontrés à l'occasion de la Foire du livre de Leipzig, dont le programme comprenait un colloque de spécialistes sous l'égide de la maison Duden, au demeurant toléré par l'État des Ouvriers et des Paysans, et auquel participaient deux sortes d'Allemands, parmi lesquels ton serviteur, qui va prochainement acquérir (comme toi) le statut de professeur émérite, mais dont les subtilités linguistiques ne manqueront pas, dans une belle continuité, de faire l'objet de sollicitations de la part de Duden-Ouest. Et c'est parce que nous entretenons avec Duden-Est une collaboration certes non exempte de nuages que cette rencontre a eu lieu, car Inge, elle aussi, fait partie, en tant que linguiste patentée, de la communauté interallemande des améliodétériorateurs de la langue, où les Autrichiens et les Suisses ont aussi leur petit mot à dire. Mais je ne veux pas t'ennuyer avec les querelles que nous avons sur la réforme de l'orthographe ; c'est une montagne qui est en travail depuis longtemps et qui va un jour accoucher de la proverbiale souris.

La seule chose intéressante, c'est mon tête-à-tête avec Inge. Nous nous étions fort civilement donné rendez-vous pour un café-gâteaux au passage Mädler, et il m'a été permis, à ses frais, de grignoter une spécialité pâtissière saxonne du nom d'*Eierscheck*. Nous ne nous sommes pas adonnés bien longtemps à nos histoires de boutique : nos années de jeunesse à Stettin n'ont pas tardé à nous prendre d'assaut. Au début, les classiques histoires de potaches, simplement. Elle hésitait à remuer les fragments de souvenirs de nos Jeunesses hitlériennes communes et se réfugiait dans des métaphores du genre : « Dans ces sombres années de séduction fallacieuse... » Elle disait aussi : « Comme on a sali nos idéaux, abusé de la fermeté de notre foi ! » Mais quand j'en suis venu à l'après-guerre, elle n'a eu aucune peine à interpréter en une « douloureuse conversion à l'antifascisme » son changement de système en même temps que de couleur, lequel n'avait eu besoin, comme délai de grâce, que de dix-huit mois. Comme elle était qualifiée à tous égards, elle a fait une carrière tout aussi rapide à la Jeunesse allemande libre. Elle m'a parlé de son rôle dans les festivités qui ont accompagné la fondation de la RDA, et qui se sont déroulées, comme on sait, dans les locaux de l'ancien ministère de l'Aviation du Reich, celui de Göring. Elle avait aussi participé au Festival mondial de la jeunesse, aux défilés du 1er Mai et même, en faisant de l'agitation chez ces têtus de paysans, à la collectivisation de l'agriculture ; mais c'était à l'occasion de cette agitation artificielle – elle disait : « au moyen de sonorisation par haut-parleurs » – que lui étaient venus les premiers doutes. Malgré tout, notre belle Inge est aujourd'hui encore membre du SED, et en tant que tel, m'a-t-elle assuré, elle s'efforce « d'aborder les erreurs du parti dans une démarche de critique constructive ».

Puis nous avons dévié vers les itinéraires de fuite de nos familles. La sienne a abouti par voie de terre à Rostock, où bientôt, et comme incontestable fille d'ouvrier – son père était soudeur aux arsenaux Vulkan –, elle a pu entreprendre des études et préparer sa future carrière dans le parti. Mes parents, comme tu sais, ont pris la mer et se sont retrouvés d'abord au Danemark, puis au Schleswig-Holstein, plus exactement à Pinneberg. J'ai dit à Inge : « Oui, moi, la vague m'a fait traverser l'Elbe jusqu'à l'Ouest, où les Anglais m'ont embarqué », et je lui ai dressé la liste de mes stations : la captivité au camp de Münster, la tante à Göttingen, le bac à retardement, les premières années de fac au même endroit, le poste d'assistant à Giessen, ma bourse pour l'Amérique, etc.

Tandis que nous bavardions, je me suis aperçu que notre sort, à l'Ouest, avait été à la fois bien favorable et bien défavorable : on n'avait certes plus la chemise brune, mais on ne nous en a pas mis non plus de bleue. « Tout ça est extérieur, a dit Inge. Nous, nous avons cru à quelque chose, tandis que vous, chez les capitalistes, vous avez été privés de tout idéal. » Évidemment, j'ai réfuté : « Pour la foi, on avait déjà donné, moi en chemise brune, toi en chemisier blanc comme neige et jupe aux genoux ! – Nous étions des enfants, détournés du droit chemin ! » a-t-elle répondu. Et elle s'est raidie. Ce qu'elle a toujours su faire. Je comprends qu'elle n'ait pas laissé ma main sur la sienne. C'est plutôt pour elle-même que, dans un souffle, elle a lâché cet aveu : « A un moment quelconque, quelque chose a cloché chez nous. » Mon écho est venu tout naturellement : « Chez nous aussi. »

Ensuite, nous n'avons parlé que boutique, Duden et querelles subséquentes entre les deux Allemagnes. Nous avons terminé par la réforme de l'orthographe. Nous étions tous les deux d'avis qu'elle devait être radicale, ou qu'elle serait inefficace. « Pas de demi-mesures ! » s'est-elle écriée, en prenant un tout petit peu de couleur jusqu'à la racine des cheveux. J'ai acquiescé du chef en songeant à mon amour de jeunesse...

1950

Les gens de Cologne, parce que autrefois, longtemps avant la guerre, j'ai été boulanger, m'ont appelé « le Gilles-Levure ». Mais ça ne partait pas d'un mauvais sentiment, parce que, après le grand Willy Ostermann, c'est moi qui ai réussi les meilleures valses sur lesquelles on se balance dans les fêtes. En 39, la dernière fois où on a pu faire le carnaval et crier *« Kölle Alaaf »*, le plus gros succès, c'était « Ma Petite Biche », et on entend encore aujourd'hui « Heidewitzka, mon capitaine », qui m'a permis de rendre immortelle la « Barque de Mülheim ».

Mais ensuite, ç'a été la nuit noire. Ce n'est qu'après la guerre, quand il ne restait plus que des ruines de notre Cologne déserte, et que les forces d'occupation avaient strictement interdit le carnaval, quand rien ne s'annonçait de bon pour l'avenir, que j'ai fait un tabac avec « Nous sommes les gens de Trizonésie », parce que les Gilles de Cologne, il n'est pas question de leur interdire quoi que ce soit. Sur les ruines, et attifés avec ce qui restait du bric-à-brac : les Étincelles rouges, tous les mômes, et même quelques invalides de la Garde du Prince, on est partis du Hahnentor. Et ce n'est qu'en 49 que le premier trio – c'est à dire le Prince, le Paysan et la Rosière – a commencé de ses mains à enlever les gravats du Gürzenich, totalement détruit, parce que c'est toujours au Gürzenich qu'ont eu lieu les plus belles manifestations.

On n'a pu reprendre officiellement que l'année d'après.

C'était un jubilé, parce que c'est en l'an 50 que les Romains de l'Antiquité ont fondé notre ville sous le nom de Colonia. « Cologne d'hier et d'aujourd'hui, 1 900 ans – c'est pas fini » était d'ailleurs la devise. Malheureusement, ce n'est pas moi qui ai composé le grand succès du carnaval, ni personne d'entre nous, les professionnels, ni Jupp Schlösser ni Jupp Schmitz, non, c'était un certain Walter Stein, qui avait trouvé en se rasant, paraît-il, « Qui va payer ça, qui a les moyens… », mais celui qui a lancé la chanson, c'est quelqu'un de la radio, qui s'appelait Feltz. Un sacré roublard, celui-là, parce que Stein et Feltz, c'était une seule et même personne. Une arnaque pas mal ficelée, de la vraie magouille de Cologne, mais le truc passait constamment : « Qui va payer ça… », parce que ce Stein ou Feltz avait trouvé le ton. Personne n'avait un sou en poche, après la réforme monétaire, en tout cas pas le petit peuple. Mais notre Prince Carnaval, Peter III, il n'a jamais manqué d'oseille : pommes de terre en gros ! Et notre Paysan était patron d'une entreprise de marbre à Ehrenfeld. Notre Rosière Wilhelmine n'était pas à la rue – d'après les statuts, il faut que ce soit un homme, et celui-là était joaillier-orfèvre. C'est fou ce que le trio a d'ailleurs balancé comme argent quand on a célébré le carnaval des femmes à la Grande Halle avec les marchandes…

Mais je voulais raconter le défilé du lundi. Trempé par la pluie. Il est quand même venu un million de personnes, jusque de Hollande et de Belgique. Même les occupants ont participé, parce que de nouveau tout était à peu près permis. C'était presque comme avant, si on essayait d'oublier les ruines qui partout vous sautaient à la figure comme des fantômes. C'était un cortège historique, avec des anciens Germains et des Romains antiques. Il commençait par les Ubiens, dont descendent les gens de Cologne, paraît-il. Mais après, ça démarrait avec les majorettes et les jambes en l'air, musique en tête. Et tous les chars, dans les cinquante. Si l'année d'avant, c'était encore : « On fait ce qu'on peut avec ce qu'on a », et on ne pouvait pas grand-chose, cette fois-ci les chars lançaient des masses de caramels aux enfants et aux Gilles, vingt-cinq quintaux environ. Et il y avait une fontaine mobile d'où la maison 4711 aspergeait les foules avec mille litres de véritable eau de Cologne. Il y avait de quoi chanter : « Qui va payer ça... »

Ce succès a tenu longtemps. Mais sinon, politiquement, il ne s'est pas passé grand-chose au cortège du Lundi gras, parce que les forces d'occupation avaient l'œil. Sinon qu'il y avait deux masques qui se faisaient remarquer dans le défilé, toujours bras dessus, bras dessous. Même qu'ils s'embrassaient et dansaient ensemble. C'étaient pour ainsi dire cul et chemise, ce qui était plutôt moche, naturellement, et un peu provocateur aussi, parce que l'un des masques c'était Adenauer tout craché, et l'autre la barbiche d'en face, cet Ulbricht, là. Bien sûr que les gens riaient du chef indien finaud et de la chèvre de Sibérie. Mais c'était la seule chose interallemande qu'il y avait dans le cortège. C'était plutôt contre Adenauer, que les Gilles de Cologne n'ont jamais aimé parce que, avant la guerre déjà, quand il était maire, il était contre le carnaval. Comme chancelier, s'il l'avait pu, il l'aurait interdit. Et pour toujours.

1951

Chère Société Volkswagen,

Il faut de nouveau que je me plaigne parce que vous ne nous donnez pas de réponse. Est-ce que c'est parce que le destin a voulu que nous ayons notre domicile en République démocratique allemande ? Mais notre petite maison se trouve près de Marienborn, tout près de la frontière, que nous ne pouvons plus traverser depuis qu'on a malheureusement été obligés de construire le rempart de protection.

C'est injuste que vous ne nous répondiez pas ! Mon mari était chez vous dès le début, moi plus tard seulement. En 38 déjà il a fait un apprentissage d'outilleur pour VW à Brunswick. Ensuite il a été soudeur et à la fin de la guerre il a aidé tout de suite à déblayer les ruines, parce que pratiquement la moitié était démolie par les bombes. Plus tard, quand M. Nordhoff a pris la direction et que c'est vraiment reparti pour le montage, il a même été vérificateur de qualité et il était en plus au comité d'entreprise. Sur la photo ci-jointe, vous pouvez voir qu'il était là le 5 octobre 51 quand la 250 000e VW est sortie de la chaîne et qu'on a fait la fête. Nous étions tous autour de la Coccinelle qui n'était pas encore peinte en doré, comme la millionième, qu'on a fêtée quatre ans après. Pourtant c'était une fête mieux que trois ans plus tôt, parce qu'à l'époque de la 50 000e il n'y avait pas assez de verres et nous avons utilisé des gobelets d'un matériau quelconque qui a donné à beaucoup d'invités et de collaborateurs des maux d'estomac abominables et que beaucoup ont vomi dans l'atelier même ou dehors. Tandis que cette fois-là il y avait de vrais verres. Dommage seulement que cette année-là le professeur Porsche – c'est lui qui a inventé la Volkswagen, et pas cet Hitler – soit justement mort à Stuttgart et n'ait donc pas pu venir faire la fête. Lui, pas de doute, il nous aurait répondu s'il avait vu nos cartes d'épargne d'avant.

Je n'ai commencé à Wolfsburg que pendant la guerre, juste après Stalingrad, quand tout le monde a dû s'y mettre. A l'époque, vous vous en souvenez certainement, on ne fabriquait pas des Coccinelles, mais des quantités d'amphibies pour la Wehrmacht. Au pilon, où j'emboutissais les tôles, il y avait beaucoup de femmes russes hors convention, mais on n'avait pas le droit de parler avec elles. C'était une sale époque. C'est comme ça que j'ai aussi vécu le bombardement. Mais quand tout a redémarré ensuite, on m'a donné un travail plus facile à la chaîne de montage. C'est à ce moment-là que j'ai fait la connaissance de mon mari. Mais ce n'est qu'en 52, quand ma chère Maman est morte et qu'elle nous a laissé sa petite maison avec le jardin près de Marienborn, que je suis allée en zone soviétique. Mon mari est resté encore une petite année, jusqu'à son grave accident. C'était peut-être une erreur. Car maintenant le destin a voulu que nous soyons coupés de tout. Même notre courrier, vous n'y répondez pas. Ce n'est pas juste !

Et pourtant, l'an dernier, nous avons ponctuellement remis notre bulletin d'adhésion à l'Association des épargnants Volkswagen et nous vous avons envoyé tous les papiers. Premièrement, l'attestation comme quoi mon mari, Bernhard Eilsen, a versé chaque semaine au moins 5 *Reichsmark* depuis mars 39 et a collé pendant quatre ans des tickets d'épargne pour une voiture « Force par la

Joie », comme la VW s'appelait à l'époque – bleu foncé. En tout, mon mari a épargné 1 230 marks. C'était en ce temps-là le prix départ usine. Deuxièmement, vous avez reçu un certificat du secrétaire départemental aux voitures de l'Association national-socialiste Force par la Joie. Mais comme les rares Volkswagen fabriquées pendant la guerre étaient réservées aux huiles du parti, mon mari s'est retrouvé les mains vides. C'est pourquoi, et parce que mon mari est maintenant invalide, nous faisons valoir nos droits à une VW vert tilleul sans options spéciales.

Maintenant que plus de cinq millions de Coccinelles sont sorties des chaînes et que vous avez même construit une usine pour les Mexicains, il sera sans doute possible de répondre positivement à notre demande d'exécution du programme d'épargne Volkswagen, même si nous avons notre résidence en RDA. Ou bien est-ce que nous ne comptons plus comme Allemands ?

Puisque votre Cour suprême de Karlsruhe a conclu récemment un compromis avec l'Association d'entraide des épargnants Volkswagen, nous avons droit à un rabais de 600 DM. Nous paierons volontiers le reste dans notre monnaie. Ça doit bien être possible, non ?

Dans l'attente de votre réponse, avec l'assurance de ma considération distinguée,

Elfriede Eilsen

1952

C'est ce que je dis toujours quand des invités posent la question : c'est le « miroir magique » – comme on appelait la télévision en ce temps-là, et pas seulement dans le magazine télé *Hör zu* – qui nous a réunis, l'amour n'est venu que par tranches. Ça s'est passé à la Noël 52. Partout, et donc chez nous aussi à Lunebourg, les gens étaient massés devant les vitrines des magasins de radio pour assister – là où nous étions, il n'y avait qu'un poste – au premier vrai programme qui passait.

Oh non, ce n'était pas spécialement palpitant : d'abord une histoire où il était question du chant « Douce nuit, sainte nuit », d'un instituteur et d'un sculpteur de bons Dieux. Ensuite il y avait un ballet où, dans une adaptation libre d'après Wilhelm Busch, Max et Moritz frétillaient par- ci, par-là. Tout ça sur la musique de ce Norbert Schulze, à qui nous autres, anciens deuxièmes classes, nous ne devions pas seulement *Lili Marlène*, mais aussi *Bombes sur l'Angleterre*. Ah oui, au début le patron de la radio, la Nordwestdeutsche Rundfunk, tartinait quelque chose de solennel, un certain docteur Pleister, que la critique a ensuite appelé « téléclystère ». Et il y avait une speakerine en robe à fleurs qui avait l'air presque timide et qui souriait à tout le monde, surtout à moi.

C'est Irene Koss qui a fait, de cette façon, l'entremetteuse pour nous, parce que par un pur hasard, dans l'attroupement devant le magasin, Gundel était juste à côté de moi. Elle, elle aimait tout ce que le miroir magique proposait. L'histoire de Noël l'émouvait jusqu'aux larmes. Elle applaudissait sans se gêner à tous les mauvais tours de Max et Moritz. Mais quand après les actualités du jour – je ne sais plus ce qui passait en dehors du message du pape – j'ai pris mon courage à deux mains et je lui ai adressé la parole : « Vous avez remarqué, mademoiselle, que vous ressemblez étonnamment à la speakerine ? », elle n'a rien trouvé d'autre, sur un ton mutin, que : « Pas que je sache. »

Nous nous sommes quand même retrouvés le lendemain, sans avoir pris rendez-vous, devant la vitrine encore assiégée par le monde, dès le début de l'après-midi. Elle est restée, malgré l'ennui que commençait à respirer pour elle la retransmission du match de football entre le FC St Pauli et le Hamborn 07. Le soir, nous avons regardé le programme, mais rien que pour la présentatrice. Et, entre-temps, j'ai eu un coup de chance : Gundel a accepté « pour se réchauffer » mon invitation à une tasse de café. Elle s'est présentée comme une réfugiée de Silésie, vendeuse chez Salamander. Moi, qui nourrissais à l'époque des projets mirifiques et qui voulais devenir directeur de théâtre, ou au moins comédien, j'ai avoué que j'étais obligé d'aider dans le bistrot de mon père, lequel bistrot marchait plus mal que bien, qu'en fait j'étais au chômage, mais plein d'idées. « Pas seulement des châteaux en Espagne », l'ai-je assurée.

Après le journal, nous avons regardé devant le magasin tout proche une émission que nous avons trouvée spirituelle, où il était question de la préparation des biscuits de Noël. Le pétrissage de la pâte était encadré par des interventions farcesques de Peter Frankenfeld, qui est devenu populaire plus tard avec son émission de recherche de talents « Quand on veut, on peut ». Et puis nous avons pris plaisir à voir Ilse Werner, qui sifflait et qui chantait, mais surtout l'enfant star Cornelia Froboess, une môme de Berlin que la rengaine « Prends ton maillot de bain » avait rendue célèbre.

Et ça a continué comme ça. Nous nous retrouvions devant la vitrine. Au bout de peu de temps, nous restions debout et regardions main dans la main. Mais ça en restait là. Je n'ai présenté Gundel à mon père que lorsque la nouvelle année avait déjà commencé. Lui, il a bien aimé le sosie de la speakerine Irene Koss, et elle, elle aimait bien l'auberge à la lisière de la forêt. Pour faire court, Gundel a ramené à la vie « La Cruche de la Lande » passablement amochée. Elle a réussi à convaincre mon père, totalement découragé depuis la mort de ma mère, de prendre un crédit et de mettre dans la grande salle un téléviseur, pas le petit poste de salon, mais le grand écran de Philips, une acquisition qui a été rentable. Les clients venaient de loin, parce que le nombre des propriétaires de téléviseurs privés est resté longtemps modeste.

Nous n'avons pas tardé à avoir un public d'habitués fidèles qui ne se contentait pas de regarder, mais qui consommait pas mal. Et quand le cuisinier Clemens Wilmenrod s'est fait un nom à la télévision, Gundel, qui n'était plus maintenant vendeuse de chaussures, mais ma fiancée, a repris ses recettes pour les incorporer à la carte de la Cruche, qui était bien monotone jusque-là. A partir de l'automne 54 – entre-temps, nous nous étions mariés – le feuilleton *La Famille Schölermann* a attiré de plus en plus de public. Et nous suivions avec nos clients toutes les péripéties de cette histoire sur l'écran, comme si cette famille de télévision avait déteint sur nous, comme si nous étions tous des Schölermann, c'est-à-dire, ainsi qu'on l'entendait souvent déclarer avec mépris, des Allemands moyens. Oui, c'est vrai. Dieu nous a donné deux enfants, le troisième est en route. Nous souffrons un peu tous les deux de surcharge pondérale. J'ai mis au placard mes projets mirifiques, mais je ne suis pas mécontent de mon rôle secondaire. Car c'est Gundel qui dirige La Cruche, dont elle a fait aussi – en copiant sur les Schölermann – une pension. Comme beaucoup de réfugiés qui ont été obligés de repartir de zéro, elle est pleine d'énergie. Et c'est ce que disent aussi nos clients : Gundel, elle sait ce qu'elle veut.

1953

La pluie avait faibli. Quand le vent se leva, de la poussière de brique grinçait entre les dents. C'était typique de Berlin, nous a-t-on dit. Anna et moi étions ici depuis six mois. Elle avait quitté la Suisse, moi Düsseldorf. Elle étudiait la danse d'expression nu-pieds chez Mary Wigman dans une villa de Dahlem ; moi, je voulais toujours devenir sculpteur, dans l'atelier de Hartung sur la Steinplatz, mais j'écrivais, où que je sois, debout, assis, ou couché près d'Anna, des poèmes longs et courts. Et puis il s'est passé quelque chose qui était extérieur à l'art.

Nous avons pris le métro aérien jusqu'à la gare de Lehrte. Elle dressait encore son squelette d'acier. Nous sommes passés devant les ruines du Reichstag, la porte de Brandebourg, au sommet de laquelle manquait le drapeau rouge. Ce n'est que Potsdamer Platz que nous avons vu, depuis le côté ouest de la limite des secteurs, ce qui s'était passé et ce qui se passait à l'instant, ou depuis que la pluie avait faibli. Des colonnes de fumée montaient de Columbushaus et de la Maison de la Patrie. Un kiosque était en flammes. De la propagande carbonisée que le vent avait emportée en même temps que la fumée tombait du ciel comme une neige noire. Et nous voyions des attroupements qui se déplaçaient sans but. Pas de Vopos. Mais, coincés dans la foule, des chars soviétiques, des T 34, un type que je connaissais.

Un panneau avertissait : « Attention ! Vous quittez le

secteur américain. » Quelques adolescents se risquaient quand même de l'autre côté, avec ou sans vélos. Nous, nous sommes restés à l'Ouest. Je ne sais pas si Anna a vu plus de choses que moi, ou différentes. Tous les deux, nous avons vu les visages d'enfants des fantassins russes qui s'enterraient le long de la frontière. Et, plus loin, nous voyions des projecteurs. Partout gisaient un bon nombre de pierres. Des pierres contre les chars. J'aurais pu croquer l'attitude du jet de pierre, écrire, debout, un poème, court ou long, sur le jet de pierre, or je n'ai pas tracé un trait, pas écrit un mot – mais le geste du jet de pierre ne s'est pas effacé.

Dix ans après seulement, quand Anna et moi, assiégés d'enfants, nous considérions l'un l'autre comme des parents et que nous ne voyions plus la Potsdamer Platz que comme un no man's land, et murée, j'ai écrit une pièce de théâtre – une tragédie allemande qui s'appelait *Les plébéiens répètent l'insurrection* et qui n'a pas plu aux gardiens du temple, dans un État comme dans l'autre. Il y était question, en quatre actes, du pouvoir et de l'impuissance, de la révolution planifiée et de la révolution spontanée, de savoir si on pouvait modifier Shakespeare, de l'augmentation des cadences et d'un chiffon rouge en lambeaux, de thèses et d'antithèses, d'orgueilleux et de pusillanimes, de chars d'assaut et de projecteurs, d'une insurrection ouvrière sous la pluie, que, à peine écrasée, en date du 17 juin, on a falsifiée pour en faire une révolte du peuple et qu'on a proclamée fête nationale, ce qui provoquait à l'Ouest, à chaque congé, de plus en plus de morts dans la circulation.

Les morts de l'Est, eux, avaient été fusillés, lynchés, exécutés. Et on prononça des peines de réclusion. Le pénitencier de Bautzen était surpeuplé. Tout cela ne s'est su que par la suite. Anna et moi, nous n'avons vu que des projecteurs impuissants. Depuis le secteur occidental, nous avons gardé nos distances. Nous nous aimions beaucoup, nous aimions l'art aussi, et nous n'étions pas des ouvriers qui jetaient des pierres en direction des chars. Mais depuis nous savons que ce combat a lieu en permanence. Il arrive, avec quelques décennies de retard, que les jeteurs de pierres remportent la victoire.

1954

   Certes, je n'étais pas à Berne, mais par l'intermédiaire de la radio dont nous faisions ce jour-là le siège dans ma chambre d'étudiant à Munich, nous, jeunes économistes, j'ai quand même vécu le corner de Schäfer dans la surface de réparation hongroise. Oui, aujourd'hui encore, alors que je suis patron d'une boîte de consulting qui a son siège au Luxembourg, j'ai l'impression de voir comme si j'y étais Helmut Rahn, que tous appellent le « Boss », prendre le cuir en courant. Là, il tire, toujours en courant, non, il dribble deux adversaires qui se jettent vers lui, passe deux autres défenseurs et enfonce du pied gauche, à bien quarante mètres, la bombe dans l'angle inférieur gauche de la cage. Imparable pour Grosics. Six ou cinq minutes avant la fin : 3 à 2. Et les Hongrois attaquent. Sur une passe de Kocsis, Puskás est là. Mais le but n'est pas validé. Aucune protestation n'y fait. Le commandant de l'armée hongroise était, paraît-il, hors jeu. C'est alors qu'à la dernière minute, Czibor arrive derrière la balle, tire de sept, huit mètres dans le coin court, mais Toni Turek vole et pare des deux poings. Juste encore un tir des Hongrois. Puis Mr Ling siffle la fin du match. Nous sommes champions du monde, nous avons montré au monde entier que nous étions de nouveau là, nous ne sommes plus des vaincus, nous chantons sous nos parapluies dans le stade de Berne, comme nous, nous braillons autour de la radio dans ma piaule d'étudiant à Munich : *« Über alles in der Welt. »*

Mais mon histoire ne s'arrête pas là. C'est même maintenant qu'elle commence. Car mes héros du 4 juillet 1954 ne s'appellent pas Czibor ou Rahn, ni Hidegkúti ou Morlock, non, pendant des années, je me suis soucié, quoique en vain, en tant qu'économiste et conseiller financier, et depuis mon siège luxembourgeois, du bien-être économique de mes idoles Fritz Walter et Ferenc Puskás. Mais ils n'ont pas voulu qu'on les aide. Le pont que j'ai jeté par-dessus tous les nationalismes est resté inutilisé. Bien au contraire, juste après le grand match, ces deux-là sont devenus ennemis mortels, parce que le commandant hongrois avait suggéré que le buteur allemand était pris de mégalomanie teutonique, et même se dopait. « Ils jouaient avec la bave qui leur sortait de la bouche », aurait-il dit. Ce n'est que des années plus tard, alors qu'il était déjà sous contrat au Real de Madrid, mais encore interdit de jeu sur les pelouses allemandes, qu'il a accepté de présenter ses excuses écrites, de sorte que rien n'aurait normalement dû s'opposer à une relation d'affaires entre Walter et Puskás ; et ma boîte a essayé tout de suite de faire l'intermédiaire et le conseil.

Peines d'amour perdues ! Fritz Walter a bien eu une décoration autour du cou, on lui a donné le titre de « roi de Betzenberg », mais son influence publicitaire, estimée beaucoup trop bas par Adidas et une marque de mousseux qui avait même le droit de donner son nom à ses produits – par exemple « Toast à Fritz Walter » –, était sous-payée ; ce n'est que quand ses best-sellers, sur « le Sepp national », l'entraîneur, et sur l'inépuisable victoire en Coupe du monde du onze fédéral, lui ont rapporté un magot, qu'il a pu ouvrir à Kaiserslautern, près du château en ruine, un cinéma à une seule salle avec une recette de loto sportif dans le foyer. Plutôt maigre : ce n'était pas le Pérou, comme rapport. Alors que dès le début des années cinquante il aurait pu faire son bonheur en Espagne.

L'Atlético de Madrid avait envoyé un débaucheur avec un quart de million en liquide dans sa valise. Mais modeste, toujours bien trop modeste comme il l'était, Fritz a refusé, a voulu rester au Palatinat pour être roi là, rien que là.

Il en est allé tout autrement pour Puskás. Après l'insurrection sanglante de la Hongrie, il est resté à l'Ouest, alors qu'il était en Amérique du Sud avec le onze national ; il a fait une croix sur son restaurant qui marchait bien à Budapest et a pris par la suite la nationalité espagnole. Le régime franquiste ne lui a pas fait de difficultés, parce qu'il apportait les expériences qu'il fallait, de Hongrie où le parti au pouvoir – comme les Tchèques pour Zátopek – le célébrait comme un « héros du socialisme ». Il a joué sept ans au Real de Madrid et a ramassé des millions, qu'il a placés dans une usine de salami : *Salchichas Puskás* exportait même à l'étranger. Et parallèlement, ce gros mangeur qui a toujours eu à lutter contre son poids tenait un restaurant haut de gamme qui s'appelait précisément *Pancho Puskás*.

Assurément, mes deux idoles se vendaient, mais elles n'ont pas su réunir leurs intérêts, se mettre sur le marché, en quelque sorte, par packs de deux. Même moi et ma boîte spécialisée dans les fusions, nous n'avons pas réussi à transformer en partenaire commerciaux l'ancien fils d'ouvrier d'une banlieue de Budapest et l'ancien employé de banque du Palatinat, offrir par exemple les salamis du commandant Puskás en même temps que le mousseux extra « Couronnement de Fritz Walter », et à réconcilier au niveau du profit le héros de province et le citoyen du monde. Méfiants devant toute fusion, ils l'ont refusée ou fait refuser.

Le commandant hongrois est sans doute persuadé que ce jour-là, à Berne, il n'a pas tiré une balle hors jeu, mais qu'il a égalisé à 3-3. Peut-être même croit-il que l'arbitre, Mr Ling, s'est vengé parce que, l'année d'avant, les

Hongrois avaient réussi à sceller dans le stade sacré de Wembley la première défaite à domicile de l'Angleterre : les Magyars avaient remporté la victoire par 6 à 3. Et la secrétaire de Fritz Walter, qui protège impitoyablement le roi de Betzenberg, a même refusé d'accepter en cadeau un « salami Puskás » personnellement transmis par mes soins. Une défaite que je remâche encore. C'est sans doute pour cela que cette pensée s'insinue de temps à autre en moi : que serait devenu le football allemand si l'arbitre, quand Puskás a tiré, n'avait pas sifflé une touche, que nous ayons été dominés aux prolongations ou ayons perdu ensuite aux tirs au but, et que nous soyons sortis du stade non pas comme champions, mais encore une fois comme vaincus...

1955

L'année d'avant, déjà, notre maison individuelle était construite, en partie financée par un contrat d'épargne-logement – chez Wüstenrot, je crois – que Papa, fonctionnaire jouissant d'une « situation relativement assurée », comme il disait, avait cru pouvoir signer. Il est vrai que cette maison de cinq pièces, dans laquelle non seulement nous, les trois filles, mais aussi Maman et Grand-Maman, ne tardâmes pas à nous sentir à l'aise, ne comportait pas d'abri antiaérien, bien que Papa eût constamment assuré qu'il ne regarderait pas à la dépense. Dès la phase du projet d'architecte, il écrivait lettre sur lettre à l'entreprise qui devait exécuter les travaux et aux autorités compétentes, en y joignant des photos de champignons atomiques au-dessus de zones d'expérimentation américaines et d'« abris de fortune relativement épargnés », comme il disait, à Hiroshima et Nagasaki. Il a même proposé les plans de construction, plutôt maladroits, d'un sous-sol pouvant contenir six à huit personnes, muni d'un sas d'entrée, d'une porte résistant à la pression extérieure et d'une sortie de secours de même nature. D'autant plus grande a été sa déception quand ces « mesures de protection indispensables, à l'ère atomique, pour une proportion relativement importante de la population civile », comme il disait, ne rencontrèrent aucun écho. On manquait, disait-on du côté de l'administration, de directives en provenance de l'État.

Et cependant Papa n'était pas un adversaire farouche de la bombe atomique. Il l'acceptait comme un mal nécessaire qu'il fallait assumer aussi longtemps que la paix mondiale était menacée par la puissance soviétique. Mais il aurait assurément mis beaucoup d'ardeur à critiquer les efforts que fit plus tard le chancelier fédéral pour rendre impossible toute discussion sur la protection civile. « Ce sont des manœuvres électorales, disait-il – je l'entends encore –, il ne veut pas inquiéter la population, il voit les canons atomiques comme la simple continuation de l'artillerie, et en plus il trouve ça rusé, le vieux renard. »

Elle était debout, en tout cas, notre maison, que le voisinage appela bientôt « La maison des trois filles ». On put même cultiver le jardin. On nous permit de prêter la main à la plantation d'arbres fruitiers. Mais il n'avait pas échappé à Maman, pas plus qu'aux enfants que nous étions, que Papa s'efforçait de réserver un carré de terre considérable dans la partie ombragée du jardin. Il n'avoua ses projets que lorsque Grand-Maman, selon son habitude, lui fit subir un interrogatoire en règle : il s'agissait d'un bunker souterrain « relativement bon marché », comme il disait, fondé sur les plus récentes découvertes de la protection civile suisse. Quand ensuite, pendant l'été, quelques journaux rendirent publics les effrayants détails des manœuvres atomiques qui avaient eu lieu le 20 juin 1955 avec la participation de toutes les puissances occidentales, quand l'Allemagne tout entière, pas seulement notre République fédérale, eût été désignée comme théâtre de la guerre nucléaire et qu'on eût envisagé, selon une grossière estimation, quelque deux millions de morts et trois millions et demi de blessés – étant entendu qu'on ne comptait pas les Allemands de l'Est –, Papa passa à l'action.

Il refusa, hélas ! qu'on lui vînt en aide dans son entreprise. Ses démêlés avec l'administration du Logement l'avaient conduit à « ne plus compter que sur ses propres forces », comme il disait. Même Grand-Maman fut incapable de le retenir. Quand on apprit ensuite, au surplus, quel danger représentaient depuis des années des nuages circulant autour du globe et possédant une charge radioactive inquiétante, et qu'il fallait compter à tout instant avec leur explosion – ce qu'on appelait le *fall out* –, pis encore, qu'en 52 déjà on avait trouvé semblables nuages contaminés au-dessus de Heidelberg et de ses environs, c'est-à-dire juste au-dessus de nos têtes, Papa fut déchaîné. Même Grand-Maman était maintenant convaincue de l'utilité de « jouer à la taupe », comme elle disait, et elle alla jusqu'à financer quelques sacs de ciment.

Sans aucune aide, c'est après son travail – Papa était chef de bureau au cadastre – que Papa a creusé le trou de quatre mètres et demi de profondeur. Sans aucune aide, il parvint à bétonner, un week-end, les fondations circulaires. Et il arriva même à édifier en béton les entrées, les sorties et leurs sas. Peut-être est-ce pour cela qu'il n'a pas voulu de notre aide non plus quand il s'est agi de coffrer et de couler avec du béton frais la coupole de notre « bunker familial relativement sûr », comme il disait. Cela semblait encore avoir réussi. C'est alors qu'il se trouvait dans le bâtiment rond pour en vérifier l'intérieur que l'accident est arrivé. Le coffrage a cédé. Enseveli sous la masse de béton, il ne pouvait plus bénéficier d'aucune aide.

Non, nous n'avons pas achevé son projet. Grand-Maman n'était pas la seule à être contre. Quant à moi, je participais dorénavant, ce que Papa n'aurait assurément pas vu d'un bon œil, aux marches antiatomiques de Pâques. J'ai été contre pendant des années. Et même dans ma maturité, je suis allée avec mes fils à Mutlangen et à Heilbronn manifester contre les fusées Pershing. Mais cela n'a pas servi à grand-chose, comme on sait.

1956

C'est en mars de cette année de deuil où l'un mourut en juillet, peu après son soixante-dixième anniversaire, et l'autre en août, à moins de soixante ans, si bien que le monde me parut alors vide et la scène désertée, que je les rencontrai tous deux, moi, l'étudiant germaniste qui m'appliquais à composer des poèmes dans l'ombre de deux géants, près de la tombe de Kleist, cet endroit écarté d'où l'on voit le lac de Wannsee et où s'était produite, soit par hasard, soit à la suite d'un rendez-vous, plus d'une rencontre d'un type inouï.

Je suppose qu'ils étaient convenus en secret, grâce à la médiation de femmes peut-être, de cette heure et de ce lieu. Par hasard, j'étais le seul à y assister, moi, le petit étudiant à l'arrière-plan, qui reconnus au deuxième regard tant le chauve à l'allure de bouddha que l'autre, faible et déjà marqué par la maladie. J'eus du mal à garder mes distances. Mais comme ce jour de mars glacialement ensoleillé voulait apparaître sans vent, leurs voix portaient, l'une chaude et bougonne, l'autre claire et un peu en fausset. Ils parlaient peu, s'accordaient des silences. Tantôt ils étaient tout près l'un de l'autre, comme sur un socle commun, tantôt ils respectaient l'écart qui leur était prescrit. Si le premier était pour l'ouest de la ville un roi littéraire, et donc sans couronne, l'autre était, pour la moitié orientale de la ville, l'instance que l'on pouvait citer à sa guise. Comme, en ces années-là, c'était la guerre, fût-elle froide, qui régnait entre l'Est et l'Ouest, on avait accentué l'opposition entre les deux hommes. Leur rencontre en dehors de cet ordre de bataille ne pouvait trouver son lieu que par les voies d'une double ruse. Mes idoles se plaisaient sans doute à s'échapper de leur rôle pour le temps d'une petite heure.

C'était ce que suggérait ce spectacle, le son que rendait leur solitude à deux. Ce que je reconstruisais, en le complétant, en phrases ordonnées ou fragments de phrases, n'était pas dirigé vers un adversaire. Ce qu'ils citaient tous deux ne prenait pas au mot soi-même, mais l'autre. Leur anthologie cherchait le plaisir dans le double sens. L'un fut capable de réciter le court poème « La Postérité » et en prononça le dernier vers avec volupté, comme s'il était de lui :

> Quand les erreurs sont consumées
> Seul, dernière compagnie,
> Le néant nous fait face.

L'autre dit, un peu n'importe comment, le vers de conclusion du poème de jeunesse « L'homme et la femme traversent la baraque des cancéreux » :

> Le champ enfle déjà autour de chaque lit.
> La chair tassée devient pays. La fusion rouge se propage.
> Le suc se prépare à couler. La terre appelle.

Ainsi des connaisseurs prenaient-ils plaisir à se citer. Ils faisaient aussi, entre les citations, l'éloge l'un de l'autre, dans un feu d'artifice ironique de ces mots qui ne nous étaient, à nous étudiants, que trop familiers. « Vous avez réussi là une distanciation phénotypique », s'écriait l'un, et l'autre, de sa voix de fausset : « Votre exposition des cadavres de l'Occident fait un écho aussi monologique que dialectique à mon théâtre épique. » Et autres pointes suscitant l'amusement mutuel.

Puis ils se moquèrent de Thomas Mann, mort l'année précédente, en parodiant ses « inusables leitmotive ». Après quoi ce fut le tour de Becher et de Bronnen (« Coupe » et « Fontaine »), dont les noms permettaient les jeux de mots. Pour ce qui est de leur production personnelle de péchés politiques, ils ne s'envoyèrent que quelques flèches. L'un, moqueur, cita deux lignes d'un hymne partisan de l'autre : « ... et le grand Moissonneur du peuple soviétique, Joseph Staline, parlait du son, de l'engrais et du vent qui dessèche... », sur quoi l'autre fit le lien entre l'enthousiasme passager du premier pour l'État du Führer, avec le texte de propagande *Monde dorique*, et un discours en l'honneur du futuriste fasciste Marinetti. A son tour, le premier fit un éloge ironique de *La Décision* de l'autre comme « univers d'expression d'un vrai Ptoléméen », pour absoudre aussitôt les deux hommes réunis sur le tombeau de Kleist grâce à une citation du grand poème « A ceux qui naîtront après nous ».

> Vous qui émergerez du flot
> Dans lequel nous aurons sombré
> Pensez
> Quand vous parlerez de nos faiblesses
> Aux sombres temps
> Dont vous serez sortis.

Ce « vous » s'adressait sans doute à moi, postérité qui écoutait à l'écart. Je devais me contenter de cette exhortation, alors que j'attendais de mes idoles une lumière plus claire sur leurs erreurs, qui pouvaient montrer le chemin. Mais rien ne vint de plus. Exercés au secret, tous deux ne s'occupaient plus que de leur santé. L'un, médecin, se faisait du souci pour l'autre, à qui un professeur Brugsch venait encore de conseiller un assez long séjour à la Charité et qui l'expliquait en se frappant la poitrine. A présent, l'un s'inquiétait du « remue-ménage public » qui l'attendait pour la célébration de son soixante-dixième anniversaire – « Un demi bien frais me suffirait ! » –, sur quoi l'autre se targua de ses précautions testamentaires : personne, même pas l'État, n'aurait le droit d'exposer son cadavre. Aucun discours ne serait prononcé sur sa tombe... Certes, l'un approuva l'autre, mais il eut quand même ensuite quelques inquiétudes : « Les précautions, c'est très bien. Mais qui nous protégera de nos épigones ? »

Rien, en revanche, sur la situation politique. Pas un mot sur le réarmement des deux États, à l'Ouest et à l'Est. Les deux hommes quittèrent en riant de blagues sur des vivants et des morts le tombeau de Kleist, sans avoir mentionné ni cité le poète qui y était condamné à l'immortalité. A la gare de Wannsee, l'un, qui habitait Bayerischer Platz, à Schöneberg, prit le métro aérien ; l'autre était attendu par une auto avec chauffeur qui devait, pouvait-on présumer, l'emmener à Buckow, à l'extérieur, ou à son théâtre du Schiffbauerdamm. Quand vint l'été et que tous deux moururent à peu d'intervalle l'un de l'autre, je décidai de brûler mes poèmes, d'abandonner la germanistique et d'étudier désormais avec application la construction de machines à l'Université technique.

1957

Cher ami,

Après avoir partagé les mêmes activités si longtemps, je ressens le besoin de t'écrire cette lettre. Bien que nos chemins se soient séparés, je me fie à la perpétuation de notre camaraderie et j'espère aussi que ce courrier confidentiel te parviendra ; la prudence de ce comportement est malheureusement de rigueur dans notre patrie divisée.

Mais voici l'occasion de cette déclaration d'amitié. Au moment où, tant chez vous que chez nous, la phase constitutive de la Bundeswehr et de l'Armée nationale populaire est considérée comme achevée, j'ai reçu, le 1er mai dernier, la médaille de bronze du Mérite de l'ANP. Lorsqu'on a rendu solennellement hommage à mes activités, j'ai pris conscience que ces honneurs devaient en grande partie s'adresser à toi : c'est ensemble que nous avons bien mérité en développant le casque d'acier allemand.

On a omis, hélas ! lors de cette célébration (pour des raisons assurément compréhensibles) de mentionner l'histoire préalable du modèle M 56, alors que nous étions tous deux, dès l'époque de la Seconde Guerre mondiale, responsables de la fabrication des casques aux Aciéries Thale S.A., où notre travail d'ingénieurs nous a permis de faire venir à maturation les casques B et B II dessinés par le professeur Fry et le docteur Hänsel, puis passés à l'épreuve du tir. Tu ne manques sans doute pas de te souvenir que le haut état-major des armées nous a refusé la réforme des casques M 35, alors que leurs défauts – parois latérales trop abruptes, angle d'impact jusqu'à 90 degrés – avaient été démontrés par de considérables pertes en vies humaines. Les nouveaux, testés dès 43 à l'École d'infanterie de Döberitz, manifestaient grâce à de faibles angles d'inclinaison une résistance supérieure au mitraillage et avaient parfaitement fait leurs preuves dans l'utilisation du fusil lance- grenades antichar de 20 mm comme du bazooka de 80 – dit « tuyau de poêle » –, de même que des jumelles à ciseaux et des radios Dora. D'autres avantages sont aussi apparus et ont été confirmés par plusieurs expertises : le faible poids du casque, la plus grande liberté de mouvement de la tête dans l'utilisation de toutes les armes et de tous les appareils, ainsi qu'une meilleure audition grâce à l'élimination des bruits parasites.

On en resta malheureusement jusqu'à la fin, comme tu sais, au casque M 35. Aujourd'hui seulement, avec la constitution de l'Armée nationale populaire, j'ai pu continuer à développer au VEB Aciéries Thale les modèles B et B II à nouveau testés et les produire en série pour l'ANP sous l'appellation de casques M 56. C'est le VEB Cuirs et Sellerie Taucha qui a été chargé de la garniture intérieure. Notre casque a plutôt bonne allure, et je repousse d'un revers de main la moquerie incompétente qui se fait parfois jour ici ou là selon laquelle il serait semblable au modèle tchèque.

Bien au contraire, cher ami ! Tu vois que dans notre République (même sans le dire), tant pour les casques que pour l'uniforme, on s'est rallié aux modèles prussiens, et on a même repris les godillots si bien éprouvés et les bottes d'officier à tige, alors que, chez vous, la douteuse administration du ministre de la Défense Blank cherche manifestement à rompre avec toute tradition. On s'est décidé, le petit doigt sur la couture du pantalon, pour un modèle de casque américain. Le feldgrau des uniformes s'est délavé en gris ardoise de Bonn. J'espère que tu ne te vexeras pas si je constate que cette Bundeswehr fait certes tous les efforts imaginables pour paraître, à l'extérieur, aussi négligée et civile que possible, mais que ce déguisement ridicule ne parvient pas à dissimuler ses volontés d'agression. Elle a quand même, comme nous sommes, nous aussi, résolus à le faire, eu recours, pour la conduite des troupes, à des généraux de la Wehrmacht compétents.

Mais je voudrais dire un mot de l'hommage que l'on m'a (et, dans le principe, que l'on t'a aussi) rendu, car, lorsque la médaille de bronze m'a été remise dans le cadre des festivités du 1er Mai, je me suis souvenu de notre professeur Schwerd à l'Université technique de Hanovre. En fin de compte, c'est lui qui, en 1915, a développé le casque d'acier qui devait être en service à Verdun, puis sur tous les fronts, et remplacer ainsi le misérable casque à pointe. Nous nous sommes conçus comme ses élèves. J'étais en tout cas rempli de gratitude quand on m'a fait (ainsi qu'à toi secrètement) pareil honneur. Et cependant ma joie n'était pas sans mélange : deux armées allemandes se font malheureusement face. Notre patrie est déchirée. La domination étrangère l'a voulu ainsi. Il reste à espérer que, un jour pas trop lointain, l'unité nationale nous sourira de nouveau. Nous pourrons alors, comme dans notre jeune temps, faire des randonnées dans le Harz sans qu'aucune frontière vienne y faire obstacle. Et c'est unis que nos soldats porteront le casque auquel deux guerres mondiales ont permis d'acquérir une forme antibalistique optimale et de respecter en même temps la tradition allemande. C'est à cette aventure, cher ami et camarade de combat, qu'il nous a été donné de participer !

Amitiés
Erich

1958

Une chose est sûre : de même que la frénésie des voyages a succédé à la frénésie de la bouffe, le miracle des jeunes merveilles allemandes a suivi le miracle économique. Mais quelles cover-girls ont été les premières ? Qui faisait déjà en 57 la couverture du *Stern* ? Lesquelles, parmi les nombreuses beautés de la nouvelle génération, étaient nommément citées lorsque le miracle féminin déborda de l'Atlantique et que toutes les deux s'étalaient sur celle de *Life* sous forme de *« Sensation from Germany »* ?

Voyeur de la toute nouvelle école, dans les années cinquante, j'écarquillais déjà les yeux sur les jumelles quand elles vinrent d'en face, de Saxe, pour rendre visite, pendant les vacances, à leur père qui avait laissé tomber leur maman. Elles restèrent à l'Ouest mais versèrent quelques larmes sur leur école de danse de Leipzig lorsque toutes deux, par mon intermédiaire, commencèrent à lever la jambe au music-hall Palladin ; car Alice et Ellen avaient de plus hautes ambitions et rêvaient d'un engagement à l'opéra de Düsseldorf : *Le Lac des cygnes* et même plus.

Leur accent saxon était d'une drôlerie irrésistible quand je les promenais en bas mauves le long des vitrines de la Königsallee, pour piéger les regards au début, puis comme « sensation ». C'est ainsi qu'elles ont été découvertes par des directeurs du Lido à la recherche de talents et, grâce à mes bons offices auprès du père des jumelles, qu'elles partirent pour Paris où elles furent engagées. Je fis donc moi aussi mes valises. De toute façon, les grands airs de Düsseldorf commençaient à me faire bâiller. Et comme, après la mort de Maman, je n'ai pas voulu épouser le conseil de surveillance de notre florissante usine de lessive, le konzern a été si généreux avec moi que, depuis ce moment, je ne manque jamais de liquide et que j'ai pu m'offrir des voyages, les hôtels les mieux tenus, une Chrysler avec chauffeur, un peu plus tard une villa près de Saint-Tropez, bref, la vie typique du play-boy ; mais c'est en fait à cause des sœurs Kessler que je me suis glissé dans ce rôle, qui n'est amusant que vu de l'extérieur. Leur double beauté m'attirait. J'étais tombé sous le charme de deux plantes saxonnes. La longueur divinement exagérée de leurs tiges donnait à mon existence inutile un but que, certes, je n'ai jamais atteint, car Alice et Ellen, Ellen et Alice ne voyaient en moi qu'un chien de manchon – mais solvable.

A Paris, de toute manière, il était difficile de les approcher. La « campanule », Miss Bluebell, un vrai dragon qui s'appelait en fait Leibovici, surveillait ses seize girls à longues jambes comme les élèves d'un pensionnat de bonnes sœurs : pas de messieurs dans les loges ! Pas de contact avec les clients du Lido ! Et pour le transport à l'hôtel, après la représentation, seuls étaient autorisés les chauffeurs de plus de soixante ans. Dans mon cercle d'amis – et je fréquentais alors une bande de débauchés internationaux – on disait : « Il est plus facile de forcer un coffre-fort qu'une Bluebell Girl. »

Je trouvais quand même l'occasion, ou la sévère pépiniériste me le permettait, de promener mes jumelles vénérées sur les Champs-Élysées. De plus, elle me confia la tâche de consoler encore et toujours les deux filles, à la fois parce que, en raison de leurs origines teutoniques, elles étaient ignorées par les habilleuses et ignoblement attaquées par les girls françaises. Leur taille infiniment élancée devait payer pour toutes sortes de crimes de guerre des « Boches ». Quelle pitié ! Comme leurs larmes vous arrachaient le cœur ! Avec quelle furie de collectionneur je les essuyais, ces larmes !

Mais ensuite, avec le succès, les attaques faiblirent. Et en Amérique, l'admiration suscitée par la *« Sensation from Germany »* ne fut troublée par aucune avanie. Pour finir, Paris aussi fut à leurs pieds. Maurice Chevalier ou Françoise Sagan, Grace Patricia de Monaco ou Sophia Loren, tous étaient aux anges dès que je leur présentais les sœurs Kessler. Seule Liz Taylor, peut-être, a regardé d'un œil jaloux le tour de taille de mes lis de Saxe.

Ah, Alice, ah, Ellen ! Comme on les désirait ! Mais aucun des étalons en rut n'est vraiment arrivé à quelque chose avec elles. Même sur le tournage de *Trapèze*, alors que Tony Curtis et Burt Lancaster cherchaient inlassablement à atterrir chez l'une et chez l'autre, je n'eus pas besoin de jouer les chaperons pour empêcher le succès. On était tout de même bons amis et on se lançait des pointes. Si les stars de Hollywood criaient « Icecreams ! » dès qu'Ellen et Alice, dans les pauses, faisaient leur entrée, mes créatures répondaient : « Hot dogs ! Hot dogs ! » Et même quand Burt Lancaster, comme on l'a affirmé plus tard, a réussi à mettre l'une des deux à l'horizontale, il n'en aura sans doute pas tiré grand-chose et n'a probablement pas su à laquelle il avait affaire.

Elles n'étaient bonnes qu'à être regardées. Et cela, j'en avais le droit, quand et où je le voulais. J'étais le seul dans ce cas, jusqu'au moment où elles suivirent leur propre chemin, que le succès leur avait aplani. Leur éclat a tout fait pâlir, même le miracle si souvent évoqué dont on a exclusivement affublé l'économie allemande, car c'est avec Alice et Ellen qu'a commencé ce miracle féminin saxon qui, aujourd'hui encore, nous laisse ébahis.

1959

De même que nous nous étions trouvés l'un l'autre, Anna et moi, dans un Berlin glacial de janvier – c'était en 53 – sur la piste de danse de la Coquille d'Œuf, nous dansions maintenant, parce qu'on ne pouvait trouver le salut qu'à l'écart des salles de la Foire du livre avec leur vingt mille nouveautés et leurs dizaines de milliers d'occupants, nous dansions aux frais de l'éditeur (Luchterhand, ou bien était-ce au Nid d'Abeilles flambant neuf de S. Fischer, certainement pas sur les parquets cirés de Suhrkamp, non, dans un établissement loué par Luchterhand), nous dansions, le feu aux pieds, de même que nous nous étions toujours, Anna et moi, cherchés et trouvés en dansant, sur une musique qui tenait le rythme de nos jeunes années – dixieland ! –, comme si seule la danse pouvait nous sauver de ce cirque, du flot de livres, de tous ces gens importants, et nous permettre ainsi d'échapper d'un pied léger à leurs bavardages – « Succès ! Böll, Grass, Johnson sont en tête... » – et de surmonter aussi notre pressentiment, ça y est, quelque chose se termine, quelque chose commence, ça y est, nous avons un nom, en tournant très vite sur des jambes en caoutchouc, étroitement serrés l'un contre l'autre ou très loin du bout de nos doigts, car on ne pouvait fermer les oreilles à ce bourdonnement de la Foire – « *Billard, Conjectures, Tambour...* » –, à ces chuchotements de soirées chics – « La voilà enfin, la littérature allemande d'après-guerre... » – ou aux communiqués militaires – « Malgré Sieburg et la *Frankfurter*, la percée est enfin réussie... » –, qu'ainsi, drogués par la danse, déchaînés, parce que le dixieland et le battement de nos cœurs étaient plus forts, nous donnaient des ailes et nous enlevaient toute pesanteur, si bien que le poids du pavé – gros de sept cent trois pages – était emporté par la danse et que nous montions de tirage en tirage, quinze, non, vingt mille, et qu'Anna, quand quelqu'un cria « Trente mille ! » en envisageant des contrats avec la France, le Japon, la Scandinavie, soudain, comme nous surenchérissions encore sur ce succès même et dansions maintenant sans adhérer au sol, perdit son jupon bordé de dentelles à son bord inférieur et garni de trois étages de ruchés parce que l'élastique avait claqué ou avait perdu tout contrôle en même temps que nous, de sorte qu'Anna, comme libérée, s'envola de la lingerie à terre et l'envoya du bout du pied vers les marges où nous avions des spectateurs, gens de la Foire, parmi lesquels des lecteurs même, qui fêtaient avec nous aux frais de l'éditeur le déjà best-seller et criaient « Oscar ! », mais ce n'était pas Oscar Matzerath qui exécutait sur la piste « Jimmy the Tiger » en compagnie d'une demoiselle du téléphone, c'étaient, chauffés par la danse, Anna et moi, qui avions laissé chez des amis Franz et Raoul, nos jeunes fils, et étions venus en train, de Paris, où dans un trou humide je nourrissais de coke le poêle qui chauffait nos deux pièces et où j'avais écrit devant le mur dégoulinant chapitre après chapitre, tandis qu'Anna, dont le jupon qui avait chu était un héritage de sa grand-mère, suait tous les jours à la barre de Madame Nora, place Clichy, jusqu'au moment où j'avais tapé les dernières pages, renvoyé les épreuves à Neuwied et même fini de dessiner la couverture du livre, avec un Oscar aux yeux bleus, si bien que l'éditeur (il s'appelait Reifferscheid) nous invita à la Foire du livre de Francfort pour que nous puissions, à deux, vivre, savourer, saliver à l'avance et remâcher ensuite le succès; mais danser, Anna et moi l'avons toujours fait, plus tard aussi, alors que nous nous étions fait un nom, mais avions, de danse en danse, toujours moins à nous dire.

1960

Quelle tristesse ! Il y a bien eu, une fois de plus, une équipe interallemande aux jeux Olympiques de Rome, mais Adidas s'est définitivement coupée en deux. Et c'est à cause de Hary. Non qu'il ait eu l'intention de déclencher entre les frères que nous sommes une nouvelle bataille, mais il a malgré tout aiguisé notre hostilité réciproque, même si, sur le plan des affaires, nous nous sommes séparés bien avant, parce que mon frère a lancé ici, près de Fürth, sa marque concurrente Puma, sans arriver, il est vrai, à approcher ne fût-ce que de loin les chiffres de production d'Adidas.

C'est vrai : les deux firmes ont régné sur le marché mondial des chaussures de course et de football. Mais il est tout aussi vrai qu'Armin Hary nous a montés l'un contre l'autre en prenant le départ avec des *spikes* tantôt d'Adidas, tantôt de Puma. Les deux firmes payaient. A Rome, par exemple, il a couru avec les *spikes* de mon frère, mais ensuite, sur le podium, il était en Adidas pour recevoir sa fabuleuse médaille d'or. C'est tout de même moi qui, dès son record du monde en 10 secondes à Zurich, ai mis ses chaussures dans notre musée et développé le modèle d'avenir « 9,9 » pour que Hary puisse prendre le départ à Rome avec celles-là.

Quelle tristesse, qu'il se soit laissé débaucher par mon frère – et c'est typique de notre conflit familial que, juste après l'or (Hary avait aussi gagné le quatre fois cent mètres), huit modèles Puma portant sa signature aient été présentés à la presse sportive. Ça a commencé par les Hary-Start et les Hary-Sprint, et ça a fini par les Hary-Victory. Je ne sais pas combien Puma a dû allonger.

Mais aujourd'hui, maintenant qu'il est trop tard pour revenir en arrière et se réconcilier, que l'entreprise a été vendue, que mon frère est mort et que nous avons enterré en même temps la hache de guerre, je sais avec une certitude douloureuse que nous n'aurions jamais dû nous laisser entraîner par ce garçon que l'on qualifiait à juste titre de lévrier. Nous n'avons pas tardé à avoir la monnaie de notre pièce. A peine ses pieds lui avaient-ils valu le record du monde enfin homologué qu'il était rattrapé par les scandales. A Rome déjà, ce gamin trop gâté s'est disputé avec les autorités sportives. L'année suivante, sa carrière de sprinter était pratiquement terminée. Et cela après une ascension foudroyante. Mais non, ce n'était pas à cause d'un accident de la route, comme on l'a dit, mais de graves transgressions des règles de l'amateurisme. Et ce seraient nous – Adidas et Puma – qui l'y aurions incité ! Ça ne tient évidemment pas debout, bien que je doive avouer que mon cher frère, ce triste sire, a toujours été très fort pour le débauchage des coureurs, à n'importe quel prix. Fütterer, Germar, Lauer, pas un n'a échappé à ses avances. Mais avec Hary, il s'est joliment cassé le nez, même si je pense aujourd'hui que les instances sportives ont été trop mesquines dans leur jugement et ont empêché par là ce phénomène des courtes distances – le Noir Jesse Owens lui-même a serré la main du Blanc Armin Hary en reconnaissant son talent – de continuer à remporter des victoires et à battre des records.

Je n'en démords pas : quel gâchis ! Même si la carrière ultérieure de ce génie de la course montre combien son talent manquait de soubassement moral, s'il a été plus tard à de nombreuses reprises, comme agent immobilier ou comme chef d'entreprise, impliqué dans des scandales et s'est enfoncé au début des années quatre-vingt dans ce bourbier de magouilles qu'étaient les affaires de l'entreprise des syndicats Neue Heimat et de l'archevêché de Munich, ce qui lui a valu deux ans de prison pour escroquerie et abus de biens sociaux, je vois encore ce grand garçon, et mon frère le voyait sans doute de la même manière, au moment où il a battu le record du monde du cent mètres en quarante-cinq foulées, dont la plus grande a été mesurée à 2,29 mètres.

Ah, son départ! A peine sorti des starting-blocks, il doublait tous ses concurrents, même de couleur. Ce dernier record sur petite distance a été détenu par un Blanc pendant quatre ans. Quel dommage que ce n'ait pas été lui-même qui soit descendu au-dessous des célèbres dix secondes! Car si Hary était resté chez Adidas et ne s'était pas galvaudé chez mon frère et Puma, je suis sûr qu'il serait arrivé à 9,9. Il paraît même que Jesse Owens le croyait capable de 9,8.

1961

Même si, aujourd'hui, ça n'excite plus personne ou n'intéresse plus du tout, je me dis, à y bien regarder : c'est la meilleure époque que j'aie vécue. On te demandait, on avait besoin de toi. Pendant plus d'un an, tu as vécu dans le risque, tu t'es rongé les ongles de peur, tu t'es exposé aux dangers, sans trop te demander si le prochain semestre universitaire n'allait pas y passer aussi. Parce que j'étais étudiant à l'Université technique, et je m'intéressais déjà au chauffage urbain, quand du jour au lendemain on a, d'un bout à l'autre, construit le Mur.

Quels hurlements ! Beaucoup allaient à des manifestations, ont protesté devant le Reichstag ou je ne sais où encore – moi, non. En août, je suis allé chercher Elke, qui faisait en face des études de pédagogie. C'était relativement simple, avec un passeport ouest-allemand, qui, pour elle, ne posait pas de problèmes côté mentions et photo. Mais dès la fin du mois, nous avons été obligés de maquiller les laissez-passer et de travailler en groupes. J'étais messager. Avec mon passeport de RFA, établi à Hildesheim, d'où je suis en fait originaire, ça a marché jusqu'à début septembre. A partir de là, en quittant le secteur Est, il fallait remettre les laissez-passer. Ceux-là aussi, on aurait peut-être pu les avoir, si quelqu'un nous avait fourni le papier typique de la zone Est.

Mais aujourd'hui, personne ne veut plus rien savoir de tout ça. Ils détournent la tête ou ils disent : « Ouais, ça va,

Papa. Vous étiez méchamment mieux que nous, O.K., tout le monde sait ça. » Bon, peut-être mes petits-enfants, plus tard, quand je leur raconterai comment je suis allé chercher leur mamie qui était coincée de l'autre côté, et puis mon travail à l'« Agence de voyages », comme nous disions pour nous camoufler... Nous avions des spécialistes qui savaient falsifier les tampons avec des œufs durs. D'autres ne juraient que par un bricolage à l'aide d'allumettes taillées en pointe. Nous étions presque tous étudiants, des gauchistes, mais il y en avait aussi qui venaient des corpos de droite et des qui, comme moi, se foutaient complètement de la politique. Parce qu'il y avait des élections à l'Ouest, et le maire de Berlin était candidat des socialos, mais moi, je n'ai voté ni pour Brandt et consorts, ni pour le vieux, Adenauer : l'idéologie et la grande musique, chez nous, ça ne marchait pas. La seule chose qui comptait, c'était la pratique. Il fallait « virer », comme on disait, les photos d'identité, même vers des passeports étrangers, hollandais, suédois. Ou on en obtenait certains, par des correspondants, avec les photos et les mentions qu'il fallait, couleur des cheveux, des yeux, taille, âge. Les journaux qui allaient avec, la monnaie, vieux tickets de métro, tout le bazar typique que quelqu'un a dans la poche, par exemple une jeune Danoise. Et tout ça gratis ou même à vos frais.

Mais aujourd'hui, où rien n'est gratuit, personne ne croit que nous, étudiants, on n'encaissait rien du tout. C'est sûr, plus tard, quand on a construit le tunnel, il y en a qui ont tendu la main. C'est pour ça que ça a tourné en eau de boudin, le projet Bernauer Strasse. C'est arrivé quand un trio à la noix s'est fait payer 30 000 marks, sans que nous en ayons rien su, pour qu'une télévision américaine vienne filmer dans le tunnel. On a creusé pendant quatre mois. Le sable du Brandebourg ! Le boyau faisait plus de cent mètres. Et quand ils ont filmé pendant qu'on faisait passer à l'Ouest une trentaine de personnes, mamies et enfants compris, je me disais : ça fera un documentaire pour plus tard. Pas du tout : c'est passé tout de suite à la télé, et l'écluse aurait vite été fichue si de toute façon, malgré un système de pompage qui avait coûté les yeux de la tête, le tunnel n'avait pas été noyé juste avant. Mais on a continué quand même ailleurs.

Non, des morts, il n'y en a pas eu chez nous. Je sais. Ces histoires-là, ça rend mieux. Les journaux en étaient pleins, quand quelqu'un a sauté de la fenêtre, au troisième étage d'une maison à la frontière, que les pompiers avaient tendu la toile et que la personne s'est écrasée pile à côté sur les pavés. Ou quand, un an après, Peter Fechter a voulu passer à Checkpoint Charlie, s'est fait tirer dessus et, comme personne n'est allé le secourir, a perdu tout son sang. Ça, c'est le genre de choses que nous n'avions pas au catalogue, parce que, nous, on ne travaillait qu'à coup sûr. Et pourtant, je pourrais vous raconter des histoires que personne ne voulait croire, même à l'époque. Par exemple combien de gens nous avons passés par les égouts. Et comment ça puait l'ammoniac là-dedans. Un des itinéraires de fuite, qui allait du centre-ville à Kreuzberg, on l'appelait « Glockengasse 4711 », comme sur les flacons d'eau de Cologne, parce que tout le monde, nous comme les réfugiés, on marchait dans la merde jusqu'aux genoux. Plus tard, j'ai été « couvercle », dès que les gens étaient en route, je réajustais le couvercle de la bouche, parce que les derniers fugitifs étaient souvent pris de panique et oubliaient de refermer. C'est ce qui s'est passé à l'évacuation d'eaux de pluie sous l'Esplanadenstrasse, au nord de la ville : à peine à l'Ouest, quelques-uns on fait un bruit d'enfer. De joie, naturellement. Mais les Vopos qui montaient la garde de l'autre côté, ça leur a mis la puce à l'oreille. Ensuite ils ont balancé des grenades lacrymogènes dans l'égout. Ou l'histoire du cimetière dont le mur faisait partie du grand Mur, et jusqu'où nous avions creusé dans le sable un boyau étayé dans lequel on pouvait ramper et qui arrivait directement sous le columbarium, de sorte que nos clients, rien que des gens à l'air inoffensif avec des fleurs et autres ornements funéraires, disparaissaient ni une, ni deux. Plusieurs fois, ça a très bien marché, jusqu'au moment où une jeune femme qui voulait passer avec un petit enfant a laissé le landau à côté de l'entrée camouflée, ce qui a rapidement attiré l'attention…

Il fallait compter sur ce genre de problèmes. Mais maintenant, si vous voulez, une autre histoire où tout a marché. Ça vous suffit ? Bon, je comprends. J'ai l'habitude. Il y a quelques années, quand il y avait encore le Mur, c'était différent. Là, le dimanche matin, à l'apéro, il y avait parfois des collègues du chauffage urbain qui me disaient : « Alors, Ulli ? Raconte-nous comment ça s'est passé, quand tu es allé chercher ton Elke… » Mais aujourd'hui, personne ne veut rien savoir, et ici à Stuttgart surtout pas, parce que les Souabes, en 61 déjà, ils ne se sont aperçus de rien, quand le Mur a traversé tout Berlin… Et quand tout d'un coup il n'y a plus été, encore moins. Eux, ils seraient plutôt contents s'il y était encore, ben, parce qu'ils n'auraient pas à allonger l'impôt de solidarité comme depuis que le Mur est tombé. Alors je n'en parle plus, même si ç'a été ma meilleure époque, quand on suivait les égouts les genoux dans la merde… Ou le boyau… En tout cas, ma femme a raison quand elle dit : « A l'époque, tu étais complètement différent. A l'époque, c'était la vraie vie… »

1962

Comme le pape aujourd'hui, quand il va en voyage pour voir ses gens en Afrique ou en Pologne sans qu'il lui arrive quelque chose mauvaise, le grand transporteur aussi, quand il était dans le tribunal chez nous, il était dans une cage, mais elle était fermée que trois côtés. Vers où les juges avaient leur table, sa cellule en verre elle était ouverte. C'est comme ça que m'a commandé la Sécurité, et c'est pour ça que j'ai mis du verre que trois côtés, du verre spécial qui était verre blindé. Avec un peu de chance c'est ma firme qui a eu la commande, parce qu'on a toujours eu les clients avec souhaits très particuliers. Ben, vi, les succursales de banques dans tout Israël et les joailliers de la rue Dizengoff qui montrent leurs vitrines pleins de les plus belles trésors et qu'ils voudraient la sécurité contre la violence possible. Mais déjà à Nuremberg, qu'elle était à l'époque une belle ville et où toute la famille elle était, mon père il était le patron d'une vitrerie, qu'elle livrait jusqu'à Schweinfurt et Ingolstadt. Bon, on a eu assez le travail jusque 38, quand partout beaucoup était démoli, vous voyez pourquoi. Dieu le Juste ! que je gueulais moi gamin, parce que Père était sévère et que je devais faire tous les jours travail de nuit.

Avec un peu de mazel on est sortis juste, mon dernier frère et moi. On était les seuls. Tous les autres ils sont partis quand déjà il y a la guerre, à la fin mes sœurs et toutes les cousines, d'abord à Theresienstadt et puis je ne sais pas où, Sobibor, Auschwitz peut-être. Il y a que Maman qu'elle est morte, comme on dit, mort naturelle, la crise cardiaque. Mais après même Gerson, qu'il est mon frère, il a pas pu savoir plus précis quand il y a eu enfin la paix et qu'il a écouté les gens en Franconie et partout. Seulement pour quand le transport il est parti il a trouvé le jour exactement, parce que de Nuremberg, où ma famille elle était toujours installée, ils partaient des trains pleins.

Bon, et alors maintenant il était là, le « Transporteur de la mort » ils disaient tous les journaux, dans ma cage de verre qu'elle fallait être à l'épreuve des balles, et elle était. Pardon, mon allemand est un peu mauvais peut-être, parce que j'avais dix-neuf ans quand avec mon frère à la main je suis parti à Palestine dans le bateau, mais celui qu'il était assis dans la cage et qu'il tripotait tout le temps les écouteurs, il parlait encore plus mal. Les messieurs juges, que eux ils parlaient bien allemand, ils ont dit ça aussi, quand il faisait des phrases qu'elles en finissaient pas et qu'on arrivait pas à suivre. Mais moi j'étais avec les auditeurs normaux et la seule chose que j'ai bien compris, c'est qu'il a tout fait seulement sur ordre. Et qu'il y en avait des tas d'autres qu'ils ont tout fait sur ordre, mais qu'avec un peu mazel ils se promènent en liberté encore. Même bien payés ils sont, un il est secrétaire d'État d'Adenauer, qu'avec lui notre Ben Gourion il a di discuter pour l'argent.

Alors j'ai dit à moi : Écoute, Jankele ! Tu aurais di faire cent, non, mille cages en verre comme ça. Avec ta firme et engager quelques gens de plus, tu l'aurais fait, même si pas toutes les boîtes à la fois. Bon, on aurait toujours pi, quand on disait un nouveau nom, Aloys Brunner par exemple, faire toute petite boîte de verre rien qu'avec le nom dedans et un peu symbolique la mettre entre sa cage à Eichmann et le bireau des juges. Sur table spéciale. En fin tout aurait été plein.

On a écrit beaucoup là-dessus, bon, sur le mal et que

c'était un peu banal. C'est qu'après quand il a été pendu au cou, on a écrit moins déjà. Mais tant que le procès il a continué et continué, les journaux étaient pleins. Gagarine seulement, le Soviétique glorieux dans capsule spatiale, il a fait concurrence à notre Eichmann, et du coup chez nous et les Américains ils étaient très jaloux à Gagarine. J'ai dit à moi à l'époque : Tu trouves pas, Jankele, que les deux ils sont dans la même situation ? Chacun dans sa capsule. Seulement que ce Gagarine il est encore beaucoup plus seul, parce que notre Eichmann il a toujours eu quelqu'un qu'il a pi causer et causer avec, depuis que nos gens ils l'ont cherché en Argentine, où il a élevé les poulets. Parce que parler il aime. Ce qu'il aime le plus de parler, c'est comment nous les Juifs il aurait préféré nous faire descendre en bas à Madagascar et qu'il voulait pas nous envoyer au gaz. Et qu'il a pas rien du tout contre les Juifs. Même qu'il nous admire pour l'idée du sionisme, parce qu'une belle idée comme ça, ça peut s'organiser bien, il a dit. Et s'il avait pas eu l'ordre de s'occuper du transport, le peuple juif il serait peut-être encore reconnaissant à lui aujourd'hui parce qu'il a travaillé personnellement pour l'émigration en masse.

Alors j'ai dit à moi : toi aussi, Jankele, tu devrais l'être reconnaissant à Eichmann pour le petit chance, parce que Gerson, qu'il est ton petit frère, il a pi sortir avec toi encore la trente-huitième année. Il y a que pour le reste de la famille là ti dois pas être reconnaissant, pas pour le père et tous les tantes et oncles, les sœurs toutes et tes jolies cousines, ça compte dans les vingt. Là-dessus j'aurais aimé parler avec lui peut-être, parce qu'il savait bien tout, ben, les destinations des transports, et où mes sœurs et le papa sévère ils sont allés finalement. Mais j'avais pas le droit. Parce que des témoins, il y avait déjà beaucoup. Et puis j'étais content que j'ai pi m'occuper de sa sécurité. Possible qu'elle lui plaisait sa cellile blindée. C'était l'impression quand un peu il souriait.

1963

Un rêve habitable. Une apparition qui ne s'évanouissait pas et qui restait à l'ancre. Ah, comme j'étais enthousiaste ! Un vaisseau, un voilier en même temps qu'un vapeur à musique d'audacieuse conception est stationné, couleur saumon, près du Mur dont la laideur divise toute chose, échoué au milieu des friches, faisant front à la barbarie de sa proue acérée, et, comme on l'a vu plus tard, s'élevant dans le surréel, bien au-dessus de tant d'autres constructions à sa proximité, aussi moderne que fût leur résultat.

Ma jubilation était considérée comme relevant d'un illuminisme de jeune fille, pour ne pas dire de gamine, mais je n'avais pas honte de mon enthousiasme. Je supportais avec patience, peut-être aussi avec l'équanimité de l'orgueil, les moqueries des dames d'un certain âge préposées aux vestiaires, car enfin je savais que, fille de paysans de la Wilstermarsch et désormais, par la grâce d'une bourse, étudiante zélée en musique qui ne prêtait la main aux vestiaires qu'à l'occasion, comme extra et par pénurie financière, je ne pouvais pas prétendre à l'arrogance d'une quelconque supériorité de jugement. Du reste, la raillerie de mes collègues parvenues à la maturité, derrière le comptoir, était plutôt gentille. « Notre flûtiste monte encore aux notes les plus aiguës », disaient-elles en faisant allusion à mon instrument, la flûte traversière.

De fait, c'est Aurèle Nicolet, mon vénéré maître, qui m'a poussée, ainsi que bien d'autres élèves portées à la rêverie sans doute, à exprimer avec éloquence mon enthousiasme, que ce soit pour une idée utile à l'humanité ou pour un navire échoué du nom de Philharmonie ; car lui aussi est une tête chaude où flamboie une chevelure bouclée qui – trouvais-je – présente avec lui-même une harmonie bien séduisante. Toujours est-il qu'il a aussitôt traduit en français ma comparaison avec un navire : « Bateau échoué ».

Les Berlinois, eux, firent fonctionner une fois de plus leur célèbre gouaille et, mixant les éléments de la construction qui ressemblaient à un chapiteau avec la position centrale du chef d'orchestre, réduisirent sans hésiter ce grand dessein au facile dénominateur de « Cirque Karajani ». D'autres le louaient et le critiquaient à la fois. La jalousie des autres architectes disait aussi son mot. Seul le professeur Julius Posener, qui avait également droit à ma vénération, avait exprimé quelque chose de pertinent : « Il était réservé à Scharoun de construire un espace piranésien et de donner un air de fête à son aspect carcéral... » Mais je n'en démords pas : c'est un bateau, un bateau-prison si l'on veut, dont la musique, une musique à la fois, si l'on veut, prisonnière et libérée, habite anime gouverne la vie intérieure.

Et l'acoustique ? Tout le monde, presque tout le monde en a fait l'éloge. J'étais là, il m'a été donné d'être là quand on l'a mise à l'épreuve. Peu avant l'inauguration solennelle – naturellement, Karajan n'avait trouvé que la Neuvième qui fût digne de lui – je m'étais glissée sans en demander l'autorisation dans l'obscurité de la salle. On arrivait à peine à deviner les rangées. Seule l'estrade située tout en bas était éclairée par des projecteurs verticaux. Une voix bougonne est sortie de l'obscurité pour s'adresser gentiment à moi : « Qu'est-ce que vous faites là, jeune fille ? Nous avons besoin d'aide. Allez, vite, sur l'estrade ! » Et moi qui n'ai, en général, pas ma langue dans ma poche, en bonne fille de paysans de la Marsch, j'ai obéi au doigt et à l'œil, j'ai dévalé les gradins, je me suis retrouvée, après quelques détours, en pleine lumière, et un homme dont j'ai su par la suite que c'était un acousticien m'a mis dans la main un revolver à barillet et m'a expliqué en quelques mots. La voix bougonne sortit à nouveau de l'obscurité de la salle étagée tout autour en rayons de ruche : « Les cinq coups à la fois. N'ayez pas peur, jeune fille, ce sont des balles à blanc. Allez, j'ai dit, allez ! »

Obéissante, j'ai levé le revolver, sans la moindre peur, et il paraît que j'étais alors, à ce qu'on m'a dit plus tard, « d'une beauté angélique ». J'étais donc là, debout, et j'ai appuyé cinq fois de suite sur la détente afin que des mesures acoustiques pussent avoir lieu. Et l'on vit que tout cela était bon. Or la voix bougonne qui était sortie de l'obscurité était celle de l'architecte Hans Scharoun, que, depuis lors, je vénère tout autant que jusque-là mon professeur de flûte. C'est pourquoi – ainsi que pour suivre un appel intérieur – j'ai abandonné la musique et suis maintenant avec enthousiasme des études d'architecture. Mais à l'occasion – et parce que je n'ai plus de bourse – je continue à faire des extras aux vestiaires de la Philharmonie. Je peux ainsi, de concert en concert, me convaincre de la complémentarité qui existe entre la musique et les travaux publics, surtout quand un constructeur naval, en même temps, emprisonne et libère la musique.

1964

C'est vrai, toutes ces horreurs qui se sont passées et tout ce qui va avec, je ne m'en suis aperçue qu'après, quand nous avons été obligés de nous marier en vitesse et qu'au Römer, à Francfort – c'est là que se trouve l'état civil chez nous – nous nous sommes carrément trompés de chemin. Exact, tous ces escaliers, et puis l'émotion... En tout cas on nous a dit : « Vous n'êtes pas au bon endroit, ici. C'est deux étages plus bas. Ici, c'est le procès. – Quel procès ? j'ai demandé. – Ben, contre ceux d'Auschwitz. Vous ne lisez pas les journaux ? Ils en sont pleins. »

Donc nous sommes redescendus, nos témoins nous attendaient déjà. Mes parents, non, parce qu'au début ils étaient contre le mariage, mais la maman de Heiner était là, tout émue, et aussi deux amies du Téléphone. Après, on est tous allés au Palmengarten, où Heiner avait réservé une table et où on a fait la fête pour de bon. Mais après la noce je ne pouvais plus m'en débarrasser, je n'arrêtais pas d'y retourner, même quand j'en étais déjà au cinquième ou sixième mois et que la justice a déplacé le procès pour le mettre Frankenallee, où il y avait une salle plus grande dans la maison Gallus, qui pouvait aussi contenir des spectateurs.

Heiner n'est jamais venu, même quand il aurait pu parce qu'il était de nuit à la gare de marchandises, où il a son travail. Tous ces chiffres horribles, qui paraît-il se montaient à des millions, on n'y comprenait rien, parce qu'on donnait toujours d'autres chiffres comme réalité. Exact, une fois c'était trois, puis tout au plus deux millions de gens gazés, ou qui étaient morts autrement. Mais ce qui sortait d'autre devant le tribunal, c'était aussi terrible ou encore plus terrible, parce qu'on voyait ça de ses yeux et que j'ai pu le raconter à Heiner, jusqu'à ce qu'il dise : « Arrête avec ça. J'avais quatre ans, cinq au maximum quand ça s'est passé. Et toi, tu venais à peine de naître. »

C'est vrai. Et le père de Heiner et son oncle Kurt, qui est vraiment très gentil en fait, ils étaient tous les deux soldats, très loin en Russie, la mère de Heini me l'a raconté une fois. Mais quand pour le baptême de Beate, où toute la famille se retrouvait enfin, j'ai voulu leur parler à tous les deux du procès de la maison Gallus, et de Kaduk, et de Boger, j'ai toujours eu la même réponse : « Nous, tout ça, on n'en savait rien. Quand est-ce que ça se serait passé ? En 43 ? Nous, on ne pensait qu'à une chose : le recul... » Et Oncle Kurt a dit : « Quand il a fallu partir de Crimée et que je suis enfin venu en permission, on a été bombardés, ici. Mais le terrorisme que nous ont fait subir les Amerloques et les Anglais, ça, personne n'en parle. Évidemment, c'est eux les vainqueurs, et les coupables, c'est toujours les autres. Arrête un peu avec ça, Heidi ! »

Mais Heiner, lui, il a fallu qu'il écoute. Je l'ai forcé, pour de bon, parce que ça ne pouvait pas être un hasard, si, au moment de nous marier, on s'est trompés de chemin et qu'on est tombés sur Auschwitz, et même, encore pire, sur Birkenau, là où il y avait les fours. Au début, Heiner, il ne voulait pas croire tout ça, par exemple qu'un accusé ait forcé un détenu à noyer son propre père et que ça l'ait rendu fou, et que c'était pour ça, rien que pour ça, que l'accusé lui a tiré immédiatement une balle dans la tête. Ou ce qui se passait dans la petite cour entre le bloc 11 et le bloc 10 devant le « mur noir ». Des exécutions au revolver ! Des milliers à peu près. Parce que quand ils ont parlé de ça, personne ne savait le chiffre exact. De toute façon, ils avaient toujours du mal à se rappeler. Quand ensuite j'ai raconté à Heini la « balançoire » qui porte le nom de ce Wilhelm Boger, qui avait inventé cet appareil pour faire parler les détenus, au début il ne voulait pas comprendre. Alors, sur un bout de papier, je lui ai fait un dessin précis de ce qu'un témoin a montré aux juges, avec un modèle qu'il avait bricolé exprès pour le procès. En haut, sur le barreau, il y avait un détenu qui était suspendu, un mannequin, mais en vraie tenue rayée, et attaché tant et si bien que ce Boger pouvait lui taper continuellement sur les testicules. Oui, exactement sur les testicules. « Et figure-toi, Heiner, je lui ai dit, quand le témoin a raconté tout ça au tribunal, Boger, qui était assis un peu à droite derrière le témoin, dans le box des accusés, il a souri pour de vrai, un grand sourire... »

Exact ! Moi aussi je me suis demandé ! Est-ce que c'est encore un être humain ? Mais il y a quand même eu des témoins qui ont affirmé que ce Boger, à part ça, il était assez correct et il s'occupait tout le temps des fleurs à la Kommandantur. Il n'y a que les Polonais qu'il détestait vraiment, paraît-il, les Juifs beaucoup moins. Enfin, il y avait une chose encore plus difficile à comprendre que la balançoire, c'est cette histoire de chambres à gaz et de crématoire au camp principal et à Birkenau, où il y avait aussi des masses de Tsiganes dans des baraques spéciales, qui ont tous été gazés. Mais que ce Boger avait une certaine ressemblance avec l'oncle de Heiner, surtout quand il faisait comme ça de bons yeux, ça, bien sûr, je ne l'ai pas dit, parce que ça aurait été méchant, même pour l'oncle Kurt, qui est tellement inoffensif et qui est la gentillesse en personne.

Malgré tout, cette balançoire et toutes ces autres choses qui étaient réelles, ça nous est resté, à Heiner et à moi, tant et si bien que chaque fois que c'est notre anniversaire de mariage, on ne peut pas s'empêcher d'y penser, et c'est aussi parce qu'à l'époque j'étais enceinte de Beate et qu'après nous nous sommes dit : « Espérons qu'il ne restera rien de tout ça à la petite. » Mais l'hiver dernier, Heiner m'a dit : « Peut-être que cet été, quand j'aurai mes congés, on pourrait faire un voyage à Cracovie et à Katowice. Il y a longtemps que Maman voudrait y aller, parce qu'en fait elle est de Haute-Silésie. Je suis allé voir chez Orbis. C'est l'agence de voyages polonaise... »

Mais je ne sais pas si c'est vraiment ce qu'il nous faut, ni si ça donnera quelque chose, même si, maintenant, c'est facile d'avoir un visa. Exact. Il paraît que de Cracovie, Auschwitz, ce n'est pas loin du tout. On peut même visiter, c'est là, dans le prospectus...

1965

L'œil dans le rétroviseur, bouffer encore des kilomètres. De Passau à Kiel. Écumer des régions entières. A la pêche aux voix. Au volant de la DKW qu'on nous a prêtée s'accroche un étudiant de Münster, Gustav Steffen, qui, parce qu'il n'est pas de trop bonne famille mais a grandi dans un milieu catholico-prolétarien – son père était autrefois au Zentrum, le parti catholique –, a dû avaler le parcours de seconde zone, apprentissage de mécanicien, lycée du soir, et qui maintenant, parce qu'il veut comme moi donner un coup de main aux socialos, coche raisonnablement, ponctuellement – « Nous sommes différents. Nous n'arrivons pas en retard ! » –, les rendez-vous de notre tournée électorale : « Hier Mayence, aujourd'hui Wurtzbourg. Beaucoup d'églises et de cloches. Trou obscurantiste avec éclaircissements sur les bords... »

Et déjà nous nous garons devant les Salles Hutten. Réduit au rétroviseur, je lis l'inscription sur une banderole tenue à bout de bras, comme un message de Pentecôte, par les gamins des Jeunesses chrétiennes à la raie toujours impeccable, d'abord reflétée à l'envers, puis *in natura* : « Que vient chercher l'athée dans la ville de saint Kilian ? », et ce n'est qu'à l'intérieur de la salle bondée, dont les premiers rangs sont tenus par les étudiants des corporations reconnaissables à leurs couleurs, que je trouve la réponse qui calme le brouhaha

– « Je cherche Tilman Riemenschneider ! » – et qui appelle à la rescousse le sculpteur et maire de la ville auquel l'autorité épiscopale, pendant la guerre des Paysans, a esquinté les deux mains et qui à présent, aussi clairement évoqué, donne à mon discours, de paragraphe en paragraphe, un peu d'air et peut-être un peu d'écoute : « C'est toi que je chante, démocratie ! » – Walt Whitman, légèrement adapté à des fins électorales...

Ce qu'il n'est pas possible de lire dans le rétroviseur, mais dans le seul souvenir : ce voyage a été organisé par des étudiants de la Fédération universitaire sociale-démocrate et de l'autre, la libérale, qui, que ce soit à Cologne, à Hambourg ou à Tübingen, se comptent sur les doigts d'une main, et à qui j'avais préparé dans la Niedstrasse, à Friedenau, alors que tout cela n'était qu'un projet aux vagues espérances, une soupe aux lentilles de conspirateurs. Jusque-là, le SPD ignorait tout de sa chance imméritée, mais au moins trouva-t-il ensuite réussie, quand nous nous mîmes en route, notre affiche où mon coq chantait « S – P – D ». Les camarades étaient également étonnés de voir les salles pleines à craquer malgré le droit d'entrée que nous demandions. Mais sur le contenu, bien des choses leur déplaisaient, par exemple mon exigence partout répétée d'une reconnaissance de la ligne Oder-Neisse, et donc d'une renonciation définitive à la Prusse-Orientale, à la Silésie, à la Poméranie et – le plus douloureux pour moi – à Dantzig. Cela allait au-delà de toutes les motions de congrès, de même que ma polémique contre le « paragraphe 218 », pour la dépénalisation de l'avortement ; mais d'autre part, disait-on, beaucoup de jeunes électeurs venaient, à Munich, par exemple...

Bourré, aujourd'hui, le cirque Krone avec ses 3 500 places. Contre le raffut, épidémique ici aussi, d'une clique d'extrême droite, je mets en œuvre l'efficacité de mon poème « L'effet Cocotte-Minute », qui chaque fois, et ici encore, met de l'ambiance :

> Voyez ce peuple uni dans les sifflets.
> Sifflomane, siffloplexe, sifflophile.
> Car quand on siffle, on est égaux.
> Ça ne mange pas de pain et ça tient chaud.
> Mais qui a donc payé pour ces chers petits
> et leur haute culture où siffle l'esprit ?…

Quel plaisir j'ai à voir dans le rétroviseur, assis au cirque Krone, des amis dont certains sont morts depuis. Hans Werner Richter, mon père nourricier en littérature, qui était sceptique au début, avant que je ne parte en tournée, mais qui me dit ensuite : « Fais-le. Moi, j'ai tout ça derrière moi : cercle de Grünwald, combat contre la mort atomique. Maintenant, c'est à toi de t'user… »

Non, cher ami, je ne m'use pas. J'apprends, je sonde l'accumulation d'air renfermé, je suis les traces de bave de l'escargot, je passe dans des régions où la guerre de Trente Ans exerce encore ses ravages, maintenant, par exemple, en allant à Cloppenburg, plus obscurantiste que Vilshofen ou Biberach-sur-la-Riss. Gustav Steffen nous conduit en sifflotant à travers le plat pays de Münster. Des vaches, partout des vaches qui se multiplient dans le rétroviseur et qui font se demander si, dans ce coin, même les vaches sont catholiques. Et de plus en plus de tracteurs surchargés qui, comme nous, se dirigent vers Cloppenburg. Ce sont des familles nombreuses de paysans, qui tiennent à être là quand le diable en personne va parler à la Münsterlandhalle…

Il me faut deux heures pour prononcer le discours « Il faut choisir », qui file d'habitude en une petite heure. J'aurais pu aussi trompeter mon « Hymne à Willy » ou « Les Habits neufs de l'empereur » ; mais même une lecture du Nouveau Testament aurait été incapable d'apaiser un pareil tohu-bohu. Aux jets d'œufs, je réagis en parlant du gaspillage des subventions à l'agriculture. Ici, on ne siffle pas. Les choses sont plus concrètes. Certains jeunes paysans qui lançaient des œufs – et touchaient leur cible – m'inviteront quatre ans plus tard, entrés dans les Jeunesses socialistes, à revenir à Cloppenburg pour le deuxième round; mais, cette fois, une culture catholique aussi profonde et marécageuse qu'une tourbière me permet de leur faire la leçon : « Laissez tomber, jeunes gens ! Sinon vous serez obligés d'aller vous confesser samedi à monsieur le curé... »

Quand, après avoir reçu en cadeau un plein panier d'œufs – la région de Vechta et de Cloppenburg est connue pour son aviculture compressée et oppressante –, nous avons quitté les lieux du crime, tandis que, passablement dégoulinant, je jouais les passagers, Gustav Steffen, dont la jeune vie devait s'achever quelques années plus tard dans un accident de la route, dit en regardant dans le rétroviseur : « C'est fichu pour les élections. Mais là, ça a rapporté des voix. »

De retour à Berlin, tandis que je dormais d'un sommeil de plomb, notre porte d'entrée a flambé, effrayant Anna et les enfants. Depuis, quelques petites choses ont changé en Allemagne, sauf la pyromanie.

1966

L'être ou l'Être, les mots sublimes, avec ou sans majuscules, soudain ils ne disaient plus rien. Soudain, comme si l'être, le fond, tout étant, le néant néantisant n'étaient qu'un vain cliquetis de mots, je me voyais mis en question et en quelque sorte sommé de porter ici témoignage. Au bout d'une si longue fuite d'années, et puisque dans le cirque actuel on commémore comme pour une liquidation totale toutes sortes d'anniversaires disparates, celui du mark par exemple, parce que cette monnaie a commencé à rouler il y a cinquante ans, mais aussi celui de la douteuse année 68, je couche sur le papier ce qui m'est advenu par un après-midi de l'actuel semestre d'été. Car soudain, quand, en introduction à mon séminaire du mercredi, j'eus renvoyé avec quelque prudence à des correspondances textuelles entre les poèmes « Fugue de la mort » et « Todtnauberg », en laissant de côté, pour l'instant, la mémorable rencontre entre le philosophe et le poète, je fus, tandis que les premières contributions de mes étudiantes et étudiants se perdaient dans l'arbitraire conceptuel, assailli au plus profond de moi par des questions qui étaient trop reliées à l'époque pour être évaluées de manière aussi existentielle : qui étais-je, en ce temps-là ? Qui suis-je aujourd'hui ? Qu'est devenu ce soixante-huitard autrefois oublieux de l'être, mais tout de même extrémiste, qui deux ans avant, déjà, participait à Berlin, même si c'était comme par hasard, aux premières manifestations contre la guerre du Vietnam ?

Non, non, ce n'étaient pas cinq mille personnes, mais deux mille peut-être qui – avec une autorisation en bonne et due forme – défilèrent au coude à coude de la Steinplatz à la Maison de l'Amérique en passant par la Hardenbergstrasse à l'appel de toutes sortes de groupes et de groupuscules, le SDS, le SHB, la Fédération des étudiants libéraux et l'Argument-Club et la Paroisse étudiante évangélique. Auparavant, certains, dont je faisais assurément partie, étaient allés dans les magasins Hoffmann acheter intentionnellement des œufs de la catégorie la moins chère, qui nous servirent à bombarder ce que nous appelions la « colonie impérialiste ». Le jet d'œufs était à la mode, non seulement chez les paysans rétifs, mais aussi dans les milieux étudiants. Oh oui, moi aussi, j'en ai jeté, j'ai crié avec d'autres « US go home ! » et « Johnson assassin ! ». On aurait dû en fait engager une discussion, et le directeur de la Maison de l'Amérique, un homme qui se donnait pour libéral, y était même prêt, mais déjà les œufs volaient, et, après ce bombardement collectif, nous reprîmes, tandis que la police restait sur sa réserve, le Kurfürstendamm et la Uhlandstrasse pour regagner la Steinplatz. Je me souviens de certaines banderoles, comme *« Ledernacken, Sachen packen !* » (Nuques de cuir, faites vos bagages !) et « Tous unis contre la guerre ! ». Mais il était regrettable que quelques permanents du parti communiste venus de l'Est se fussent mêlés au cortège pour y faire – quoique en vain – de l'agitation. Pour la « presse Springer », de droite, leur présence était du pain bénit.

Mais moi ? Comment en suis-je venu à marcher en rangs ? A m'accrocher des deux coudes ? A me casser la voix en hurlant ? A jeter des œufs en collectif ? Né dans un milieu bourgeois et pour ainsi dire conservateur, j'étudiais avec Taube l'histoire des religions et un peu la philosophie, je goûtais à Husserl, je savourais Scheler, j'inhalais Heidegger, je me voyais tranquillement sur son chemin de campagne, j'étais ennemi de toute technique, qui n'était que « Gestell », et tout ce qui était à portée de main, comme la politique, je le disqualifiais comme « oublieux de l'être ». Et tout à coup je pris parti, je me mis à huer le président des États-Unis et ses suppôts, le dictateur sud-vietnamien Thieu et son général Ky, sans être encore tout à fait prêt à me libérer complètement au cri de « Hô, Hô, Hô Chi Minh ! ». Qui donc étais-je, il y a trente ans ?

Tandis que les contributions à mon séminaire, deux, trois courts exposés, ne requéraient même pas la moitié de mon attention, ces questions ne me lâchaient pas. Peut-être mes étudiants avaient-ils remarqué l'absence partielle de leur professeur, mais la question d'une étudiante qui me fut directement adressée me ramena au quotidien. Pourquoi l'auteur, demanda-t-elle, avait-il coupé dans le poème « Todtnauberg » ce que contenait la première version : « ... la ligne d'un espoir, aujourd'hui, en un mot d'un pensant, à venir [à venir sans délai] au cœur », puisque dans la dernière version du poème, qui figurait dans le volume *Lichtzwang*, on ne trouvait plus les mots entre crochets. Cette question centrale, donc, me ramena au quotidien universitaire et, posée aussi brutalement, me fit en quelque sorte revivre une situation où je m'étais déjà vu jeté dans ma jeunesse : avant même le début du semestre d'hiver 1966-1967, je quittai le pavé de Berlin, trop agité par des manifestations de plus en plus volumineuses, pour aller étudier à Fribourg-en-Brisgau.

De là, je suis venu ici. Au surplus, j'étais sous le charme du germaniste Baumann. Je tentai d'interpréter ce retour comme un « tournant » heideggérien. A mon étudiante cependant, dont la question en forme de défi était censée me contraindre à répondre « sans délai », je donnai, en me référant à la proximité temporaire du philosophe avec l'État nazi, qui donnait lieu à bien des débats, et à son silence couvrant toutes les monstruosités, une réponse en forme d'esquive, assurément insuffisante, d'autant que je me remis aussitôt à n'interroger que moi.

Oui, c'est la proximité du grand chaman que je recherchais en fuyant vers Fribourg. C'était lui ou son aura qui m'attirait. Très tôt des mots sublimes me devinrent courant, car, enfant déjà, mon père, qui était médecin chef dans un sanatorium de la Forêt-Noire et passait ses maigres loisirs sur les sentiers de randonnée, m'avait conduit de Todtnau à Todtnauberg en ne manquant jamais de me signaler la cabane du philosophe…

1967

Tandis que mon séminaire du mercredi, qui se poursuivait tranquillement, ne semblait présenter, hormis un papillon égaré qui avait fait irruption par la fenêtre ouverte, qu'un intérêt médiocre, la pente en était cependant assez raide pour me rejeter sans cesse sur l'antériorité de mon être et me placer en quelque sorte devant des questions de gros calibre : Qu'est-ce qui m'avait – au fond – fait quitter Berlin ? N'aurais-je pas dû être présent le 2 juin ? N'aurais-je pas dû chercher ma place parmi les manifestants devant l'hôtel de ville de Schöneberg ? N'aurais-je pas été moi aussi, moi qui croyais haïr le chah de Perse, une cible appropriée pour la claque persane qui tapait en tous sens avec des lattes de bois ?

A toutes ces questions, la réponse était oui, à quelques restrictions près. Assurément, j'aurais pu moi aussi, avec une pancarte proclamant : « Libération immédiate des étudiants iraniens », me déclarer solidaire et me signaler à la police. Et puisque, à l'hôtel de ville, au moment même de la visite du chah, une commission parlementaire discutait de l'augmentation des droits universitaires, il m'aurait été facile de chanter en chœur, avec les autres manifestants, la stupide rengaine de carnaval de jadis « Qui va payer ça... ». Et quand, le soir, le chah et sa Farah Diba, conduits avec des airs de chef d'État par Albertz, le maire de la ville, se rendirent à l'opéra, la Deutsche Oper située Bismarckstrasse, les pelotons d'assaut de la police, si je ne m'étais pas peureusement enfui à Fribourg, auraient eu le loisir de me pousser moi aussi dans le boyau entre la Krumme Strasse et la Sesenheimer Strasse et – tandis qu'à l'opéra le programme de gala avait déjà commencé – de me pourchasser avec leurs matraques. Oui, questionnais-je ou étais-je questionné au plus profond de moi, n'aurait-il pas été possible, quand on mit ensuite à exécution le plan « Chasse au renard », que ce fût moi qui ait été touché à bout semi-portant au lieu de l'étudiant germaniste Benno Ohnesorg ?

De la même façon que moi, il se considérait comme pacifiste et était membre de la Paroisse étudiante évangélique. Comme moi, il avait vingt-six ans et l'été aimait porter comme moi des sandales sans chaussettes. Mais oui, c'est moi, en quelque sorte, qui aurais pu être atteint, effacé. Mais je m'étais défilé et j'avais pris, avec l'aide d'un philosophe qui, après son tournant, s'abandonnait à l'équanimité, une distance ontologique. Et c'est donc lui qu'ils ont matraqué, et non moi. Et l'inspecteur en civil Kurras ne dirigea pas son pistolet de service, après en avoir enlevé la sûreté, vers ma tête, mais toucha Benno Ohnesorg au-dessus de l'oreille droite, si bien que le cerveau fut transpercé et que la boîte crânienne éclata...

Soudain, je perturbai mes étudiants en interrompant à voix haute leur odyssée interprétative face à deux poèmes importants : « Une honte ! Le policier Kurras a été acquitté dans deux procès successifs et a ensuite travaillé jusqu'à sa retraite au PC radio de la police berlinoise... » Puis je me tus, notant certes, posé sur moi, le regard à l'ironie provocatrice de la fameuse étudiante, le sentant même au plus intime, et me voyant malgré tout regorger de questions qui mettaient le dos au mur un moi angoissé depuis l'enfance. Quand eut-il lieu, mon tournant ? Que signifiait pour moi prendre congé du simple Étant ? Et à partir de quel moment précis dans le cours et la fuite des années le sublime m'avait-il saisi, pour ne plus me lâcher, malgré quelques refus temporaires ?

C'était peut-être un mois plus tard, ce 24 juillet-là, que le poète, guéri d'une assez longue maladie, arriva à Fribourg où il surmonta ses hésitations initiales et rencontra tout de même le philosophe dont le passé douteux l'avait fait réfléchir, avant de lire solennellement pour nous quelques-uns de ses poèmes. Mais Paul Celan ne voulait pas être photographié avec Heidegger. Ultérieurement, il fut finalement prêt à accepter cette photo ; mais il était déjà trop tard pour un instantané qui eût été utile à cette mémorable rencontre.

Cette anecdote, et d'autres, j'en fis part, maintenant libéré de mon questionnement intérieur, à mon séminaire post-prandial, car l'une des étudiantes, notamment, avait réussi, par d'habiles prises de parole, à m'arracher à ces obsessions rétrospectives et à faire pour ainsi dire bavarder le témoin de cette confrontation complexe ; car c'était à moi qu'avait été confiée par le professeur Baumann la mission de veiller sur les librairies de Fribourg. A la demande du philosophe, tous les recueils de poèmes du poète devaient être dignement exposés ; et de fait, du volume précoce *Pavot et Mémoire* à *Grille de parole* et *Rose de personne*, tout était insaisissable et cependant à portée de main ; on vit même, grâce à mon zèle, des tirages limités et rares.

Et c'est moi aussi qui le lendemain, au petit jour, eus le privilège de préparer soigneusement la visite du poète tout là-haut dans la Forêt-Noire, où se trouvait l'ermitage du philosophe. Mais Celan prit à nouveau ombrage du comportement de Heidegger pendant les années sombres ; il l'aurait même appelé, dans une autocitation, « maître d'Allemagne » et aurait ainsi, sans le dire, fait entrer en jeu la Mort. Il n'était donc pas sûr qu'il acceptât l'invitation. Longtemps le poète balança, et il jouait l'inapprochable.

Nous partîmes tout de même au petit matin, bien que

le ciel se fût couvert de plomb. Après la visite à l'ermitage et cet entretien ou ce silence mémorables auxquels personne, même pas moi, n'avait eu la permission d'assister, on se retrouva à Saint-Blasien, ou un café nous accueillit tous. Il ne semblait plus y avoir de gêne. Manifestement, le penseur était désormais *persona grata* pour le poète. Bientôt déjà les deux hommes furent sur le chemin du marais de Horbach, où, sur le bord occidental, nous fîmes tous un bout de chemin en suivant un sentier couvert de rondins. Mais comme le temps restait exécrable et que les chaussures du poète étaient trop citadines ou, selon sa remarque, « insuffisamment rustiques », la promenade fut interrompue, sur quoi nous prîmes le repas de midi en toute quiétude dans le coin des habitués d'une auberge où, selon la tradition, se trouve un oratoire. Non, non, rien ne fut dit de l'actualité politique, par exemple les incidents de Berlin et la mort d'un étudiant qu'on avait récemment annoncée ; on bavarda du règne végétal, et il apparut que le poète était capable d'appeler par leur nom autant de plantes, sinon plus, que le penseur. Paul Celan, qui plus est, pouvait désigner bien des petits végétaux non seulement en latin, mais aussi en roumain, en hongrois, en yiddish même. Aussi bien venait-il de Tchernovtsy, qui se trouve, comme on sait, dans la multilingue Bucovine.

Je livrai tout cela à mes étudiants en même temps que d'autres curiosités, mais à la question venant de certain côté : qu'avait-on dit ou passé sous silence à l'ermitage ? – je ne pus répondre qu'en renvoyant au poème « Todtnauberg ». On en tirait beaucoup de profit. L'« arnica », par exemple, savamment appelé « consolation des yeux », permettait toutes sortes d'interprétations. Et la fontaine devant la maison, avec au sommet le cube étoilé caractéristique, était riche de relations possibles. De plus, on trouvait mentionné dans le poème, à une place centrale, au cœur, pour ainsi dire, le livre d'or où le poète s'était inscrit en posant la question angoissée : « Quels noms a-t-il accueilli avant le mien », avec, il est vrai, « la ligne d'un espoir, aujourd'hui, en un mot d'un pensant, à venir au cœur... », étant entendu qu'il fallait redire que les mots entre crochets, « à venir sans délai », supprimés ensuite par le poète, étaient l'expression comminatoire de l'urgence de son souhait, qui, comme on savait, était resté lettre morte. Quant à ce qui avait pu encore être dit ou tu à l'ermitage, on ne le savait pas, cela restait dans l'approximatif, se laissait à peine deviner, mais cela maintenait en quelque sorte la blessure ouverte...

C'est à peu près ainsi que je parlai à mes étudiants, sans leur dévoiler, et encore moins à certaine personne, combien de fois j'avais imaginé l'entretien de l'ermitage ; car entre le poète sans lieu et le « maître d'Allemagne », le Juif à l'étoile jaune invisible et l'ancien recteur de l'université de Fribourg muni de l'insigne circulaire, quoique effacé, du parti, entre celui qui nomme et celui qui tait, entre le survivant se disant sans cesse mort et l'annonciateur de l'être et du dieu à venir, l'indicible aurait dû trouver des mots, mais il ne s'en trouva pas un seul.

Et ce silence continuait à se taire. Moi aussi, je dissimulais à mon séminaire les raisons de ma fuite de Berlin, je me laissais comme impassiblement palper par le regard de cette étudiante, mais je ne disais pas ce qui m'avait temporairement éloigné du sublime et dès l'année suivante, dans un mouvement de fuite encore, m'a poussé à partir de Fribourg pour me jeter dans les turbulences de Francfort, dans un endroit, du reste, où Paul Celan, dès qu'il eut quitté la Forêt-Noire et notre petite ville universitaire, composa la première version de son poème « Todtnauberg ».

1968

Le séminaire semblait pacifié, mais l'agitation persistait à l'intérieur de moi. A peine étais-je parvenu, au moyen d'une autorité négociée avec précaution, à entendre dans ce poème dédié à l'ermitage un écho tardif de la « Fugue de la mort » et un défi adressé au « maître d'Allemagne », lui-même personnifié sous les traits de la Mort, que je me vécus à nouveau comme instamment mis en question : qu'est-ce qui t'a chassé de Fribourg, après les fêtes pascales de l'année suivante ? Quel tournant a-t-il fait de toi, qui jusque-là tendais l'oreille au silence entre les mots et te consacrais au sublime du fragmentaire, au mutisme progressif de Hölderlin, un soixante-huitard extrémiste ?

C'était sans doute, sinon l'assassinat de l'étudiant Benno Ohnesorg, à retardement, alors certainement l'attentat contre Rudi Dutschke qui a fait de toi un révolutionnaire, du moins en paroles, puisque c'est alors que tu as abandonné le jargon heideggérien pour bavarder dans un autre jargon, celui de la dialectique. C'est à peu près ainsi que je m'expliquais moi-même, mais je n'étais pas certain des causes profondes de mon changement de langage et j'essayais, pendant que mon séminaire du mercredi fonctionnait en autocontrôle, d'apaiser la brusque insurrection de mes erreurs.

Toujours est-il qu'à Francfort, dans un premier temps, je rompis avec la germanistique et m'inscrivis en sociologie. J'allai donc suivre les enseignements de Habermas et d'Adorno ; il est vrai que nous – je ne tardai pas à être membre du SDS, l'organisation étudiante la plus virulente alors – ne permettions guère à ce dernier d'ouvrir la bouche, car c'était à nos yeux une autorité, par là même contestable. Et comme, dans toute l'Allemagne, et à Francfort avec une véhémence particulière, les élèves se révoltaient contre les professeurs, on en vint à l'occupation de l'université, qui cependant, puisque Adorno se vit contraint d'appeler la police, fut aussitôt évacuée. L'un de nos plus talentueux porte-parole, dont même le maître de la négation admirait l'éloquence, Hans-Jürgen Krahl, qui du reste avait appartenu, quelques années auparavant, au Ludendorff-Bund fasciste, puis aux Jeunesses chrétiennes réactionnaires, et qui se considérait maintenant, après un tournant absolu, comme le successeur direct de Dutschke et comme la grande contre-autorité, ce Krahl, donc, fut arrêté, mais remis en liberté quelques jours plus tard, et il reprit aussitôt l'action, que ce fût contre l'état d'urgence ou contre le maître, pour lequel il conservait malgré tout une grande vénération. Le dernier jour de la Foire du livre, par exemple, le 23 septembre, quand, à la maison Gallus, où le premier procès d'Auschwitz avait pris fin en 65, une table ronde dont Adorno fut finalement victime faillit succomber aux turbulences.

Quelle époque animée ! Dans le cocon de mon séminaire où ne soufflait aucun vent et où je n'étais dérangé que par les questions provocantes d'une demoiselle particulièrement coriace, je tentais de faire un saut par-dessus la fuite de trente années de vécu et de m'insérer dans une discussion qui se transforma en tribunal. Quel plaisir procurait la violence verbale ! Moi aussi, dans la foule, je lançais des interpellations, je trouvais des mots dévastateurs, je croyais devoir rivaliser de zèle avec Krahl, je cherchais, avec lui et d'autres, à mettre complètement à nu le maître à tête ronde d'une dialectique où tout était soluble dans la contradiction. Et nous y parvînmes. Aux pieds du professeur se pressaient des étudiantes qui venaient de découvrir leurs seins et avaient ainsi obligé Adorno à interrompre son cours. A présent, c'est lui-même, le Grand Sensible, qu'elles voulaient voir nu. Ce ferme rondelet à la vêture bourgeoise et cossue devait être en quelque sorte déshabillé. Plus épineux encore : il devait se dépouiller pièce par pièce de la théorie qui le protégeait et – exigèrent Krahl et quelques autres –, son autorité désormais en lambeaux, il devait en permettre, dans cet état raccommodé, l'usage par la Révolution. Il devait se rendre utile, lui faisait-on comprendre. On avait encore besoin de lui. Et prochainement pour la marche sur Bonn. On se voyait contraint, face à la classe dirigeante, de tirer profit de son autorité. Mais dans le principe, il était fait pour disparaître.

Ces derniers mots, c'est sans doute moi qui les ai criés. Ou bien qui, ou quoi, a crié par mon entremise ? Qu'est-ce qui m'a commandé de parler pour la violence ? Dès que me furent redevenus présents les visages de mes étudiants, qui, au fil tranquille du « séminaire Celan », tentaient de décrocher leurs certificats à la sueur d'un zèle modéré, je mis en doute mon extrémisme d'autrefois. Peut-être nous sommes-nous, me suis-je, simplement accordé une petite plaisanterie. Ou bien je ne savais plus où j'en étais, et j'ai mal compris nombre de slogans circulaires, comme celui de la tolérance répressive, de même que j'avais mal interprété, auparavant, le verdict du professeur contre tout oubli de l'être.

Krahl, qui passait pour le meilleur élève d'Adorno, aimait poser de larges collets qui se rétrécissaient de plus en plus et faire rendre gorge à un concept qui, à l'instant encore, restait obstinément muet. Assurément, on entendait aussi des plaidoyers adverses. Celui de Habermas, par exemple, qui cependant, depuis qu'il avait mis en garde, au congrès de Hanovre que nous ne pouvions oublier, contre la menace d'un fascisme de gauche, n'était vraiment plus dans nos petits papiers. Ou de cet écrivain à moustache qui s'était vendu au « S – P – D » (le slogan de son affiche) et croyait maintenant avoir le droit de nous reprocher un « activisme aveugle et furieux ». La salle était sens dessus dessous. Je dois avouer que je participais. Mais qu'est-ce qui m'a poussé à quitter prématurément le local bondé ? Était-ce un défaut d'extrémisme ? Ne pouvais-je plus supporter le regard de Krahl, qui, parce qu'il n'avait qu'un œil, portait toujours des lunettes de soleil ? Ou bien fuyais-je l'image de douleur qu'offrait un Theodor W. Adorno humilié ?

Près de la sortie, où le public s'entassait toujours, un monsieur d'un certain âge, manifestement invité de la Foire du livre, m'adressa la parole avec un léger accent : « Qu'est-ce que vous avez dit comme sottises ! Chez nous, à Prague, il y a des chars soviétiques partout depuis un mois, et vous, ici, vous vous gargarisez de "processus pédagogiques collectifs". Venez donc vite voir notre belle Bohême. Là, vous pourrez apprendre en collectif ce que c'est que le pouvoir et ce que c'est que l'impuissance. Vous ne savez rien du tout, mais vous voulez tout savoir mieux que personne... »

« Eh oui », dis-je soudain par-dessus la tête de mes étudiants qui, effrayés, levèrent les yeux en abandonnant leur interprétation textuelle de deux poèmes importants, « c'est vrai qu'il s'est aussi passé quelque chose d'autre à la fin de l'été 68. La Tchécoslovaquie a été occupée, des soldats allemands étaient dans le coup. Et une petite année plus tard, Adorno était mort : crise cardiaque, a-t-on dit. Du reste, Krahl s'est tué en février 70 dans un accident de la circulation. Et à Paris, Paul Celan, la même année, sans avoir reçu de Heidegger le mot qu'il espérait, a jeté à l'eau, du haut d'un pont, ce qui lui res-

tait de vie. Nous ne savons pas exactement quel jour… »
Là-dessus, mon séminaire du mercredi se dispersa. Seule certaine étudiante resta assise. Comme elle n'avait visiblement plus de question à poser, je restai muet, moi aussi. Il lui suffisait sans doute d'être seule avec moi quelque temps. Nous gardâmes donc le silence. Elle avait tout de même réservé deux phrases pour le moment où elle s'en alla : « Je m'en vais, dit-elle. De vous, de toute façon. il ne sortira plus rien. »

1969

C'est sûr que ça devait être fou, cette époque, même si moi, j'étais classée difficile. Sans arrêt, c'était « Carmen est difficile » ou « particulièrement difficile », ou « Carmen est une enfant à problèmes ». Et ça, pas seulement parce que ma mère était divorcée et que mon père, qui était monteur, était la plupart du temps très loin. Mais à notre crèche, il y avait d'autres enfants à problèmes, et même certains qui en fait auraient dû être adultes, par exemple nos étudiants de l'université de la Ruhr qui avaient ouvert cette crèche, au début, rien que pour les étudiantes mères célibataires et qui voulaient piloter tout ça, mais alors carrément tout, genre antiautoritaire, même avec les enfants de prolos, comme on nous appelait quand on est arrivés en plus. Il y a d'abord eu du grabuge, parce que nous, on avait plutôt l'habitude de recevoir des claques, et nos parents, n'en parlons pas. Il n'y a que ma mère, qui venait, plus tard, faire le ménage à la crèche, deux pièces qui avaient dû servir de bureau ou dans le genre, parce que les mères étudiantes, elles, elles se sentaient trop distinguées pour ça, il n'y a que ma mère qui a dit paraît-il aux autres mères du voisinage : « Laissez donc les rouges essayer, pour voir comment ça tourne », parce qu'à Bochum le groupe associatif qui voulait aussi, maintenant, que la crèche accueille ce qu'on appelle les défavorisés, le groupe était à l'extrême gauche, tant et si bien qu'il y avait sans arrêt des dissidences, c'est comme ça que ça s'appelait, et que les assemblées de parents, qui duraient jusqu'après minuit, manquaient chaque fois d'exploser, à ce que m'a raconté ma mère.

Mais il paraît qu'à l'époque c'était partout, pas seulement chez nous, les enfants, qu'il y avait comme le chaos. Partout dans la société, où qu'on aille, il y avait du grabuge. Et en plus c'étaient les élections. Mais chez nous devant la crèche, ils avaient accroché une banderole qui disait, ma mère s'en souvient encore : « Pas d'élections, lutte des classes ! » Et on l'a eue, d'ailleurs. Sans arrêt, il y avait des gueulantes, parce que tout le monde, surtout nous les enfants de prolétaires, tout le monde voulait pour soi les jouets que les étudiants de gauche collectaient pour la crèche. Surtout moi, ma mère dit que j'étais plutôt rapiate. Mais sinon, la campagne électorale, nous, on n'en a pratiquement rien su. Une fois seulement, nos étudiants nous ont emmenés à une manif, juste devant la fac, qui était un gigantesque pavé de béton. Et là, il nous fallait crier avec les autres : « Socialos, salauds, le peuple aura vot' peau ! » Ça n'a pas empêché qu'après, avec leur Willy Brandt, ils ont quand même plus ou moins gagné les élections. Nous, les enfants, on ne suivait pas, évidemment, parce qu'à la télévision, pendant tout l'été, il y a eu quelque chose de complètement différent, le voyage sur la Lune. Nous, à la maison, ou moi chez Mme Pietzke, notre voisine, quand on regardait tous la télé, c'était beaucoup plus intéressant que ce qui se passait pour la campagne électorale. C'est pour ça qu'avec de gros crayons et des tubes de peinture qu'on pouvait mélanger, de façon tout à fait antiautoritaire, c'est-à-dire comme chacun voulait, on a peint quelque chose comme l'alunissage sur tous les murs de la crèche. Évidemment les deux petits bonshommes sur la Lune avec leurs fringues comiques. Et puis le module lunaire – en allemand il s'appelait « l'Aigle ». En fait, ça devait être rigolo. Mais il paraît que moi, comme enfant difficile, j'ai encore fichu le boxon dans l'A.G. des parents, parce que je n'ai pas seulement gribouillé et peinturluré sur le mur les deux petits bonshommes – Armstrong et Aldrin, ils s'appelaient – mais aussi, comme je l'avais bien vu à la télé, le drapeau américain avec beaucoup d'étoiles et de bandes dessus qui flottait maintenant sur la Lune. Ça n'a évidemment pas plu aux étudiants, ceux qui étaient particulièrement à gauche en tout cas. Grande action pédagogique ! Mais moi, on n'arrivait à rien en m'expliquant gentiment. Et ma mère se rappelle qu'il n'y a eu qu'une minorité, les étudiants qui étaient seulement antiautoritaires et pas maoïstes ni révolutionnaires autrement, qui a voté contre quand le conseil des parents a décidé qu'il fallait effacer du mur les *« stars and stripes »*, comme dit encore ma mère, d'une manière carrément radicale. Non, ça ne m'a pas fait pleurer une seconde. Mais il paraît qu'il n'y a rien eu à faire quand un des étudiants – oui, il est quelque chose comme secrétaire d'État à Bonn, maintenant – a voulu me persuader de planter sur la Lune un drapeau rouge pétard. Je ne voulais pas. Pour moi, pas question. Non, j'avais rien contre le rouge. Mais à la télé c'était pas le rouge, c'était l'autre… Alors, comme cet étudiant ne voulait pas me lâcher, il paraît que j'ai vraiment fichu le bordel et que j'ai piétiné tous ces jolis crayons, ces craies et ces tubes, même ceux des autres enfants, tant et si bien que ma mère, qui nettoyait quand même la crèche tous les jours et qui était payée pour ça par les étudiantes, qui étaient aussi des mères, a eu ensuite le plus grand mal à gratter toute cette lavasse de couleurs sur le plancher, et c'est pour ça que quand elle rencontre des mères de cette époque, elle leur dit encore aujourd'hui : « Ma Carmen, hein, c'était vraiment une enfant à problèmes… »

Moi, en tout cas, mes enfants, si je peux encore en avoir, c'est sûr que je les élèverai autrement, normalement quoi, même si, c'est sûr, l'année où on est allés sur la Lune et où ma mère, juste après, a voté pour son Willy, c'était fou comme époque, à coup sûr, et qu'il m'arrive encore aujourd'hui de rêver très fort de notre crèche.

1970

Jamais mon journal ne me prendra ça. Ce qu'ils veulent, c'est le poids des mots. « Il assume la faute… », ou « Soudain, le chancelier s'agenouille… », ou une couche de plus : « L'Allemagne agenouillée ».

« Soudain » – tu parles. Bien monté, tout ça. Sûr que c'est le petit futé, là, son commissionnaire et négociateur, celui qui vend l'abandon de pays qui sont allemands depuis toujours comme si c'était une victoire, qui lui a soufflé ce brillant numéro. Et maintenant son patron, l'ivrogne, nous la fait à la catholique. Il s'agenouille ! Alors qu'il ne croit à rien. Que du cirque, tout ça ! Mais comme manchette, du point de vue journalistique, un tabac. Ça a fait l'effet d'une bombe. Jolie entorse au protocole. Tout le monde pensait que ça allait suivre le train-train habituel : on dépose la gerbe d'œillets, on arrange les rubans, on recule de deux pas, on baisse la tête, on lève de nouveau le menton, on fixe les yeux sur l'horizon lointain. Et on repart avec les gyrophares pour le château de Wilanow, le cantonnement de luxe, où attendent la bouteille et les verres de cognac. Eh bien non, il s'offre un petit extra : pas sur la première marche, ce qui n'aurait pratiquement présenté aucun risque, non, c'est direct sur le granit mouillé, sans s'appuyer, ni d'une main, ni de l'autre, rien qu'avec les genoux qu'il descend, en gardant les mains jointes devant la braguette, il fait une tête de vendredi saint, encore plus pontifical que le pape, il attend les déclics de la meute de photographes, il tient encore patiemment une bonne minute et puis il ne reprend pas le chemin le plus sûr – une jambe, puis l'autre –, non, il se relève d'un seul coup, comme s'il s'était entraîné, des jours et des jours devant sa glace, hop, et le voilà debout, avec l'air de celui que le Saint-Esprit est venu voir en personne, en regardant par-dessus nos têtes à tous, et qui vient de montrer pas seulement à la Pologne, mais au monde entier, comment on peut demander un pardon photogénique. C'était quand même du grand art. Même le temps de cochon s'était mis de la partie. Mais dit comme ça, en jouant méchamment sur la gamme cynique, mon journal ne me le prendra jamais, même si les patrons n'ont qu'une envie, c'est de voir partir ce chancelier de la génuflexion, aussi vite que possible, renversé, renvoyé par les électeurs, n'importe comment, mais vite !

Donc, je reprends mon élan et je fais rugir les grandes orgues : A l'endroit où se trouvait le ghetto de Varsovie, détruit avec une cruelle absurdité, brutalement effacé de la carte du monde en mai 1943, devant un mémorial où quotidiennement, comme en ce jour froid et humide de décembre, deux candélabres de bronze dardent une flamme déchirée par le vent, le chancelier d'Allemagne, solitaire, s'est agenouillé pour exprimer le remords de sa nation face aux atrocités commises par les nazis, prenant sur ses épaules le fardeau d'une faute incommensurable ; lui qui, précisément, ne l'a pas commise, il est tombé à genoux...

Voilà. Ça, tout le monde l'imprimerait. L'agneau de Dieu, le Christ des douleurs ! Peut-être un peu de couleur locale en supplément ? Quelques petites perfidies. Ça ne mange pas de pain. Par exemple quelque chose sur l'agacement des Polonais parce que l'hôte officiel s'est agenouillé non pas au monument du Soldat inconnu, un sanctuaire national ici, mais ni plus ni moins que chez les

Juifs ! Il suffit de poser quelques questions, de creuser un peu, pour que le vrai Polonais se révèle antisémite. Il n'y a pas si longtemps du tout, deux bonnes années, les étudiants polonais croyaient pouvoir faire les fous comme ceux de chez nous ou de Paris. Mais là, la milice, avec à sa tête le ministre de l'Intérieur Moczar, a fait matraquer ceux qu'on a appelé les « provocateurs sionistes ». Quelques milliers de permanents du parti, de professeurs, d'écrivains et autres grands intellectuels, juifs pour la plupart, ont été chassés, ont fait leurs valises et se sont carapatés vers la Suède ou Israël. Ça, plus personne n'en parle. Mais il est de bon ton de tout nous mettre sur le dos, à nous. Et on nous bassine d'« attitude catholique qui va droit au cœur de tous les Polonais sincères » quand ce traître à la patrie, qui a combattu contre nous, les Allemands, sous l'uniforme norvégien, vient ici avec toute une suite – le manager de Krupp, Beitz, quelques écrivains de gauche et autres grands intellectuels – pour servir aux Polaks notre Poméranie, notre Silésie et notre Prusse-Orientale sur un plateau, et par-dessus le marché, en *bis*, comme au cirque, tombe à genoux en moins de deux.

Ça n'a pas de sens. Ils ne l'imprimeront pas. Mon journal préférerait encore ne rien dire là-dessus. Communiqué d'agence et basta. Et puis qu'est-ce que ça me fait ? Moi, je viens de Krefeld, je suis un joyeux luron de Rhénanie. Qu'est-ce que j'ai à m'exciter ? Breslau, Stettin, Dantzig ? Je devrais m'en battre l'œil. Je vais tout simplement faire un topo d'atmosphère : sur le baisemain polonais, la beauté de la vieille ville, le château de Wilanow et quelques autres bâtiments de prestige qui sont reconstruits bien que la situation économique soit lamentable... rien dans les vitrines... Des queues devant toutes les boucheries... Et donc la Pologne attend les milliards de crédits que le chancelier génuflexeur a certainement promis à ses amis communistes. Cette espèce d'émigré !

Ce qu'il peut me déplaire ! Pas parce que c'est un enfant illégitime... Ce genre de choses peut arriver... Mais le reste... Toutes ses façons de faire...Et quand il s'est agenouillé, là, sous la bruine... Répugnant... Je le hais.

Oh, il ne va pas en croire ses yeux quand il va rentrer. Ils vont le mettre en morceaux, lui et ses traités avec les pays de l'Est. Pas seulement dans mon journal. – Mais c'était quand même du grand art, là, simplement, tomber à genoux.

1971

C'est vrai, on pourrait en faire un roman. C'était ma meilleure amie. On inventait toujours les choses les plus folles, même des dangereuses, mais cet accident, là… Ça a commencé quand des discothèques se sont ouvertes un peu partout et que moi, qui allais plutôt au concert et qui utilisais généreusement l'abonnement de ma mère au théâtre, parce qu'elle était déjà un peu malade, j'ai persuadé Uschi d'essayer un peu autre chose avec moi.

Elle était vraiment mignonne avec ses cheveux roux frisés et ses taches de rousseur sur le nez en trompette. Et puis son accent souabe – *« gell »*. Un peu effrontée, mais toujours spirituelle. A vous rendre jalouse, la façon dont elle allumait les garçons sans jamais s'engager dans quelque chose de sérieux, je me disais. Et à côté d'Uschi, je me faisais l'effet d'un boudin qui croit n'importe quoi.

Et pourtant, qu'est-ce que je me suis rempli les oreilles ! « Hold That Train… » Bob Dylan, bien sûr. Mais aussi Santana, Deep Purple. On était surtout fans des Pink Floyd. Ce qu'on a pu s'éclater avec « Atom Heart Mother ». Mais Uschi préférait le groupe Steppenwolf – « Born to be Wild ». Là, elle se laissait complètement partir. Moi, je n'y arrivais jamais tout à fait.

Non, ce n'était jamais vraiment extrême. Un joint qui tournait, encore un, pas plus. Et franchement, qui est-ce qui n'a jamais fumé à cette époque ? Il n'y avait jamais de vrai danger. Chez moi, de toute façon, le seuil d'inhibition était trop haut, parce que c'était juste avant mon examen terminal pour être hôtesse de l'air, et je travaillais déjà sur les lignes intérieures, si bien qu'il ne me restait pas beaucoup de temps pour les discos et que j'ai un peu perdu Uschi de vue, ce qui était regrettable, d'un côté, mais que je ne pouvais pas éviter, d'autant plus qu'à partir d'août 70, j'allais assez souvent à Londres avec la British European Airways et je venais de plus en plus rarement à Stuttgart, où j'ai eu des tas d'autres problèmes ensuite parce que ma mère était de plus en plus faible, d'autant que mon père... Mais parlons d'autre chose.

En tout cas, pendant mon absence, Uschi a dû passer à des substances plus dures, du shit du Népal sans doute. Et puis tout d'un coup elle était accro à la piqûre, elle s'injectait de l'héroïne. Que ça allait aussi loin, je n'ai appris tout ça que par ses parents, des gens gentils, sans rien de particulier. Son état s'est détérioré quand elle est tombée enceinte et qu'elle ne savait même pas de qui. On peut dire que c'était un vrai malheur pour elle, parce que la petite était encore en formation, une école d'interprètes, et qu'elle aurait aimé être hôtesse comme moi. « Bouger, voir le monde ! » Ah, quelle idée elle se faisait de ce job tellement dur, surtout sur les vols long-courriers. Mais, bon, Uschi était ma meilleure amie. Alors je l'ai encouragée : « Tu y arriveras peut-être, tu es encore jeune, hein... »

Et puis il est arrivé ça. Uschi voulait le garder, mais à cause de l'héro elle a quand même préféré avorter et elle est allée de docteur en docteur, pour rien évidemment. Quand j'ai voulu l'aider et l'envoyer en Angleterre, parce que là-bas, jusqu'au troisième mois, on pouvait faire quelque chose pour mille marks, et ensuite avec un petit supplément, que j'avais des adresses par une collègue, par exemple le Nursing Home de Cross Road et Pierson Consulting, et que je lui ai proposé en plus de lui payer le vol aller-retour et bien sûr les frais sur place avec la nuit, elle voulait, elle ne voulait pas, ce qui n'était certainement pas de ma faute, et elle est devenue de plus en plus difficile dans les rapports personnels.

Elle est ensuite allée avorter quelque part dans le Jura souabe, chez un de ces charlatans – il paraît que c'était un couple, lui avait un œil de verre. Vraiment, ça a dû être complètement extrême, avec une solution de savon de Marseille et une énorme injection directement dans le col de l'utérus. Ça n'a pas été long. Juste après la descente, tout est parti dans les toilettes. La chasse d'eau, carrément. Il paraît que c'était un garçon.

Tout ça, ça l'a davantage démolie que l'héroïne. Non, il faut partir du principe que c'est les deux, la dope dont elle n'arrivait pas à se passer, et ce voyage affreux chez les faiseurs d'anges, qui ont déglingué cette petite. Et malgré tout, elle a courageusement essayé de lutter. Mais elle n'arrivait pas à être vraiment clean, jusqu'à ce que par l'Association paritaire de bienfaisance je trouve finalement une adresse à la campagne, près du lac de Constance. Un « village thérapeutique », non, en fait c'était une grande ferme où un groupe d'anthroposophes carrément gentils étaient en train de monter une structure thérapeutique et où on essayait de désintoxiquer un premier groupe d'accros par des méthodes Rudolf Steiner, l'eurythmie, la peinture, le maraîchage biodynamique et l'élevage qui va avec.

C'est là que j'ai casé Uschi. Elle s'y plaisait, d'ailleurs. Elle recommençait un peu à rire et elle revivait vraiment, même si à la ferme il y avait des choses extrêmes aussi, à un autre niveau. Les vaches n'arrêtaient pas de s'échapper. Elles piétinaient tout. Et les toilettes ! L'indispensable manquait, parce que l'assemblée de Stuttgart leur refusait les subventions. Et il y avait d'autres chose qui ne marchaient pas, notamment dans les discussions de groupe. Mais ça ne dérangeait pas Uschi. Elle en riait, simplement. Même quand le bâtiment principal a brûlé parce que des souris, comme on s'en est aperçu après, avaient fait leur nid en mettant de la paille sur un tuyau de poêle qu'on ne voyait pas, ce qui a provoqué un feu sourd et finalement un véritable incendie, elle est restée là-bas pour aider à aménager un logement de fortune dans la grange, et tout se passait bien jusqu'au moment où un de ces magazines a fait sa une en très gros avec : « Nous avons avorté ! »

Malheureusement, c'est moi, un jour de visite, qui lui ai apporté ce reportage abondamment illustré avec cette couverture dingue, parce que je croyais que ça aiderait la petite de voir que plusieurs centaines de femmes, dont beaucoup avaient des noms célèbres, se dénonçaient avec leur photo d'identité : Sabine Sinjen, Romy Schneider, Senta Berger, etc., rien que des stars de cinéma qui chez nous étaient sur la liste des VIP. Naturellement, le Parquet aurait dû ouvrir une information, puisque c'était interdit. Il l'a fait d'ailleurs. Mais ces femmes qui avouaient, il ne leur est rien arrivé. Elles étaient trop haut placées. Ça se passe parfois comme ça. Mais mon Uschi, ce courage, ça l'a rendue « complètement high », comme elle disait, et alors elle a voulu participer à l'action et elle a écrit à la rédaction en envoyant sa photo d'identité et son C.V. On lui a refusé tout de suite en lui disant que sa description détaillée, héroïne plus charlatan, était trop extrême. Publier un cas aussi brutal ne ferait que nuire à la bonne cause. Plus tard, peut-être. Le combat contre le « paragraphe 218 » était loin d'être terminé.

C'est inconcevable. Cette routine arrogante ! Pour Uschi, c'était trop. Quelques jours après, elle a disparu. Nous l'avons cherchée partout. Ses parents et moi. Chaque fois que mon service me le permettait, je me mettais en route, j'ai fait toutes les discos. La petite s'était évaporée. Et quand on l'a finalement trouvée à la gare principale de Stuttgart, elle était dans les toilettes des femmes. L'overdose classique, le « golden shoot », comme on dit.

Évidemment, je me fais des reproches, aujourd'hui encore. Finalement, c'était ma meilleure amie. J'aurais dû la prendre par la main, aller à Londres avec elle, la faire entrer à Cross Road, payer d'avance, aller la récupérer ensuite, la cocooner, la soutenir moralement, hein, Uschi ? Et en fait notre petite fille aurait dû s'appeler Ursula, mais mon mari, qui est vraiment plein de compréhension et qui s'occupe de notre petite que c'en est touchant, parce que moi, je vole toujours sur BEA, mon mari a pensé qu'il valait mieux que j'écrive sur Uschi...

1972

Maintenant, je suis lui. Il habite à Hanovre-Langenhagen, il est instituteur. Lui – ce n'est plus moi – n'a jamais eu la vie facile. Au lycée, il s'est arrêté à la quatrième. Puis il a interrompu ses études de commerce. Il a été vendeur de cigarettes, il est monté jusqu'au grade de caporal pendant les douze mois de son service national, a essayé encore une fois dans une école de commerce privée mais n'a pas été autorisé à se présenter à l'examen final parce qu'il n'avait pas le bac. Il est parti pour l'Angleterre afin d'améliorer ses connaissances linguistiques. Il y a lavé des voitures. Il voulait apprendre l'espagnol à Barcelone. Mais ce n'est qu'à Vienne, où un ami a essayé de le renforcer par quelque chose comme la psychologie du succès, qu'il a retrouvé le courage, qu'il a pris un nouvel élan, est allé à Hanovre, à la formation permanente, et il y est arrivé, il a pu faire des études, même sans le baccalauréat, il a passé son examen d'instituteur, il est maintenant membre du syndicat Éducation et Science, et même président de la Commission des jeunes instituteurs, un homme de gauche pragmatique qui veut changer la société pas à pas, ce dont il rêve dans son fauteuil à oreilles déniché à bon prix dans quelque brocante. C'est alors qu'on sonne chez lui, Walsroder Strasse, deuxième étage droite.

Je – c'est lui – vais ouvrir. C'est une fille aux longs cheveux bruns qui veut me, lui parler. « Est-ce que deux personnes peuvent loger chez vous autres pour peu de temps ? » Elle dit « vous autres » parce qu'elle tient de je ne sais qui qu'il ou que je vis avec une amie. Il et moi disons oui.

Plus tard, dit-il, il m'est venu des doutes, et à mon amie aussi, au petit déjeuner. « Il y a tout à parier... », dit-elle. mais nous avons commencé par aller à l'école, car elle enseigne, comme moi, mais dans un collège polyvalent. Pour moi, il était prévu une excursion au Parc des oiseaux. C'est à proximité de Walsrode. Après, nous avions toujours des doutes : « Ils sont peut-être arrivés, entre-temps, parce que j'ai donné la clé de l'appartement à la fille aux cheveux longs... »

C'est pourquoi il en parle à un ami, comme j'en aurais moi-même, sans aucun doute, parlé à un ami de confiance. L'ami dit ce que l'amie disait déjà au petit déjeuner : « Appelle le 110... » Il fait le numéro (avec mon accord) et demande qu'on le mette en relation avec le Commando spécial BM. Les gens du commando dressent l'oreille, disent : « Nous allons exploiter vos indications », et ils le font, en civil. Ils ne tardent pas à aller examiner, avec le concierge, la cage d'escalier. A ce moment, une femme monte l'escalier dans leur direction avec un jeune homme. Le concierge leur demande qui ils cherchent. Ils vont chez l'instituteur. « Oui, dit le concierge, il habite au second, mais il n'est sans doute pas là. » Plus tard, le jeune homme revient, cherche une cabine téléphonique à l'extérieur, est arrêté au moment où il met des pièces, il porte un pistolet.

L'instituteur, sans aucun doute, est politiquement plus à gauche que moi. Quelquefois, quand il est assis dans son fauteuil à oreilles de la brocante, ce progressiste se transporte en rêve dans l'avenir. Il croit en un « processus d'émancipation des défavorisés ». Avec un professeur de Hanovre qui est presque aussi connu que Habermas dans les milieux de gauche et qui aurait dit à propos du BM : « Les fanaux que vous croyez installer avec vos bombes sont en réalité de fallacieux feux follets », il est à peu près d'accord : « Ces gens ont donné à la droite des arguments pour diffamer toute la palette de la gauche. »

C'est aussi mon avis. C'est pourquoi lui et moi, lui, instituteur et syndicaliste, moi exerçant une profession libérale, nous avons composé le 110. C'est pourquoi les fonctionnaires de la police criminelle du Land sont en ce moment dans un appartement qui est celui de l'instituteur et qui contient un fauteuil à oreilles déniché à la brocante. La femme qui a ouvert la porte lorsque les policiers ont sonné paraît plutôt malade avec ses cheveux courts ébouriffés et, amaigrie, ne ressemble en rien au portrait diffusé. Peut-être n'est-elle pas celle qu'on cherche. On l'a déjà dite morte plusieurs fois. Elle aurait succombé à une tumeur au cerveau, d'après ce qu'on a lu dans la presse. « Salauds ! » crie-t-elle quand on l'arrête. Mais ce n'est que quand les fonctionnaires du Commando spécial trouvent dans l'appartement un magazine ouvert à la page où est reproduite la radiographie du crâne de la personne recherchée qu'ils devinent qui ils ont entre les mains. Ensuite, ils trouvent d'autres choses dans l'appartement de l'instituteur : munitions, armes à feu, grenades offensives et un vanity-case, de marque Royal, qui recèle une bombe de quatre kilos et demi.

« Non, dit plus tard l'instituteur dans une interview, j'étais obligé d'agir ainsi. » Et moi aussi, je pense que, sans cela, il aurait été impliqué dans l'affaire avec son amie. Il dit : « Et pourtant j'ai ressenti un malaise. En fin de compte, avant qu'elle ne se mette à lancer des bombes, j'étais parfois d'accord avec elle. Par exemple avec ce qu'elle a écrit dans *Konkret* après l'attentat du grand magasin Schneider, à Francfort : "Le problème avec les incendies volontaires en tant que tels, c'est qu'ils peuvent mettre en danger des gens qui ne veulent pas être mis en danger..." Mais ensuite, à Berlin, quand

Baader a été libéré, elle a quand même participé, et un simple employé a été gravement blessé. Puis elle a disparu. Puis il y a eu des morts des deux côtés. Et puis elle est venue chez moi. Puis j'ai... Mais en fait, je pensais qu'elle n'était plus en vie. »

Lui, l'instituteur dans lequel je me vois, il veut maintenant donner la forte récompense de l'État qui lui revient, parce qu'il a composé le 110, il veut la donner pour l'organisation du procès, afin que tous ceux qui ont été appréhendés jusque-là, même Gudrun Ensslin, qui s'est fait remarquer en entrant à Hambourg dans une boutique chic, aient un procès loyal où, dit-il, « on démonte le contexte social... ».

Moi, je ne le ferai pas. C'est tout de même dommage, tout cet argent. Pourquoi seraient-ce ces avocats, ces Schily et consorts qui devraient en profiter ? Il ferait mieux de le donner à son école et aux autres, au profit des défavorisés dont il se soucie tant. Mais peu importe à qui il va donner l'argent – ce qui accable quand même l'instituteur, c'est qu'il restera l'homme qui a appelé le 110. Moi, c'est la même chose.

1973

Tu parles d'un choc salutaire ! Vous connaissez mes gendres, tous les quatre, mais vous les connaissez mal. Ce n'est pas avec mes filles qu'ils sont mariés, en douce c'est avec leurs voitures. Sans arrêt à les astiquer, même le dimanche. La moindre égratignure et ce sont les hauts cris. Ils n'arrêtent pas de parler de bagnoles de luxe, Porsche et tout ça, ils les regardent en coin comme des pin-up qu'on va se faire entre deux portes. Et maintenant la queue à chaque pompe. La crise du pétrole ! Ça leur a fichu un sacré coup, c'est moi qui vous le dis. Un choc, oui, mais salutaire, ça ! Évidemment, qu'ils ont fait des réserves. Tous les quatre. Et Gerhard, qui a toujours la santé à la bouche – « Surtout pas de viande ! Pas de graisses animales ! » – et qui ne jure que par le pain complet, il en a tellement respiré près du tuyau en remplissant les jerricans où il en avait aussi mis de côté qu'il a failli s'intoxiquer à l'essence. Vomissements, maux de tête. Il a bu des litres de lait. Et Heinz-Dieter, il a même rempli sa baignoire, ça puait partout dans l'appartement et la petite Sophie est tombée en syncope.

C'est quelque chose, mes gendres ! Les deux autres, ça ne vaut pas mieux. N'arrêtent pas de se plaindre de la limitation à 100. Et Horst, du moment qu'à son bureau on n'a pas le droit de dépasser dix-neuf degrés, il se croit obligé de trembler comme une feuille. Et ça n'arrête pas : « Tout ça, c'est la faute de ces marchands de tapis, de ces

Arabes ! » Après, ce sont les Israéliens, parce qu'ils se sont remis à faire la guerre et qu'ils ont énervé les Saoudiens. « Ça se comprend, il dit, Horst, qu'ils aient fermé le robinet du pétrole pour que, nous, on n'en ait pas assez, et peut-être pour longtemps… » Là-dessus, Heinz-Dieter est au bord des larmes : « Ça ne sert plus à rien d'économiser pour la nouvelle BMW, si on n'a plus le droit que de se traîner à 100 sur l'autoroute et à 80 sur les routes… » « C'est le nivellement socialiste. Ça ne m'étonne pas de ce Lauritz, qui n'a pas honte de se dire ministre des Transports… », il a hurlé, Eberhard – c'est l'aîné de mes gendres –, et ça démarrait pour une algarade avec Horst, qui est du parti – mais tout aussi fou de voitures : « Attendez, attendez, elles viendront bien un jour, les élections… » Ils se sont disputés comme des chiffonniers.

Alors j'ai dit : « Écoutez-moi tous ! Votre belle-mère autonome, qui a toujours marché à pied, a une idée formidable. » Parce que depuis la mort de Papa, mes filles étaient à peine sorties d'affaire, je suis chef de famille, et je trouve toujours à redire quand il le faut, mais c'est moi qui tiens tout mon petit monde ensemble et au besoin qui montre le chemin, quand par exemple une vraie crise énergétique dont les gens du Club de Rome nous avaient avertis nous tombe dessus pour de bon et que tout le monde se met à faire n'importe quoi. « Alors vous m'écoutez, tous tant que vous êtes, j'ai dit au téléphone, vous savez bien que je vois venir depuis toujours la fin du boom. Maintenant, on a les pieds dedans. Mais ce n'est quand même pas une raison pour se laisser aller aux idées noires, même si demain c'est le jour des Morts. De toute façon, comme tous les dimanches à l'avenir, il est strictement interdit de circuler. Alors on va faire une excursion en famille. A pied, bien sûr. On prend d'abord le tram, ligne 3, et au terminus, on marche, puisque nous avons de si belles forêts autour de Cassel. En avant pour le Habichtswald ! »

Quel tollé ! « Et s'il pleut ? – S'il pleut vraiment, on ne va que jusqu'au château de Wilhelmshöhe, on regarde les Rembrandt et les autres tableaux, et on redescend à pied. – On les connaît par cœur, ces vieilles croûtes. – Et qu'est-ce qu'on irait faire dans une forêt en novembre, quand il n'y a plus une seule feuille sur les arbres ? – S'il faut absolument qu'on passe la journée en famille, allons donc ensemble au cinéma... – Ou alors on se retrouve chez Eberhard, on fait un bon feu dans la cheminée du salon et on reste là tranquilles... »

« Rien du tout, j'ai dit. Pas de faux-fuyants. Les enfants sont déjà tout contents. » Et c'est comme ça que tous ensemble, sous la bruine au début, en imper et bottes de caoutchouc, nous sommes descendus au terminus « Vallée de la Drusel » et entrés dans le Habichtswald, qui a sa beauté même quand il n'y a pas de feuilles. Deux heures durant, nous sommes montés et descendus. Nous avons même vu de loin des chevreuils, qui regardaient puis qui s'enfuyaient. Et j'ai expliqué les arbres aux enfants : « Ça, c'est un hêtre. Et ça, c'est un chêne. Et les résineux là-haut, ils sont déjà rongés au sommet. Ça vient de l'industrie et des autos, qui sont bien trop, bien trop nombreuses. Ce sont les gaz d'échappement qui font ça, vous comprenez ? »

Et ensuite j'ai montré aux enfants les glands et les faînes des hêtres, et je leur ai raconté que, pendant la guerre, nous les ramassions. Et nous avons vu des écureuils qui montaient et descendaient sur les troncs. Ah, que c'était beau ! Mais ensuite, comme il commençait à pleuvoir plus fort, nous nous sommes réfugiés dans une auberge où moi, la méchante belle-mère et la gentille mamie, j'ai invité tout le clan à un café-gâteaux. Pour les enfants, il y avait de la limonade. Et bien sûr, il y avait aussi du schnaps. J'ai taquiné mes gendres : « Aujourd'hui, même les automobilistes ont le droit. » Et les enfants ont voulu que je leur raconte tout ce qui manquait d'autre pendant la guerre, pas seulement l'essence, et comment avec les faînes, une fois qu'on les avait bien décortiquées, on pouvait faire une bonne huile comestible.

Mais ne me demandez pas ce qui s'est passé ensuite. Vous ne connaissez pas mes gendres. Comme reconnaissance ! Ils ont râlé : à quoi ça servait de traîner comme ça par un temps de cochon ? Et puis avec mon « éloge sentimental de la pénurie » je leur avais donné un mauvais exemple. « On n'est pas à l'âge de pierre ! » il a hurlé, Heinz-Dieter. Et Eberhard, qui se dit libéral pour un oui, pour un non, a eu une vraie scène avec Gudrun, mon aînée, tant et si bien que finalement il est parti de la chambre avec ses draps. Et devinez où le pauvre est allé dormir ? Exact, dans le garage. Dans sa vieille Opel que, d'habitude, il passe le dimanche à bichonner.

1974

Que se passe-t-il, quand on se voit double sur le petit écran ? En fait, celui qui a l'habitude de rouler sur deux files en même temps ne devrait pas se sentir mal à l'aise quand, en des occasions particulières, il se retrouve en face d'un moi à cinquante-cinquante. On n'est que modérément étonné. On a appris non seulement pendant sa dure formation, mais aussi grâce aux enseignements de la pratique, à se gérer, à gérer ces deux sortes de moi. Et plus tard, une fois qu'on s'est tapé ses six ans à la centrale de Rheinbach et qu'enfin, après un procès interminable, la chambre d'application des peines vous a accordé l'autorisation de faire fonctionner votre propre poste de télévision, il y a longtemps qu'on est conscient de son existence jumelle, ou plutôt tranquillement installée dans la gémellité ; mais en 74, quand on n'était encore qu'en détention provisoire à la maison d'arrêt de Cologne-Ossendorf et que le souhait d'un appareil de télévision dans sa cellule était certes exaucé sans histoires, mais seulement pour la durée de la Coupe du monde de football, ce qui se passait sur l'écran m'a tout de même écartelé à plusieurs égards.

Non pas quand les Polonais ont abattu par une pluie de déluge un jeu fantastique, ni lorsqu'on a gagné contre l'Australie et obtenu quand même un match nul devant le Chili, non, c'est arrivé quand l'Allemagne a joué contre l'Allemagne. Pour qui était-on ? Pour qui étions-nous, moi ou moi ? Pour quelle équipe pousser des cris ? Quelle Allemagne était-elle victorieuse ? Quel conflit intérieur a éclaté en moi, quels champs magnétiques tiraient chacun de son côté quand Sparwasser a marqué le but ?

Pour nous ? Contre nous ? Puisqu'on me charriait tous les matins à Bad Godesberg pour les interrogatoires, la Criminelle aurait pu savoir que ce genre d'écartèlement ne m'était pas étranger. En fait, ce n'était pas un écartèlement, mais un comportement adapté à la division de l'Allemagne en deux États, et que l'on avait le double devoir de suivre. Tant qu'il m'a été donné de faire doublement mes preuves, en des situations solitaires, dans le rôle du conseiller en qui le chancelier avait le plus confiance, mais aussi dans celui du négociateur, je résistais à cette tension et ne la vivais pas comme un conflit, d'autant que le chancelier n'était pas le seul à être satisfait de mes performances : la centrale berlinoise, par l'intermédiaire de correspondants, me faisait part, elle aussi, de sa satisfaction, et j'étais couvert d'éloges en haut lieu – le camarade Mischa – pour mon activité. On était certain qu'entre lui, qui se concevait comme le « chancelier de la paix », et moi, qui accomplissais ma mission d'« éclaireur de la paix », il existait une symbiose très productive. C'était une belle époque, celle où, s'agissant de paix, les grandes dates de la vie du chancelier coïncidaient avec les rendez-vous de son conseiller.

Mais voilà que j'eus l'impression d'être tiré à hue et à dia lorsque le 22 juin, au Volksparkstadion de Hambourg, fut sifflé devant soixante mille spectateurs le coup d'envoi du match RDA-RFA. La première mi-temps fut exempte de but, cependant quand il s'en fallut d'un cheveu, à la quarantième minute, pour que le petit et agile Müller ne permît à la République fédérale de mener mais il ne toucha que le poteau, je faillis tomber en extase au milieu de ma cellule et hurler : But, but, buuut ! dans un hymne à l'État de l'Ouest ; de même que je fus au bord de l'allégresse quand Lauck, qui dribbla Overath comme il mit plus tard dans le vent Netzer lui-même, manqua de très peu la cage des fédéraux.

A quelle douche écossaise on se voyait soumis ! Même les décisions de l'arbitre uruguayen, on les accompagnait de commentaires partisans dont bénéficiait tantôt l'une, tantôt l'autre des Allemagnes. Je dus constater chez moi une sorte d'indiscipline, comme une division. Et pourtant, j'avais parfaitement réussi, le matin, quand j'avais été interrogé par le commissaire Federau, à ne pas m'écarter du texte préétabli. Il s'agissait de mon activité à la section du SPD de Hesse-Sud, où l'on me considérait comme un camarade certes compétent, mais conservateur. J'avouai volontiers appartenir à l'aile droite des socialistes, aux positions plus pragmatiques. Ensuite, je me vis confronté aux accessoires, confisqués, de mon laboratoire photo. Dans ces cas-là, on nie, on se réfère à son ancienne activité de photographe professionnel, on parle de photos de vacances, le hobby qui en subsiste. Mais ensuite apparurent ma très performante caméra super-8 et deux cassettes contenant un matériel particulièrement solide et à haute sensibilité, « spécialement conçu pour les activités d'espionnage », disait-on. Bon, ce n'était pas une preuve, tout au plus un indice. Comme je parvins à ne pas quitter mon texte, je revins tranquillisé dans ma cellule pour y attendre joyeusement le match.

Personne n'aurait soupçonné qu'il y avait en moi un fanatique de football. Jusque-là, je ne savais même pas que Jürgen Sparwasser avait du succès comme joueur de Magdebourg. Mais à présent, il était là, et je le vis, à la soixante-dix-huitième minute, sur une passe de Hamann, avancer la balle par une tête, doubler Vogts, garçon coriace, laisser encore Höttges sur place et mettre dans le filet une balle irrattrapable pour Maier.

Un à zéro pour l'Allemagne. Laquelle ? La mienne ou la mienne ? Oui, j'ai sans doute hurlé dans ma cellule : But, but, buuut ! – mais en même temps le retard de l'Autre Allemagne me faisait mal. Quand Beckenbauer a essayé de reconstruire sans cesse l'attaque, j'ai encouragé le onze fédéral. Et j'ai exprimé sur une carte postale envoyée à mon chancelier, qui, évidemment, n'a pas été renversé par nous, mais fort probablement par Nollau, et surtout Wehner et Genscher, mes regrets quant à l'issue de la partie, de même que je lui écrivis plus tard encore pour les fêtes et le 18 décembre, son anniversaire. Mais il ne répondit pas. On peut être sûr, cependant, que lui aussi a accueilli le but de Sparwasser avec des sentiments mêlés.

1975

Une année comme une autre ? Ou déjà de plomb, et nous, rendus sourds par nos propres cris ? Je ne parviens à me souvenir que confusément, ou tout au plus d'une agitation sans but, parce que sous mon toit, à Friedenau ou à Wewelsfleth-sur-la-Stör, la paix des familles allait à vau-l'eau, parce qu'Anna, parce que moi, parce que Veronika, si bien que les enfants faisaient la gueule ou allaient voir ailleurs, et que moi, je m'étais réfugié dans mon manuscrit – où, sinon ? –, j'avais disparu dans la masse turgescente et chaude du *Turbot*, je descendais maintenant l'escalier des siècles et séjournais auprès de neuf cuisinières et plus, qui – tantôt sévères, tantôt indulgentes – me tenaient sous leur cuillère tandis que loin de mes sentiers de fuite le présent se déchaînait et que partout, dans les cellules de Stammheim ou autour du chantier nucléaire de Brokdorf, la violence perfectionnait ses méthodes, mais que pour le reste, depuis que Brandt n'était plus là et que Schmidt, devenu chancelier, nous dégrisait tous, il ne se passait pas grand-chose ; sauf sur l'écran, où l'on se bousculait plutôt.

Il faut s'y résigner : cette année-là n'avait rien de particulier, sinon que les quatre ou cinq citoyens de l'Ouest que nous étions se sont fait contrôler à la frontière, puis ont rencontré à Berlin-Est cinq ou six citoyens de l'Est qui étaient également venus avec un manuscrit sur le cœur, de Halle, même, pour Rainer Kirsch et Heinz Czechowski. Au début, nous restions des heures entières chez Schädlich, puis chez Sarah Kirsch ou Sibylle Hentschke, chez celui-ci ou celui-là, où, après le café et les gâteaux (et les usuelles taquineries Est-Ouest), nous nous lisions des poèmes, rimés ou sans rime ni raison, des chapitres trop longs et de brèves nouvelles, tout ce qui, en ce temps-là, était en chantier des deux côtés du Mur et, dans le détail, était censé signifier le monde.

Ce rituel, le contrôle frontalier plus ou moins prolongé, le trajet jusqu'au point de rendez-vous (chemin du Petit-Chaperon-Rouge ou rue de Lenbach), les chamailleries, tantôt spirituelles, tantôt soucieuses, et les élégies interallemandes, puis sous forme de lecture le flot d'encre d'auteurs possédés par la fureur d'écrire, et ensuite la critique, en partie vive, en partie taciturne, ce fantôme, réduit à l'intime, du « groupe 47 », enfin, peu avant minuit, le départ précipité (contrôle à la gare de la Friedrichstrasse) – tout cela est-il le seul événement durable dans le calendrier de cette année-là ?

Très loin et tout près, Saigon tomba sur nos écrans. Les derniers Américains quittaient le Vietnam dans la panique, depuis le toit de leur ambassade. Mais cette fin était prévisible et n'avait pas fait le sujet de nos conversations autour des gâteaux, le *Streuselkuchen* et le *Bienenstich*. Ou le terrorisme de la Fraction Armée rouge qui ne frappait pas seulement à Stockholm (prise d'otages), mais aussi, à présent, entre les détenus de Stammheim eux-mêmes, jusqu'au moment où Ulrike Meinhof se pendit ou fut pendue dans sa cellule. Mais même cette question à la vie longue ne semble pas avoir particulièrement préoccupé notre réunion de porte-plumes. Nouveaux, tout au plus, après la sécheresse de l'été, ces incendies sur la lande de Lunebourg au vaste cours desquels cinq pompiers, emprisonnés par les flammes, trouvèrent la mort.

Cela non plus n'était pas un sujet Est-Ouest. Mais peut-être, avant que Nicolas Born ne nous fît une lecture

« détournée de la terre », que Sarah ne prêtât son accent berlinois à ses poèmes de la Marche, que Schädlich ne nous perturbât avec l'une de ces histoires qui sont parues plus tard à l'Ouest sous le titre *Tentative d'approche* et que moi-même je ne misse à l'épreuve un fragment du *Turbot*, peut-être avons-nous considéré comme une nouveauté l'événement qui avait fait, dans la partie ouest de la ville, les manchettes du mois de mai : sur la Gröbenufer, dans le quartier de Kreuzberg, près du check-point Oberbaumbrücke, un petit Turc de cinq ans (Cetin) était tombé dans le canal de la Spree qui faisait la frontière entre les deux moitiés de la ville, raison pour laquelle personne, ni la police de Berlin-Ouest, ni les matelots de l'Armée populaire sur leur vedette de surveillance, n'avait voulu ou pu porter secours au gamin. Comme personne, à l'Ouest, n'avait pris le risque de se jeter à l'eau, et que, à l'Est, il fallait attendre la décision d'un officier supérieur, le temps était passé, jusqu'à ce qu'il fût trop tard pour Cetin. Quand enfin les pompiers eurent l'autorisation d'aller récupérer le cadavre, sur la berge occidentale du canal, les femmes turques avaient entonné leur psalmodie funèbre, qui avait résonné longtemps et qu'on entendait, disait-on, jusque dans les profondeurs de l'Ouest.

Qu'aurions-nous pu nous raconter encore autour du café et des gâteaux en cette année qui se déroulait comme une autre ? En septembre, lorsque nous nous retrouvâmes avec des manuscrits en main, la mort de l'empereur d'Éthiopie – était-ce un assassinat, était-ce un cancer de la prostate ? – m'aurait donné la possibilité de mettre sur la table un souvenir d'enfance. Dans les « Actualités parlantes Fox », le spectateur de cinéma en moi avait vu le négus Hailé Sélassié visitant un port (celui de Hambourg ?) dans une barcasse sous une bruine typique. De petite taille, barbu, avec un casque colonial trop grand, il était debout sous un parasol que tenait un serviteur. Il avait l'air triste, ou soucieux. Ce devait être en 35, peu avant que les soldats mussoliniens n'envahissent l'Abyssinie, comme on appelait l'Éthiopie à cette époque. Enfant, j'aurais volontiers eu le négus pour ami et je l'aurais accompagné lorsque la supériorité des Italiens l'a obligé à fuir de pays en pays.

Non, je ne suis pas sûr qu'il ait été question du négus dans nos rencontres Est-Ouest, ni même de Mengistu, le tout nouveau souverain communiste. Ce qui est sûr, c'est que, dans le hall du contrôle frontalier, nous devions présenter nos papiers et le visa d'entrée avant minuit. Et ce qui est tout aussi sûr, c'est qu'à Berlin-Ouest comme à Wewelsfleth, partout où je cherchais un toit avec mon *Turbot* fragmentaire, il y avait de l'eau dans le gaz.

1976

Où que nous fussions, à Berlin-Est, nous pensions être écoutés. Partout, sous les plâtres, dans le plafonnier et jusque dans les pots de fleurs, nous soupçonnions des micros soigneusement mis en place, et c'est pourquoi nous bavardions avec ironie de la sollicitude de l'État et de son inextinguible besoin de sécurité. Distinctement, avec une lenteur qui aurait permis de prendre sous la dictée, nous livrions des secrets qui révélaient le caractère fondamentalement subversif de la poésie lyrique et attribuaient à l'utilisation ciblée du subjonctif des visées de comploteurs. Nous donnions à la Boîte, comme on appelait familièrement la Sécurité de l'État des Ouvriers et des Paysans (la Stasi), le conseil de demander une aide administrative à la concurrence (Pullach ou Cologne) s'il s'avérait que nos subtiles trouvailles intellectuelles et nos métaphores décadentes ne pouvaient être déchiffrées que de façon transfrontalière, c'est-à-dire dans une coopération interallemande. Nous nous amusions avec arrogance de la Stasi et suppositions – moitié sérieusement, moitié pour rire – qu'il y avait au moins un espion dans notre cercle, et nous nous assurions l'un l'autre que, « dans le principe », chacun était soupçonné.

Vingt ans plus tard, Klaus Schlesinger, ayant passé au crible dans les locaux de l'autorité qui signe du nom de « Gauck » (l'ancien pasteur du Neues Forum qui la dirige) toute l'attention que la Stasi lui avait consacrée, m'a envoyé quelques rapports d'indicateurs sur nos conspirations du milieu des années soixante-dix. Mais on n'y trouvait pas grand-chose : qui avait rencontré qui devant la librairie près de la gare de Friedrichstrasse, qui avait embrassé qui en se disant au revoir ou remis des cadeaux de bienvenue, par exemple des bouteilles dans un emballage bariolé, avec la Trabant de qui (numéro d'immatriculation) les personnes concernées étaient allées où, dans quel immeuble (rue, numéro) toutes les personnes surveillées avaient disparu et à quel moment – après plus de six heures de surveillance de la cible – tous avaient quitté cette « cible », qui était une maison, pour partir dans différentes directions (les ressortissants de l'Ouest dans celle du poste frontière), certains en riant et en faisant du bruit, après une consommation d'alcool manifestement importante.

Donc pas de micros. Pas d'espion dans notre cercle. Il n'y avait pas un mot sur nos lectures à haute voix. Rien – quelle déception ! – sur le matériau explosif que représentait la poésie avec et sans rimes. Et aucune allusion à nos bavardages subversifs autour du café-gâteaux. C'était donc en vain que les ressortissants de l'Ouest avaient donné leur opinion sur la sensation provoquée par le nouveau film *Les Dents de la mer*, qui passait dans l'un des cinémas du Ku'damm. Nos supputations sur les procès des colonels de la junte, qui traînaient en longueur à Athènes, n'avaient pas trouvé d'oreilles. Et quand nous faisions rapport à nos amis des batailles auxquelles donnait lieu la centrale atomique de Brokdorf – moi-même en bon connaisseur de l'endroit – où la police avait mis en œuvre pour la première fois, et tout de suite avec succès, la « matraque chimique » qui avait fait ses preuves en Amérique, puis, avec des hélicoptères volant en rase-mottes, avait pris en chasse des milliers de manifestants civils à travers les polders de la Wilstermarsch, les autorités de l'Est avaient une fois de plus négligé de s'informer sur l'efficacité des méthodes de la police occidentale.

A moins que pas un mot de Brokdorf n'ait été prononcé dans notre cercle ? Est-il possible que nous ayons épargné nos collègues isolés de l'autre côté du Mur, que nous n'ayons pas voulu ternir l'image plus ou moins intacte qu'ils avaient de l'Ouest, que nous leur ayons caché l'utilisation de la matraque chimique et évité la description par trop déprimante de policiers en train de frapper, de tabasser jusqu'à des femmes et des enfants ? Je présume plutôt que Born, ou Buch, ou moi, avons mentionné avec une technicité appuyée le gaz imprononçable (chloracétophénone) dont étaient remplies les bombes aérosols utilisées, et l'avons mis en relation avec le gaz qui était déjà en usage pendant la Première Guerre mondiale sous le nom de croix-blanche, et que là-dessus Sarah ou Schädlich, Schlesinger ou Rainer Kirsch ont exprimé l'avis que la police populaire n'était pas encore aussi avancée dans son équipement, mais qu'on pourrait y remédier dès qu'on aurait un peu plus de devises, sachant que, dans le principe, l'Est pouvait tout à fait souhaiter pour lui-même tout ce à quoi parvenait l'Ouest.

Spéculations inutiles. Rien de tout cela ne se trouve dans les documents de Schlesinger. Et ce qui ne s'y trouve pas n'a jamais existé. Alors que chacun des faits consignés avec indication de temps, de lieu et bref signalement des personnes était un fait, qui avait du poids, qui exprimait une vérité. C'est ainsi que je pus lire dans le paquet-cadeau de Schlesinger – c'étaient des photocopies – que, lors d'une de mes visites à Berlin-Est où j'étais surveillé jusqu'à la porte de l'immeuble, j'étais accompagné d'une personne – de sexe féminin, de haute taille et aux boucles blondes – qui, selon les compléments apportés par le contrôle aux frontières, était née à Hiddensee, île de la Baltique, avait avec elle son tricot mais passait jusqu'à ce jour pour inconnue dans les milieux littéraires.

Voilà comment Ute fit son entrée dans les documents officiels. Depuis, elle est un fait. Aucun rêve n'est capable de me la prendre. Car désormais je n'étais plus obligé d'aller sans cesse de l'eau dans le gaz et inversement. Bien plutôt, j'écrivis sous sa protection chapitre après chapitre sur la peau granuleuse du *Turbot* et fis, dès que nous étions ensemble, d'autres lectures aux amis, quelque chose de gothique sur les « harengs de Schonen » peut-être, ou une allégorie baroque, *Du fardeau des temps de misère*. Mais ce que Schädlich, Born, Sarah et Rainer Kirsch ou moi-même, nous avons lu réellement à différents endroits ne figure pas dans les papiers de Schlesinger : cela n'est donc pas un fait et n'a la bénédiction ni de la Stasi, ni de l'administration de Gauck ; tout au plus peut-on présumer que, quand Ute en fut un, je lus le conte à épisodes *L'Autre Vérité* et Schädlich, dès cette époque ou seulement un an plus tard, le début de son *Tallhover*, l'histoire de l'espion immortel.

1977

Cela a eu des conséquences. Mais qu'est-ce qui n'a pas eu de conséquences ? Une terreur qui a inventé sa contre-terreur. Et des questions qui sont restées sans couvercle. C'est ainsi que je ne sais toujours pas, aujourd'hui encore, comment les deux revolvers chargés avec lesquels Baader et Raspe se sont, paraît-il, suicidés à Stammheim sont entrés dans le quartier de haute sécurité, ni comment Gudrun Ensslin a pu se pendre avec un fil de haut-parleur.

Cela a eu des conséquences. Mais qu'est-ce qui n'a pas eu de conséquences ? Par exemple, l'année précédente, la privation de nationalité infligée au chansonnier Wolf Biermann, à qui manqua alors l'État des Ouvriers et des Paysans et – dès qu'il se mit à chanter sur les scènes de l'Ouest – une caisse de résonance. Je le vois encore dans la Niedstrasse, à Berlin-Friedenau, où, au cours d'une tournée avec autorisation officielle, il avait commencé par parler gaiement de lui à notre table, du véritable communisme, et encore de lui, et où ensuite, dans mon atelier, avec une guitare et devant un petit public – Ute, les nombreux enfants et leurs amis –, il répétait son tour de chant pour le grand récital de Cologne qu'on lui avait fait la grâce de lui permettre, et tel que, le lendemain, nous l'avons revu « *live* » à la télévision ; car tout, chaque cri contre l'arbitraire du parti au pouvoir, toutes les dérisions que lui arrachait l'espionnite propriété du Peuple, chaque accord inattendu, chaque sanglot sur le communisme trahi, trahi par les camarades dirigeants, chaque étranglement de douleur, tout avait été soigneusement répété, jusqu'au début d'enrouement douloureux, jusqu'aux mots de la promesse spontanée, chaque battement de cil, chaque mimique de clown ou de souffrance, dis-je, avaient été soigneusement répétés, depuis des mois, des années, aussi longtemps qu'une stricte interdiction de se produire en dehors de son trou (en face de la « Représentation permanente ») lui avait imposé le mutisme, il avait répété, travaillé numéro par numéro son grand spectacle, car tout ce qui bouleversait à Cologne la masse de spectateurs-auditeurs en avait fait autant la veille pour un petit public. Tant il était riche d'intentionnalité bien rodée. Tant il voulait être sûr de frapper juste. Et tant était éprouvé le courage qui passait maintenant la rampe.

A peine avait-il été privé de sa nationalité que, tous, nous pensions qu'un pareil courage aurait des conséquences et ferait désormais ses preuves à l'Ouest. Mais il ne se produisit plus grand-chose. Plus tard, beaucoup plus tard, quand le Mur tomba, il fut vexé que cela se fût passé sans qu'il y fût pour rien. On l'a récemment honoré du Prix national.

C'est après l'expulsion de Biermann qu'eut lieu notre dernière réunion à l'Est. Au début, nous nous sommes fait la lecture (selon une habitude bien établie) dans la maison de Kunert, envahie de chats, puis il s'en ajouta d'autres qui avaient publiquement protesté contre l'expulsion de Biermann et qui tentaient maintenant d'assumer les conséquences de leur protestation. L'une de celles-ci fut que beaucoup (pas tous) se virent contraints de demander l'autorisation d'émigrer. Les Kunert partirent avec leurs chats. Sarah Kirsch et Jochen Schädlich avec leurs enfants, leurs livres et leurs meubles.

Cela aussi eut des conséquences. Mais qu'est-ce qui n'a pas de conséquences ? Plus tard, Nicolas Born nous fut enlevé par la mort. Plus tard, beaucoup plus tard, nos amitiés se brisèrent : les aléas de l'unification. Mais les manuscrits dont nous nous étions lu des passages arrivèrent sur le marché. Le *Turbot*, lui aussi, gagna la haute mer. Ah oui – et c'est à la fin de 1977 que mourut Charlie Chaplin. De sa démarche de canard, il partit vers l'horizon, il s'en alla, tout simplement, sans avoir de successeur.

1978

Certes, mon révérend, j'aurais dû venir plus tôt épancher tout mon cœur. Mais j'ai la ferme conviction que pour les enfants, ça s'arrangera. Mon mari et moi, nous étions sûrs qu'ils ne manquaient de rien, que tous les deux se sentaient aimés. Et depuis que nous habitions dans la villa de mon beau-père – c'était lui qui l'avait demandé, du reste – on avait effectivement l'impression qu'ils étaient heureux, en tout cas satisfaits. La grande maison. Le vaste parc avec ses vieux arbres. Et bien que nous soyons un peu à l'écart, vous savez, mon révérend, que ce n'est pas loin du centre-ville. Leurs camarades de classe venaient constamment les voir. Les garden-parties étaient toujours très gaies. Même mon beau-père, notre cher Papy, que les enfants adoraient, était ravi de tout ce mouvement. Et puis tout d'un coup ils ont dérapé. Ça a commencé par Martin. Mais Monika s'est empressée de faire mieux que son frère. D'un jour à l'autre, le gosse avait le crâne rasé, avec juste un plumeau au-dessus du front. Et la petite a teint ses beaux cheveux blonds moitié en lilas, moitié en vert pomme. Bon, ça, nous aurions pu nous en accommoder – c'est ce que nous avons fait d'ailleurs –, mais quand les gamins ont commencé à se montrer dans ces effrayantes guenilles, ça nous a tout de même fait un choc – à moi plus qu'à mon mari, d'ailleurs. Tout d'un coup, Martin, qui se donnait plutôt des allures snob jusque-là, portait des jeans en lambeaux, suspendus par une chaîne rouillée. Et avec ça un blouson noir à clous qui tenait par un cadenas monstrueux sur la poitrine. Et notre Moni est apparue dans une combinaison de cuir toute râpée et se promenait en gros godillots à lacets. Et par-dessus le marché, il sortait de leurs deux chambres cette musique, si on peut appeler comme ça cette espèce de vacarme agressif. Dès le retour du lycée, c'était parti pour le tohu-bohu. Sans aucun souci de nous ni de notre Papy qui, depuis qu'il était à la retraite, avait besoin de beaucoup de calme, du moins c'est ce que nous pensions, dans notre naïveté...

Oui, mon révérend. C'est comme ça que s'appelle cette chose qui vous casse les oreilles, ou dans ce genre-là, Sex Pistols. Mais vous semblez vous y connaître. Mais si, mais si. Nous avons tout essayé. Les raisonner, avec une certaine rigueur tout de même, évidemment. Mon mari, qui est la patience incarnée, a même essayé de les priver d'argent de poche. Rien n'y a fait. Les enfants toujours dehors et en mauvaise compagnie. Évidemment, leurs camarades de classe, tous de bonne famille, ne venaient plus. C'était l'enfer, parce que désormais ils amenaient à la maison ces espèces d'individus, ces... *punks*. On n'était à l'abri nulle part. Il y en avait partout sur les tapis. Ils se vautraient même dans les fauteuils du fumoir. Et un langage d'un ordurier ! Voilà la vérité, mon révérend. Sans arrêt ces discours sur le « *no future* », jusqu'à ce que, comment dire, notre Papy perde brusquement la tête. D'un jour à l'autre. Mon mari et moi, nous étions abasourdis. Parce que mon beau-père...

Mais vous le connaissez. Cet homme élégant, soigné – la discrétion en personne –, avec ce charme de vieux monsieur et ce léger humour, jamais blessant, qui, depuis qu'il s'était retiré de toutes ses activités bancaires, ne vivait plus que pour la musique classique, ne quittait pratiquement plus ses appartements, ne s'installait que de temps à autre sur la terrasse, perdu dans ses pensées, comme s'il avait totalement oublié le grand financier qu'il a été – vous savez certainement, mon révérend, qu'il faisait partie des dirigeants de la Deutsche Bank –, lui qui ne parlait jamais de lui-même ni de sa longue carrière, la discrétion même en complet rayé... Car le jour, quand j'étais jeune mariée encore, où je l'ai interrogé sur ses activités professionnelles pendant cette horrible période de la guerre, il m'a répondu avec une légère ironie, comme il faisait toujours : « C'est un secret bancaire », et même Erwin, qui est dans la banque lui aussi, ne sait pas grand-chose des étapes de son enfance, et encore moins du parcours professionnel de son père, qui comme je le disais, mon révérend, d'un jour à l'autre ne fut plus le même.

Imaginez un peu : au petit déjeuner, il nous surprend – non, il nous donne un choc – en arrivant dans cette tenue épouvantable ! Il a rasé ses beaux cheveux gris, qui étaient restés drus malgré son grand âge, en ne laissant qu'une bande centrale toute hérissée, et ce misérable résidu, par-dessus le marché, il l'a teint en rouge ! Et avec ça, vraiment en accord, il porte une espèce de tunique faite manifestement, en cachette, de pièces et de morceaux, avec des restes de tissus noirs et blancs, et le vieux pantalon rayé qu'il mettait autrefois dans les conseils d'administration. Il avait l'air d'un prisonnier. Et tout, tout, les bandes de tissu et même la braguette, était tenu par des épingles de sûreté. De la même façon – ne me demandez pas comment il avait fait –, il s'en était passé deux, particulièrement grandes, à travers le lobe des oreilles. Pour couronner le tout, il avait dû dénicher quelque part des menottes, qu'il portait chaque fois qu'il mettait le pied dehors.

Mais oui, mon révérend. Personne ne pouvait le retenir. Il était constamment à l'extérieur, il s'exposait à la risée générale, non seulement ici, à Rath, mais au centre, et jusque sur la Königsallee. C'est comme ça qu'il n'a pas tardé à avoir autour de lui toute une horde de ces punks, avec lesquels il terrorisait le quartier jusqu'à Gerresheim. Non, mon révérend, même quand Erwin lui faisait des reproches, il disait : « Monsieur Abs sort. Monsieur Abs doit reprendre la Böhmische-Unionbank et la Wiener Creditanstalt. Au surplus, monsieur Abs doit prochainement aryaniser d'importantes entreprises à Paris et à Amsterdam. On a prié monsieur Abs, comme pour la banque Mendelssohn, d'user de discrétion. Monsieur Abs est connu pour cette qualité et ne souhaite pas être interrogé davantage... »

Voilà le genre de choses, et pis encore, qu'il nous fallait entendre tous les jours, mon révérend. Tout à fait : notre Papy s'identifie d'un bout à l'autre avec son ancien patron, auquel il dit avoir été lié, et pas seulement dans la phase de reconstruction de l'après-guerre, oui, oui, Hermann Josef Abs, qui a conseillé en son temps le chancelier pour des affaires financières importantes. Qu'il s'agisse de ces pénibles questions de réparations qui concernent IG Farben, ou d'autres réclamations en provenance d'Israël, il prétend toujours être le négociateur de M. Adenauer. Et puis c'est : « Monsieur Abs rejette toutes ces revendications. Monsieur Abs fera en sorte que nous conservions notre crédit... » Et c'est comme ça que ces affreux punks l'appelaient dès qu'il quittait la villa : « Papa Abs ! » Et nous, il nous disait en souriant : « Ne vous inquiétez pas. Monsieur Abs part simplement en voyage d'affaires. »

Les enfants ? Vous n'allez pas le croire, mon père. D'un jour à l'autre, ils étaient guéris, tellement notre Papy les a choqués. Monika a fourré à la poubelle sa combinaison de cuir et ces horribles croquenots à lacets. Elle prépare son bac. Martin a redécouvert ses cravates en soie. Il voudrait bien, m'a dit Erwin, aller dans un collège à Londres. En fait, si on ne tient pas compte des tragiques conséquences, bien sûr, nous devrions être reconnaissants au vieux monsieur d'avoir ramené ses petits-enfants à la raison.

Certes, mon révérend. Il nous a été extrêmement pénible de prendre cette décision qui, je le sais, peut paraître dure. Nous avons cherché une issue avec les enfants, pendant des heures. Oui, il est à Grafenberg, maintenant. Vous avez raison : c'est un établissement qui a une réputation excellente. Nous allons le voir régulièrement. Oui, oui, même les enfants. Il ne manque de rien. Simplement, il continue à se faire passer pour « Monsieur Abs », mais il a un excellent contact avec les autres malades, selon ce que nous a dit l'infirmier. Il paraît que notre Papy a récemment lié amitié avec un patient qui, comme par un fait exprès, se fait appeler « Monsieur Adenauer ». On leur permet à tous les deux de jouer aux boules.

1979

Mais arrête de me poser des questions, à la fin ! Qu'est-ce que ça veut dire, « mon grand amour » ? C'est toi, évidemment, mon Klaus-Stephan, même si tu me tapes sur les nerfs, tandis que moi, pour toi… Bon, d'accord, pour en finir avec cet interrogatoire. Je suppose que par « amour », tu veux dire quelque chose comme le cœur qui chavire, les mains moites, la langue qui bégaie, juste avant le délire. Oui, une fois, ça a fait tilt, j'avais treize ans. J'étais folle, tu vas rire, d'un vrai navigateur en ballon, mais alors raide folle, jusqu'à m'évanouir. Plus exactement, du fils d'un aérostier, ou, plus exactement encore, du fils aîné d'un aérostier, parce que c'étaient deux hommes qui avec leurs familles – quand est-ce que c'était ? Il y a douze ans, à la mi-septembre – qui étaient partis en ballon de Thuringe jusque de l'autre côté, en Franconie. Mais non, pas pour le plaisir ! Tu ne me saisis pas ou tu ne veux pas comprendre ? Ils ont passé la frontière. Une audace folle, au-dessus des barbelés, des mines, des tirs automatiques, ils ont traversé le « couloir de la mort » pour venir directement chez nous. Parce que tu te rappelles peut-être que je viens de Naila, un trou perdu en Franconie. Et à même pas cinquante kilomètres, dans l'autre Allemagne encore, à l'époque, il y a Pössneck, d'où les deux familles s'étaient enfuies. Je te l'ai dit, en ballon, qu'ils avaient cousu eux-mêmes. Ce qui fait que Naila est devenue célèbre et est passée dans tous les journaux, même à la télévision, parce que les voyageurs ont atterri pas juste devant chez nous, mais dans un pré en bordure de la ville, à la lisière d'une forêt. Et l'un d'entre eux, c'était Frank, qui venait d'avoir quinze ans, et c'est de lui que je suis tombée folle, tout de suite, pendant que nous, les autres enfants, nous étions derrière les barrières à regarder les deux familles qui sont remontées dans la nacelle pour la télévision et faisaient bonjour à la demande. Mais mon Frank, non. Il ne bougeait pas un cil. Lui, ça lui était pénible. Il en avait assez de ce cirque. Il voulait descendre de la gondole, mais on ne lui a pas permis. Moi, ça m'a prise aussi sec. Je voulais soit aller vers lui, soit partir en courant. Exact, tout à fait différent de nous deux, où tout est venu petit à petit et où pratiquement rien n'a été spontané. Avec Frank, c'était le coup de foudre. Si j'ai parlé avec lui ! C'est-à-dire, à peine il est sorti de la nacelle, je l'ai noyé sous un flot de paroles. Lui n'a pratiquement rien dit. Il était plutôt coincé. Vraiment mignon. Mais je n'ai pas arrêté de lui poser des questions, je voulais tout savoir, ben, toute l'histoire. Les deux familles avaient déjà essayé une fois, mais comme il y avait du brouillard, le ballon était humide et il est descendu de l'autre côté, juste avant la frontière, et ils ne savaient plus où ils étaient. Ils ont eu un sacré pot de ne pas se faire choper. Et ensuite Frank m'a raconté que les deux familles n'avaient pas laissé tomber, mais avaient acheté des mètres de tissu pour imperméables, partout dans la RDA de l'époque, ce qui n'était certainement pas simple. Ensuite, la nuit, les femmes et les hommes ont cousu le ballon morceau par morceau avec deux machines à coudre, ce qui fait que quand ils ont réussi leur fuite la maison Singer a voulu leur en offrir deux électriques, flambant neuves, parce qu'on supposait que c'était avec deux vieilles machines démodées, des Singer à pédale, que le ballon... Mais il n'y avait rien de tout ça... Elles étaient fabriquées à l'Est... Des électriques, même... Du coup, ils n'ont pas eu droit au super cadeau... Ben oui, parce que pour l'effet publicitaire, c'était fichu... On n'a rien pour rien... En tout cas, mon Frank m'a tout raconté, petit à petit, quand on se rencontrait en cachette dans le pré où le ballon avait atterri. En fait, il était timide, pas du tout comme les garçons de l'Ouest. Est-ce que nous nous sommes embrassés ? Au début non, mais plus tard, oui. Il y avait déjà des problèmes avec mon père. Parce qu'il pensait, ce qui n'était pas tout à fait faux, que les parents avaient agi de manière irresponsable et avaient mis leurs familles en danger. Je ne voulais pas l'admettre, évidemment. Et j'ai dit à mon père, ce qui n'était pas faux non plus : Tu es jaloux parce que ces types ont osé faire quelque chose que tu n'aurais certainement pas le courage de faire, tu es bien trop peureux... Ah, ça y est ! Maintenant le petit Klaus-Stephan de mon cœur me la fait à la jalousie, il veut me faire une scène, peut-être même tout casser entre nous. Tout ça parce qu'il y a des années... Bon, bon. J'ai menti. J'ai tout inventé. J'étais bien trop coincée à treize ans pour aller parler à ce garçon. Je n'ai fait que regarder, regarder. Plus tard aussi, quand je le voyais dans la rue. Il allait au collège de Naila, tout près de chez nous. Il est dans la Albin-Klöver-Strasse, pas loin du pré où ils ont tous atterri avec le ballon. Ensuite nous avons déménagé à Erlangen, où mon père a pris un poste dans la publicité-produits chez Siemens. Mais Frank... Non, pas seulement un peu folle de lui, je l'aimais vraiment, de tout mon être, que ça te plaise ou non. Et même s'il ne s'est absolument rien passé entre nous, je l'aime toujours, même si Frank n'en a pas la moindre idée.

1980

« Mais ce n'est qu'à un jet de pierre de Bonn », m'a dit sa femme au téléphone. Vous n'avez pas idée, monsieur le secrétaire d'État, de ce que ces gens sont naïfs, quoique aimables : « Passez donc, juste un moment, rien que pour voir comment ça se passe ici du matin au soir, et ainsi de suite… » Comme chef du service compétent, je me suis donc senti obligé d'aller vérifier, ne serait-ce que pour vous rendre compte, le cas échéant. De fait, ce n'était qu'à un jet de pierre du ministère des Affaires étrangères.

Non, non, le siège, ou ce qu'on considère comme tel, est situé dans une maison tout à fait normale. Et c'est de là qu'on croit pouvoir, d'un claquement de doigts, mettre son grain de sel dans l'actualité mondiale, et le cas échéant nous forcer la main. C'est ainsi que sa femme m'a assuré qu'elle gérait « tous les problèmes d'organisation », malgré la maison et les trois enfants en bas âge. Elle ferait ça « de la main gauche », tout en maintenant les contacts avec le fameux bateau en mer de Chine, et elle distribue en passant les dons qui arrivent encore en abondance. Il n'y a qu'avec nous, « avec la bureaucratie », dit-elle, qu'il y aurait des difficultés. Du reste, elle s'en tient à la devise de son mari : « Soyez réalistes : demandez l'impossible ! », un slogan qu'il a ramassé il y a des années à Paris, en 68, à l'époque où les étudiants osaient encore quelque chose, etc. C'est un principe qu'elle m'a recommandé à moi aussi – c'est-à-dire au ministère –, car sans audace politique de plus en plus de boat people allaient se noyer ou mourir de faim sur cette île à rats de Poulo-Bidong. Il fallait en tout cas donner enfin l'autorisation au Bateau pour le Vietnam que son mari avait encore affrété pour quelques mois, grâce à l'afflux des soutiens, de prendre à son bord, sans formalités, les fugitifs des autres bateaux, par exemple ces pauvres gens qui avaient été repêchés par un cargo de la compagnie danoise Maersk. Elle l'exigeait. L'humanité le commandait, etc.

Mais bien sûr, que je le lui ai signalé, à cette brave dame. A plusieurs reprises même, et en forme de mise en garde, monsieur le secrétaire d'État. En fin de compte, la convention de 1910 sur la navigation maritime internationale est le seul texte auquel nous puissions nous référer dans cette situation précaire. Elle dit littéralement, comme je n'ai cessé de le lui rappeler, que tous les capitaines ont l'obligation d'accueillir les naufragés à leur bord, mais depuis l'eau, directement, et non depuis un autre navire, comme ce serait le cas pour le *Maersk Mango*, qui navigue sous pavillon de complaisance singapourien et qui a recueilli plus de vingt naufragés dont on voudrait bien se débarrasser maintenant. Et tout de suite. Selon le message radio, ils auraient chargé des fruits exotiques très périssables, ne pourraient pas se dérouter, etc. Et malgré tout, je n'ai cessé de l'assurer qu'un transfert direct sur le *Cap Anamur* des boat people rescapés serait une transgression du droit maritime international.

Elle m'a ri au nez devant sa cuisinière tout en éminçant des carottes dans un ragoût. Cette réglementation, a-t-elle dit, date de l'époque du *Titanic*. Les catastrophes d'aujourd'hui sont d'une tout autre dimension. Il fallait compter dès à présent sur 300 000 fugitifs noyés ou morts de soif. Même si, jusque-là, le *Cap Anamur* avait réussi à en sauver plusieurs centaines, on ne pouvait pas s'en contenter. Comme je relativisais ces estimations très grossières, et devant mes autres objections, elle a répliqué : « Allons donc ! Mais ça ne m'intéresse pas, de savoir si parmi les réfugiés il y a des gens qui ont fait du marché noir, des souteneurs, peut-être même des criminels et des collabos des USA » ; pour elle, il n'y a que des êtres humains qui se noient tous les jours pendant que le ministère des Affaires étrangères, et tous les hommes politiques d'ailleurs, s'accrochent à des règles qui datent de Mathusalem. Il y a un an encore, m'a-t-elle dit, un certain nombre de potentats régionaux ont accueilli en grande pompe pour la télévision, à Hanovre et à Munich, ce qu'ils ont appelé des « victimes de la Terreur communiste », mais maintenant, tout d'un coup, on ne parle plus que d'émigration économique et de honteux détournement du droit d'asile…

Non, monsieur le secrétaire d'État, impossible de calmer cette brave dame. Enfin, elle n'était pas particulièrement excitée, plutôt sereine, tranquille, et toujours en train de faire quelque chose, que ce soit devant sa cuisinière avec son ragoût – « travers d'agneau aux légumes », m'a-t-elle assuré – ou suspendue au téléphone. Et puis des gens ne cessaient de passer, dont des médecins qui offraient leurs services. Longs palabres sur les listes d'attente, l'aptitude aux tropiques, les vaccinations, etc. Et les trois enfants au milieu. Je l'ai dit, j'étais debout dans la cuisine. Je voulais partir, mais je ne partais pas. Il n'y avait pas une chaise de libre. Plusieurs fois, elle m'a prié de tourner le ragoût avec une cuillère en bois pendant qu'elle téléphonait dans le séjour attenant. Quand j'ai fini par m'asseoir sur une corbeille à linge, j'ai écrasé un canard en latex, un jouet des enfants qui a lamentablement couiné, ce qui a provoqué un éclat de rire général. Non, non, pas de moquerie, ni de mépris. Ces gens, monsieur le secrétaire d'État, ces gens aiment le chaos. Il paraît que ça les rend créatifs, à ce qu'ils m'ont dit. Nous avons affaire à des idéalistes qui se soucient des règles existantes, des directives, etc., comme de leurs premières chaussettes. Au contraire, ils sont irrémédiablement convaincus, comme cette brave femme dans son pavillon de banlieue, qu'ils peuvent faire bouger le monde. Admirable, en fait, me suis-je dit, bien que ce n'ait pas été agréable de passer pour un monstre, dans mes fonctions au ministère, pour celui qui dit toujours non. Certes, il n'y a rien de plus déprimant que de devoir refuser une aide.

D'une manière touchante, mais un peu humiliante quand même, l'un des enfants, au moment du départ, m'a donné le canard en caoutchouc. Il paraît qu'il sait nager.

1981

Tu peux me croire, Rosi, ça a été pénible comme voyage. J'avais jamais vu autant de croix de fer ; seulement celle, en photo, que mon oncle Konrad portait au cou. Tandis que là, ça se balançait dans tous les sens, avec feuilles de chêne, même, comme me l'a expliqué Mamie qui était à côté de moi au cimetière, et plutôt fort parce qu'elle est dure d'oreille. Figure-toi qu'elle m'avait envoyé ce télégramme : « Prendre immédiatement train pour Hambourg. Puis RER terminus Aumühle. Là dernier voyage grand-amiral... »

Sûr qu'il fallait y aller. Tu connais pas Mamie. Quand elle dit « immédiatement », c'est pas dans cinq minutes. Même si d'habitude je me laisse pas dire n'importe quoi, que je fais partie des squats de Kreuzberg, comme tu sais, et que chaque jour on s'attendait à voir débarquer les flics de Lummer : commando d'expulsion Hermsdorfer Strasse. C'est sûr que ça m'a été pénible, quand j'ai été obligé de montrer le télégramme, à mon squat. Ça, ce qu'ils ont gueulé, pour le grand-amiral Dönitz ! En tout cas, je me suis retrouvé avec Mamie et au milieu de tous ces papys qui avaient garé leurs Mercedes devant le cimetière et qui « faisaient la haie », comme a dit Mamie, un sur deux avec la croix de fer au cou, mais en civil, de la chapelle au tombeau. Je me gelais. Mais les papys étaient presque tous sans manteaux, même s'il y avait de la neige et si malgré le soleil on se les caillait. Simplement ils avaient des casquettes, comme il se doit dans la marine.

C'étaient tous des sous-mariniers, comme les bonshommes qui ont porté le cercueil en passant devant nous, avec le grand-amiral dedans et le rouge-or-noir dessus, et d'ailleurs les deux frères aînés de mon père, qui, lui, n'a fait partie que du *Volkssturm* à la fin, ils ont été sous-mariniers eux aussi. L'un a disparu dans l'océan Arctique, l'autre quelque part dans l'Atlantique, ils y ont, comme dit Mamie, « trouvé leur dernière demeure de marins ». L'un était quelque chose comme lieutenant de vaisseau, l'autre, mon oncle Karl, maître principal seulement.

Tu ne vas pas le croire, Rosi : il paraît qu'il y en a trois cent mille en tout qui ont bu la tasse, dans cinq cents bâtiments. Tous sur l'ordre de ce grand-amiral, qui en fait était un criminel de guerre. C'est ce que dit mon père, en tout cas. Et que la plupart, y compris mes oncles, sont partis volontairement sur ces « cercueils flottants ». Lui, ça lui est aussi pénible qu'à moi, quand Mamie, du côté de Noël, célèbre le culte de ses « héros de fils tombés au champ d'honneur », ce qui fait que mon père est sans arrêt en pétard avec elle. Il n'y a que moi qui vais de temps en temps la voir à Eckernförde, où elle a sa petite maison et où, depuis la fin de la guerre, elle vénère son grand-amiral. Mais sinon elle est très cool. Et en fait je m'entends mieux avec elle qu'avec mon père, qui n'est évidemment pas d'accord pour qu'on squatte. C'est pour ça que le télégramme, Mamie me l'a envoyé à moi, et pas à mon père, oui, Hermsdorfer 4, où avec l'aide de sympathisants, c'est-à-dire des médecins, des profs de gauche, des avocats, etc., on a aménagé un truc super sympa. Herbi et Robi, mes meilleurs amis comme je t'écrivais l'autre jour, ils étaient pas jouasses quand je leur ai montré le télégramme. « Ça va pas la tête ! » (Herbi quand je faisais mes bagages.) « Un vieux nazi de moins ! » Mais j'ai dit : « Vous connaissez pas ma grand-mère. Quand elle dit, comme un ordre, "Viens immédiatement", y a rien à répondre. »

Et en fait – tu peux me croire, Rosi – je suis bien content d'avoir vu tout ce cirque au cimetière. Ils étaient presque tous là, les rescapés de la guerre sous-marine. C'était plutôt rigolo et un peu terrifiant, mais aussi assez pénible quand ils se sont tous mis à chanter autour de la tombe : on aurait dit pour la plupart qu'ils étaient toujours en mission et qu'ils cherchaient quelque chose comme un panache de fumée à l'horizon. Mamie aussi a chanté, à tue-tête bien sûr. D'abord « Über alles in der Welt », puis « Ich hatt' einen Kameraden ». A faire peur. Et puis il y avait aussi, bien rangés, quelques-uns de ces jeunes mecs de droite avec des tambours, genoux à l'air malgré le froid. Et on a fait des discours sur la tombe, on a parlé de tout et d'autre chose, et surtout de la fidélité. Mais le cercueil était plutôt décevant. Tout a fait ordinaire. Je me suis demandé si on n'aurait pas pu faire un genre de mini-sous-marin, en bois, évidemment, et peint en gris comme un bateau de guerre. Et est-ce qu'on n'aurait pas pu y mettre bien tranquillement le grand-amiral ?

Quand on est partis, ensuite, et que tous les médaillés ont démarré dans leurs Mercedes, j'ai dit à Mamie, qui m'avait invité à une pizza à la gare centrale et m'avait passé un petit peu plus que l'argent du voyage : « Tu crois vraiment, Mamie, que cette histoire de dernière demeure du marin, pour Oncle Konrad et Oncle Karl, ça valait le coup ? » J'étais gêné, après, de lui avoir demandé ça si brutalement. Pendant plusieurs minutes au moins, elle n'a rien dit, et puis : « Mmh, mon garçon, ça doit bien avoir eu un sens... »

Bon, comme tu le sais sans doute, entre-temps les flics de Lummer nous ont expulsés à peine j'étais rentré. Sans ménagement côté matraque. Nous avons occupé quelques autres maisons à Kreuzberg. Mamie trouve aussi que c'est un pur scandale, tous ces appartements vides. Mais si tu veux, Rosi, quand je serai de nouveau expulsé, on pourrait s'installer, toi et moi, dans la petite maison de Mamie. Elle a dit qu'elle serait super contente.

1982

Si l'on excepte les malentendus qu'a manifestement soulevés ma citation sur la « perfide Albion », je suis parfaitement satisfait, aujourd'hui encore, de mon rapport pour les chantiers navals Howaldt (CNH) et la filiale marine AEG de Wedel. Car à supposer que les deux sous-marins type 209 que les CNH avaient livrés à l'Argentine et dont le système électronique de torpilles passe pour optimal aient réussi du premier coup à entrer en action avec succès contre la *task force* anglaise, par exemple en coulant le porte-avions *Invincible* et le transport de troupes *Queen Elizabeth* en pleine charge, ce coup double aurait eu pour le gouvernement fédéral, malgré son attitude résolument positive face à la double décision de l'OTAN et au-delà du changement de chancelier, attendu depuis longtemps, des conséquences dévastatrices. On aurait dit : « L'armement germanique fait ses preuves contre les alliés de l'OTAN ! » – « Impensable ! » ai-je écrit, et je signalais aussi que même la submersion du destroyer *Sheffield* et de la barge de débarquement *Sir Galahad* par des avions argentins d'origine française n'aurait pas relativisé un éventuel succès des sous-marins de production allemande. Il est certain que la germanophobie latente en Angleterre, dissimulée avec peine, aurait éclaté au grand jour. On nous aurait encore traités de « Huns ».

Par bonheur, au moment où s'est déclenchée la guerre

des Falklands, l'un des bâtiments Howaldt, le *Salta*, était au port avec une avarie de machines, et l'autre, le *San Luis*, a certes été engagé, mais avec un équipage insuffisamment formé qui s'est révélé incapable de faire fonctionner l'électronique complexe des systèmes AEG de guidage des torpilles. « C'est ainsi, ai-je écrit dans mon rapport, que la Navy britannique et nous-mêmes, en tant que nation, en avons été quittes pour la peur », d'autant que nous avons toujours en mémoire le glorieux épisode de la première bataille des Falklands, le 8 décembre 1914, où l'escadre d'Extrême-Orient, jusque-là invaincue, sous le commandement du légendaire vice-amiral comte von Spee, a été anéantie par la supériorité britannique.

Pour appuyer les réflexions de mon rapport, qui ne se limitaient pas à la technique de l'armement puisqu'elles se fondaient sur l'histoire, j'ai joint il y a huit ans à mon analyse par ailleurs objective, quand Schmidt dut enfin s'en aller et qu'avec Kohl arriva le changement, la reproduction d'une peinture. Il s'agit d'une « marine » du célèbre spécialiste Hans Bordt, qui a précisément pour sujet l'engloutissement d'un cuirassé au cours de cette bataille. Tandis que, dans le fond, le navire coule par l'arrière, dérive au premier plan un matelot allemand qui s'accroche à un morceau de bois, mais tient bien haut, d'un geste qui se grave dans les esprits, un pavillon qui est manifestement celui du cuirassé.

C'est, comme vous voyez, un pavillon un peu particulier. Et c'est pourquoi, cher ami et camarade, je vous écris une lettre aussi circonstanciée et rétrospective. Nous reconnaissons en effet dans ce tableau dramatique le pavillon de guerre du Reich qui est revenu tout récemment au premier plan de l'actualité avec les manifestations du lundi à Leipzig. Il y a malheureusement eu de regrettables scènes de bagarre. J'en suis navré. Car comme l'a montré le rapport de commande sur le processus d'unification dans lequel je le proposais, le remplacement du slogan « Nous sommes le peuple ! », qui ne veut pratiquement rien dire, par celui de « Nous sommes *un seul* peuple ! », lequel, comme on voit, est un moteur du succès politique, aurait dû, selon mon analyse, s'effectuer dans des conditions tout à fait pacifiques, voire élégantes. D'un autre côté, nous ne pouvons que nous réjouir si ces jeunes gens au crâne rasé et prêts à tout – généralement connus sous le nom de skinheads – ont réussi dans une sorte de coup de main à faire régner sur les lundis de Leipzig leurs innombrables drapeaux du Reich et à donner une voix – un peu trop forte, j'en conviens – au désir d'unité de l'Allemagne.

On voit ainsi quels chemins détournés l'Histoire est capable de prendre. Il est parfois nécessaire, certes, de lui prêter un peu la main. Je me félicite d'avoir repensé, quand les temps ont été mûrs, à mon ancien rapport sur la guerre des Falklands et à la peinture en question. A l'époque, ces messieurs de chez AEG, comme de coutume, n'avaient pas la moindre connaissance historique, ni donc la moindre compréhension pour le saut dans le temps que j'effectuais, mais il est possible que leur soit apparu, dans l'intervalle, le sens profond du pavillon de guerre du Reich. Nous le voyons de plus en plus souvent. Des jeunes gens à nouveau capables d'enthousiasme se montrent avec lui et le tiennent bien haut. Et puisque l'unité est une chose désormais acquise, je peux sans doute vous avouer, très cher ami, que je suis fier d'avoir entendu l'appel de l'Histoire et d'avoir, avec mon rapport, apporté ma pierre à l'édifice lorsqu'il s'est agi de se ressouvenir des valeurs nationales et de ne plus mettre son drapeau dans sa poche...

1983

Des comme ça, on n'en aura plus ! Depuis qu'il n'a pas résisté à son dernier hallali – où ça, déjà ? – au cours d'une chasse, au beau milieu de la forêt, et que son fournisseur de viande-bière-fromage est parti lui aussi, et qu'il ne reste que le troisième de la bande, qui s'est tiré d'en face au bon moment pour occuper de tout son volume sa villa sur le Tegernsee, nous, les chansonniers, nous manquons de matériau, parce que même la Masse au pouvoir, le grand pot de Kohl ne fait pas le poids face à ce trio. Depuis, on s'ennuie. On ne rigole plus. Et c'est pour cela que nous, les comiques professionnels de la nation, nous avons jugé nécessaire de nous concerter le plus sérieusement du monde. Bien entendu dans une auberge bavaroise. « Grossholzleute », ça s'appelle, ce trou, où d'autres s'étaient déjà réunis, il y a longtemps, à bon prix plus ou moins, avec leurs paperasses. Nous, on était là comme des imbéciles, les mains vides. On a même fait, dans le plus grand sérieux, une conférence-débat : « La situation du cabaret allemand après le décès du grand Franz Josef, en liaison avec l'Unité retrouvée peu après sa mort » – mais ce n'était pas si marrant que ça. C'était plutôt nous, les comiques à tête d'enterrement, qui avions l'air de clowns.

Ah, comme il nous manque ! Strauss, Franz Josef, père nourricier et comparse des spécialistes de l'humour maintenant bons pour la retraite. Tes coups tordus étaient notre pain quotidien. Que ce soient tes chars d'assaut aux œufs d'or, tes démêlés avec le *Spiegel*, les copains et les coquins, ou encore tes magouilles avec les dictateurs du monde entier, il y avait à chaque fois de quoi faire. Parce que tout de même, les chansonniers allemands ont l'habitude, depuis toujours, de prendre la place d'une opposition défaillante et mal en point. Toi, l'homme sans cou, tu nous inspirais toujours quelque chose. Et quand on manquait d'un peu de carburant, on attelait aussi le vieux Wehner à ton côté, pour que les deux fassent la paire. Mais lui non plus ne tire plus, ni lui, ni sa pipe.

Toi et nous, on pouvait s'y fier. Une fois seulement, en 83, pour l'affaire des milliards – pauvres frères et sœurs de l'Est ! – nous dormions sans doute, en tout cas nous n'étions pas dans un trou de souris à Rosenheim, au restaurant Spöck, quand s'est réuni le plus beau triumvirat du monde. Ici, compact, Strauss ; là, le petit télégraphiste de l'Est, Schalck, et au milieu März, viande-bière-fromage. Avec les meilleures intentions, un trio de trafiquants fournissait une excellente comédie de salon. Car les neuf zéros du chiffre ne servaient pas seulement à renflouer, aux frais du contribuable ouest-allemand, les réserves en devises du socialisme réel, mais permettaient au grand importateur bavarois d'abattre des troupeaux entiers de bœufs jusque-là propriété du Peuple et désormais mûrs pour le couteau.

On savait s'apprécier, entre collègues. « Anticommuniste primaire ! », « A bas le capitalisme ! » – mais sous la table, viande-bière-fromage, et le petit Schalck peut aller raconter au Couvreur suprême, Honnecker, les derniers bons mots sur le chancelier Kohl. On ne s'embrasse pas, tout de même, mais on échange quelques clins d'œil interallemands. Voilà les grands événements top secret. Chacun a quelque chose à offrir : parts de marché, charme rustique, tripes de Bonn, quartiers de cochon à prix cassés, secrets d'État bien rassis et remugles des années quatre-vingt assez acides pour réjouir les services de renseignements maison.

Quel régal pour les yeux, le nez et les oreilles ! Le balthazar interallemand ! Au menu, bien sûr : viande, bière, fromages. Nous, nous n'étions pas invités. La satire se suffisait à elle-même. Notre imitateur professionnel, inégalable aujourd'hui encore pour les gloussements de Strauss, n'aurait pas été à la hauteur de la voix de fausset de Schalck, et pour März, le vacher, c'est le langage des doigts et des billets qu'il aurait fallu apprendre. Et voilà comment quelques milliards de crédits se sont passés sans nous. Dommage, quand même, car nous aurions pu, après coup, mettre tout ça en scène comme prélude à la Réunification allemande sous le titre : « La droite et la gauche sont une équation dépassée. » Mais Strauss et März senior sont partis avant l'heure, avant que le Mur tombe, et notre vénéré Schalck (« fripon », en allemand), dont les firmes nomenklaturesques continuent secrètement à fleurir, vit bien tranquillement dans sa villa sur le Tegernsee, parce qu'il en sait plus qu'il ne serait bon pour les damiers bleu et blanc de la Bavière, et que son silence est vraiment d'or 18 carats.

Conclusion de notre réunion d'anciens combattants aussi villageoise qu'hébétée : au clou, les chansonniers allemands ! Mais il a fallu qu'on donne à l'aéroport de Munich le nom de Franz Josef Strauss – pas seulement parce qu'à côté de son permis de chasse il avait sa carte de *gratis passenger*, mais parce que, comme ça, il sera impossible de l'oublier, vol après vol. Il est vrai qu'il était bien des choses : pas seulement la tête de Turc qui avait le plus de poids, mais aussi un risque, un risque que, en 80, quand il a prétendu devenir chancelier, nous autres, électeurs prudents et chansonniers craintifs, nous n'avons pas voulu prendre.

1984

Je sais, je sais ! C'est bien facile de dire : « Gloire à nos morts ! » – mais encore faut-il prendre concrètement les mesures qui s'imposent. C'est bien pourquoi, et notamment après le *mano a mano* symbolique entre le président Mitterrand et le chancelier Kohl devant l'ossuaire, en ce mémorable 22 septembre 1984, de plus en plus de sentiers sont balisés sur ce qui fut le champ de bataille de Verdun. Et nous nous efforçons de venir en aide au promeneur par des panneaux en deux langues, par exemple pour l'excursion au Mort-Homme *(Toter Mann)*, d'autant que l'on peut soupçonner ce paysage de cratères imbibé de sang, non loin du bois des Caures *(Rabenwald)*, de receler encore des mines et des obus sous l'herbe qui a repoussé. Aussi, il a fallu compléter la mise en garde déjà présente, « Ne pas piétiner », par l'allemand *« Betreten verboten »*. Il ne faudrait pas hésiter non plus à indiquer discrètement à certains endroits, par exemple à celui où l'on devine vaguement les résidus du village de Fleury et où une chapelle invite désormais à la réconciliation, de même que sur la cote 304 *(Höhe 304)*, prise et reprise en mai et août 1916, qu'il serait opportun, comme en beaucoup de sites de cette promenade, de méditer quelques instants.

Cette remarque revêt un certain caractère d'urgence, car depuis que le chancelier a visité notre cimetière militaire de Consenvoye, suivi par le séjour au cimetière français de Douaumont, où eut lieu la poignée de main historique avec le président de la République française, le flot des visiteurs ne cesse de grandir. Des cars entiers déversent leur chargement, et il faut bien dire que le comportement un peu trop touristique de certains groupes de visiteurs justifie des réclamations. L'ossuaire, par exemple, dont la voûte est surmontée d'une tour inspirée de la forme d'un obus, n'est souvent ressenti que comme une attraction de foire dans le genre du train fantôme, de sorte que devant les vitres, qui ne permettent d'ailleurs de voir qu'une petite partie des tibias et des crânes des 130 000 Français tombés là, il n'est pas rare d'entendre des éclats de rire, sinon même des plaisanteries de mauvais goût. A l'occasion tombent aussi des remarques un peu vives qui montrent que la grande œuvre de réconciliation entre nos deux peuples, entreprise par le chancelier et le président en des gestes destinés à marquer les esprits, est encore loin d'être arrivée à son terme. Il n'est certes pas totalement infondé, du côté allemand, de s'émouvoir du fait incontestable que les victimes françaises ont droit à quinze mille croix blanches avec la mention « Mort pour la France » et un rosier personnel, tandis que nos héros ne bénéficient que de croix noires en nombre bien plus restreint et dépourvues d'inscription aussi bien que d'ornementation florale.

Disons ici qu'il nous est difficile d'accéder à ces réclamations. De même, on se sent fort démuni lorsqu'il est question du nombre des victimes de la guerre. On a longtemps dit qu'il fallait déplorer de chaque côté quelque 350 000 morts. Il nous paraît actuellement exagéré de parler d'un million de victimes sur 35 kilomètres carrés. Il est sans doute raisonnable de considérer que le chiffre ne se situe au total qu'à un demi-million – soit sept à huit morts au mètre carré – de personnes qui ont perdu la vie dans le combat acharné pour le fort de Douaumont et le fort de Vaux, près de Fleury, à la cote 304 et à Froideterre *(Kalte Erde)*, nom qui qualifie bien le sol pauvre et boueux de tout le champ de bataille de Verdun. Les milieux militaires parlaient d'ailleurs à l'époque de « guerre d'usure ».

Mais, quel que soit le bilan de ces pertes, notre chancelier et le président français ont donné un signe fort, supérieur à toute arithmétique, en se tenant la main devant l'ossuaire. Il est vrai que la délégation dont nous faisions partie, ainsi qu'Ernst Jünger, écrivain blanchi sous le casque et témoin de cet holocauste apparemment si absurde, ne pouvait voir les deux hommes d'État que de dos.

Ils plantèrent ensuite un érable, après qu'on se fut assuré que cet acte symbolique n'aurait pas lieu en terrain encore miné. Cette partie du programme a beaucoup plu. En revanche, les manœuvres franco-allemandes qui se déroulaient simultanément à proximité immédiate ne trouvèrent que peu d'écho. Nos chars sur les routes de France et nos Tornados en rase-mottes au-dessus de Verdun, c'est une chose assez peu appréciée. Il aurait certes été plus significatif – au lieu des manœuvres – que notre chancelier parcourût l'un des sentiers balisés, jusque, par exemple, aux ruines de cet abri dit des « Quatre Cheminées » où, le 23 juin 1916, des régiments bavarois et des chasseurs alpins français combattirent avec autant d'acharnement que de pertes. Au-delà de toute symbolique, le chancelier aurait pu méditer quelques instants, aussi loin que possible du protocole.

1985

Ma chère petite,

Tu voudrais savoir comment j'ai vécu les années quatre-vingt, parce que cela serait important pour ton mémoire de maîtrise qui serait intitulé « Le quotidien des seniors ». C'est bien volontiers que je t'apporte mon aide. Tu m'écris cependant qu'il s'agirait aussi de « déficits dans le comportement consumérial ». Sur ce point, je ne pourrai guère contribuer, car ta grand-mère n'a pas particulièrement à se plaindre. Hormis Grand-Père, l'être que j'aimais le plus et que personne ne peut remplacer pour moi, rien ne m'a manqué. Au début, j'étais encore en assez bonne forme, je travaillais à mi-temps au pressing d'à côté et je participais même aux activités de l'église. Si tu m'interroges sur mes heures de loisir, je dois avouer, pour être honnête, que j'ai passé les années quatre-vingt devant la télé, tantôt pour rien, tantôt avec plaisir. Depuis que mes jambes ne veulent plus suivre, je ne suis guère sortie de la maison, et pour les festivités d'un genre ou d'un autre, tes chers parents te diront que ça n'a jamais été mon fort.

Sinon, il ne s'est pas passé grand-chose. Surtout pas dans la politique, puisque tu me le demandes plusieurs fois. Rien que les promesses habituelles. Là, j'ai toujours été d'accord avec ma voisine, Mme Scholz. Du reste, elle s'est toujours bien gentiment occupée de moi pendant toutes ces années, et si je veux être sincère, plus que mes propres enfants, ton cher père compris, malheureusement. Je ne pouvais compter que sur Mme Scholz. Parfois, quand elle était du matin à la Poste, elle venait l'après-midi m'apporter des gâteaux qu'elle avait faits elle-même. Et là on était bien tranquilles à regarder ce qui passait jusque tard le soir. Je me souviens très bien de *Dallas* et de *La Clinique de la Forêt-Noire*. Ce professeur Brinkmann, il lui plaisait, à Ilse Scholz, à moi moins. Mais ensuite, quand il y a eu la *Rue des Tilleuls* vers le milieu des années quatre-vingt, qui passe encore d'ailleurs, je lui ai dit : Ça, c'est autre chose. C'est vraiment comme dans la vie. C'est comme ça se passe normalement. Ce mélange, tout le temps, des fois gai, des fois triste, avec des brouilles et des réconciliations, mais aussi des soucis et des peines, comme chez nous ici dans la Gütermannstrasse, même si Bielefeld, ce n'est pas Munich, et si le bistrot du coin est tenu – très proprement d'ailleurs – non pas par un Grec, mais par une famille italienne. Mais la concierge, chez nous, est aussi revêche qu'Else Kling au 3, rue des Tilleuls. Elle n'arrête pas d'embêter son mari et elle peut vraiment devenir ignoble. Pourtant, la mère Beimer est la bonté en personne. Elle est toujours à l'écoute des problèmes des autres, presque comme ma voisine, Mme Scholz, qui a suffisamment à faire avec ses enfants, et dont la fille Yasmina, comme la Marion des Beimer, a, pour être sincère, une liaison tout à fait problématique avec un étranger.

En tout cas, nous étions là dès le début, quand la série a commencé, en décembre je crois, parce que déjà à l'émission de Noël il y avait cette dispute à propos du sapin entre Franz et Henny. Mais ils ont fini par s'entendre. Et chez les Beimer, c'était plutôt triste la nuit de Noël, parce que Marion voulait absolument partir en Grèce avec son Vassily, mais ensuite Hans Beimer a amené deux orphelins. Et comme le Vietnamien Gung était aussi invité, ça a été finalement une belle fête.

Quelquefois, en regardant *Rue des Tilleuls* avec Mme Scholz, je me rappelais les premières années de mon mariage, quand, ton grand-père et moi, nous regardions dans un café où il y avait déjà la télé *La Famille Schölermann*. En noir et blanc, bien sûr. Ça devait être vers le milieu des années cinquante.

Mais tu voulais savoir, pour ta maîtrise, ce qui avait eu de l'intérêt dans les années quatre-vingt. Oui, c'est juste l'année où la Marion de Mme Beimer est revenue très en retard à la maison avec une blessure sanguinolente à la tête que tout ce cinéma a commencé avec Boris et Steffi. Moi, le tennis, ça ne m'intéresse pas, cet éternel va-et-vient, mais on regardait quand même, pendant des heures quelquefois, quand la fille de Brühl et le garçon de Leimen, comme on disait, montaient de plus en plus. Mme Scholz a vite su de quoi il retournait pour les services et les passing-shots. Le tie-break, je ne savais pas ce que ça voulait dire et il m'a souvent fallu redemander. Mais quand il y a eu Wimbledon et que notre Boris a réussi contre l'Afrique du Sud, et l'année d'après encore contre le Tchèque Lendl, que tout le monde croyait invincible, j'ai vraiment tremblé pour notre petit Bob, qui venait juste d'avoir dix-sept ans. Je priais pour lui. Et quand, en 89, au moment où il s'est de nouveau passé quelque chose en politique, il a encore remporté la victoire en trois sets à Wimbledon, contre le Suédois Edberg, j'ai pleuré toutes les larmes de mon corps et ma voisine aussi.

Steffi, que Mme Scholz appelait toujours « Mlle Coup-Droit », elle ne m'inspirait pas tellement, et son père encore moins, ce fraudeur du fisc avec ses affaires louches. Mon petit Bob, lui, il ne se laissait pas faire, il savait l'ouvrir, et même parfois il en faisait un peu trop. Mais qu'il n'ait pas voulu payer ses impôts et qu'il soit allé s'installer à Monaco, ça, ça ne nous a pas plu. J'ai dit à Mme Scholz : « Il a besoin de ça ? » Et ensuite, quand la fin des haricots a commencé pour lui et pour Steffi, il s'est même mis à faire la publicité pour Nutella. C'est vrai qu'il était mignon quand il léchait le couteau et qu'il avait ce sourire malin, mais on ne voit pas pourquoi il faisait ça alors qu'il gagnait plus qu'il ne pouvait dépenser.

Mais tout ça, c'était dans les années quatre-vingt-dix, tandis que toi, ma chère petite, tu voulais savoir ce qui s'est passé pour moi dans les années quatre-vingt. En tout cas, le Nutella me posait déjà des problèmes dans les années soixante, quand tous nos enfants ont voulu mettre ça sur leur pain. Moi, ça me rappelait plutôt le cirage. Demande à ton père tout ce que ça a fait comme difficultés avec ses petits frères. Il y avait du grabuge et les portes claquaient. Un peu comme dans *Rue des Tilleuls*, qui passe toujours, du reste..

1986

Nous, dans le Haut-Palatinat, on gueule pas souvent, mais là, trop, c'était trop. D'abord Wackersdorf, où ils voulaient retraiter ce machin infernal, et puis Tchernobyl par-dessus le marché. Jusqu'au mois de mai, il est resté sur la Bavière, le nuage. Et sur la Franconie, et je ne sais où encore – au nord un peu moins. Il n'y a qu'à l'ouest, d'après ce que disaient les Français, qu'il s'est arrêté à la frontière.

Qui va croire ça ? Il y en a toujours qui font des prières à saint Florian. Mais nous, à Amberg, le juge du tribunal a toujours été contre le retraitement. C'est pour ça que les gamins qui campaient devant la clôture et qui tapaient dessus avec des barres de fer – les journaux appelaient ça « les trompettes de Jéricho » –, le dimanche, il leur faisait donner un vrai repas. Aussi, ce Beckstein, du tribunal de grande instance, qui a toujours été une sale vache et qui est devenu ensuite ministre de l'Intérieur, du reste, lui est tombé ignoblement dessus en disant : « Il faut obtenir la suppression existentielle des gens comme le juge Wilhelm. »

Et tout ça pour Wackersdorf. J'y ai été, moi aussi. Mais seulement quand le nuage de Tchernobyl s'est posé sur le Haut-Palatinat et la belle Forêt bavaroise. Et on y est allés avec toute la famille. Dans mes vieux jours, on m'a dit, ça n'aurait pas dû me préoccuper tant que ça, mais puisque tous les automnes, c'est une tradition dans la famille, on va depuis toujours aux champignons, il fallait réagir – non, tirer la sonnette d'alarme. Alors comme ce foutu machin, le césium ils l'appellent, pleuvait des arbres depuis la fin de l'été et mettait une radioactivité effrayante dans le sol des forêts, mousse, feuilles ou aiguilles, je me suis réveillé et je suis allé à la clôture avec ma scie à métaux, même si tous mes petits-enfants me disaient : « Laisse tomber, Papy, c'est pas de ton âge ! »

C'était peut-être vrai. Parce qu'une fois, quand j'étais au milieu de tous ces jeunes et qu'on criait : « Plutonium, piège à cons », je me suis fait proprement renverser par les lances à eau que ces messieurs de Ratisbonne avaient spécialement envoyées. Et dans l'eau, il y avait un produit irritant, comme ils disent, un misérable poison, moins affreux quand même que ce césium qui dégouline du nuage de Tchernobyl sur nos champignons et qui n'a pas fini de dégouliner.

C'est pour ça qu'ensuite, dans la Forêt bavaroise, mais aussi autour de Wackersdorf, on a testé tous les champignons, pas seulement la savoureuse coulemelle et la vesse-de-loup, parce que le gibier mange également toutes sortes d'espèces que nous ne consommons pas, et il s'est contaminé. A nous qui voulions continuer d'aller aux champignons, on a montré sur des tableaux que le bolet bai, qui arrive en octobre et qui est particulièrement savoureux, est celui qui a absorbé le plus de césium concentré. C'est encore l'armillaire qui en a pris le moins, parce qu'il ne sort pas directement du sol, mais, parasite, pousse sur les troncs d'arbre. Le coprin chevelu, très bon quand il est jeune, a été épargné lui aussi. Mais ceux qui ont beaucoup souffert, ce sont aujourd'hui encore le bolet subtomenteux, le bolet à chair jaune, le lactaire délicieux, qui aiment pousser sous les jeunes résineux, et même le bolet rugueux, moins le bolet orangé, tandis que le dommage est extrême pour la chanterelle, qu'on appelle aussi girolle. Le pire, c'est pour le cèpe, qui, quand on le trouve, est une vraie bénédiction de Dieu.

Bon, finalement, Wackersdorf, il n'en est rien sorti, parce que ces messieurs de l'atome trouvent moins cher de faire retraiter leur saleté en France, et qu'en France on a moins d'ennuis que dans le Haut-Palatinat. Et même de Tchernobyl et du nuage qui nous est resté sur la tête, personne n'en parle plus. Mais ma famille, tous les petits-enfants, ils ne vont plus aux champignons : c'est compréhensible, mais c'est une tradition qui fout le camp.

Moi, j'y vais encore. Autour de la maison de retraite où m'ont rangé les enfants, il y a beaucoup de forêts. Je ramasse ce que je trouve : des pieds-de-mouton et des strophaires, des cèpes dès l'été, et, quand octobre arrive, des bolets bais. Je les fais cuire dans ma minuscule kitchenette, pour moi et pour quelques autres vieux de la maison, qui sont un peu moins solides que moi sur leurs jambes. Il y a longtemps que nous avons tous dépassé soixante-dix ans. Alors, le césium, on n'en a pas grand-chose à faire, nous disons-nous, puisque, de toute façon, nos jours sont comptés.

1987

Que venions-nous faire à Calcutta ? Qu'est-ce qui m'y attirait ? *La Ratte* dans le dos, excédé par les commémorations allemandes de batailles, je dessinais des montagnes d'ordures, des sans-abri qui dormaient dans la rue, la déesse Kali qui, de honte, tirait la langue, je voyais des corneilles sur des tas de noix de coco, le déclin de l'empire en des ruines recouvertes d'un foisonnement de verdure, et pour le moment, tant tout était abominable, je ne trouvais pas de mots. C'est alors que je rêvai...

Mais avant ce rêve si productif, il faut que j'avoue une jalousie mordante, car Ute, qui lit sans cesse et toutes sortes de choses, lisait, tandis qu'elle supportait Calcutta en maigrissant à vue d'œil, un Fontane après l'autre ; pour faire contrepoids au quotidien de l'Inde, nous avions emporté beaucoup de livres dans nos bagages. Pourquoi ne lisait-elle que ce huguenot prussien ? Pourquoi ne lisait-elle, avec tant de passion et sous le ventilateur qui tournait, que le brillant causeur qui tient la chronique de la marche de Brandebourg ? Pourquoi sous le ciel du Bengale, et pourquoi d'ailleurs Theodor Fontane ? C'est alors que l'après-midi, je rêvai...

Avant de dévider la bobine de ce rêve, il faut préciser que je n'avais rien, absolument rien, contre l'écrivain Fontane ni contre ses romans. La lecture tardive de quelques-unes de ses œuvres m'était restée en mémoire : Effi sur la balançoire, les parties de canotage sur la Havel, les promenades avec Mme Jenny Treibel au bord du Halensee, les villégiatures dans le Harz... Ute, elle, connaissait tout, les sentences du moindre pasteur, la cause de tous les incendies, que Tangermünde fût partie en fumée dans *Grete Minde* ou qu'un feu qui couvait, dans *Irréparable*, eût de graves conséquences. Même lorsque les longues coupures d'électricité faisaient taire le ventilateur, tandis que Calcutta s'enfonçait dans l'obscurité, elle relisait à la lumière des bougies les *Années d'enfance* et, quoi qu'en eût le Bengale occidental, se réfugiait sur les remparts de Swinemünde ou prenait ses jambes à son cou sur les rivages baltiques de la Poméranie orientale.

Je rêvai donc, l'après-midi, allongé sous la moustiquaire, quelque chose de nordiquement frais. De la fenêtre de mon atelier, sous les combles, mon regard plongeait sur le jardin de Wewelsfleth, qu'ombragent les arbres fruitiers. Il est vrai que j'ai déjà souvent raconté ce rêve, en variations, devant un public changeant, mais j'ai quelquefois oublié de dire que le village de Wewelsfleth est situé dans le Schleswig-Holstein, sur la Stör, un affluent de l'Elbe. Je voyais donc en rêve notre jardin du Holstein avec le poirier qui portait beaucoup de fruits et à l'ombre duquel Ute était assise à une table, en face d'un homme.

Je sais – on raconte mal les rêves, surtout ceux qui viennent sous une moustiquaire et dans un bain de sueur : tout devient trop raisonnable. Ce rêve n'était perturbé par aucune action secondaire, aucun deuxième ou troisième film ne scintillait oniriquement ; il se déroulait de façon linéaire, mais n'en fut pas moins lourd de conséquences, car l'homme avec lequel Ute bavardait sous le poirier ne me paraissait pas inconnu : un monsieur aux cheveux blancs, avec lequel elle bavardait, bavardait, devenant de plus en plus belle. On constate à Calcutta, pendant la mousson, un taux d'humidité de 98 %. Rien d'étonnant, donc, si, sous la moustiquaire que le ventilateur n'animait peut-être, parfois, que très légèrement, je rêvais quelque chose de fraîchement nordique. Mais était-il obligatoire que le vieux monsieur qui, souriant et familier, bavardait sous le poirier avec Ute ressemblât à Theodor Fontane ?

C'était lui. Ute flirtait avec lui. Elle avait le béguin pour un célèbre collègue à moi, qui a attendu la vieillesse pour coucher sur le papier un roman après l'autre ; et dans certains de ces romans, il s'agissait d'adultère. Jusque-là, je n'apparaissais pas moi-même dans cette histoire rêvée, ou simplement comme spectateur lointain. Les deux personnages se suffisaient à eux-mêmes. C'est pourquoi je me rêvai alors jaloux. Plus exactement, l'intelligence, ou la ruse, me commandait en rêve de dissimuler la jalousie qui montait en moi, d'agir avec sagesse ou roublardise, et donc de prendre une chaise qui, dans le rêve, était près de moi, de descendre l'escalier et d'aller m'asseoir au jardin dans l'ombre agréablement fraîche du poirier, auprès de ce couple de rêve, Ute et son Fontane.

A partir de ce moment – et je le dis chaque fois que je raconte ce rêve – nous formions un ménage à trois. Les deux autres n'arrivaient pas à se débarrasser de moi. Cette solution plaisait même à Ute, et je liai avec Fontane des relations de familiarité de plus en plus étroites, je commençai même, à Calcutta, à lire tout ce qui était accessible de lui, par exemple ses lettres à un Anglais du nom de Morris, où il manifestait sa compétence en matière de politique internationale. A l'occasion d'un trajet commun en pousse-pousse vers le centre-ville – Writers Building –, je lui demandai donc ce qu'il pensait des effets de la colonisation britannique et de la partition du Bengale en Bangladesh et Bengale occidental. J'étais du même avis que lui : cette partition pouvait difficilement être comparée avec celle que l'Allemagne connaissait actuellement, et une réunification du Bengale n'était guère pensable. Et quand ensuite, avec quelques détours, nous revînmes à Wewelsfleth-sur-la-Stör, je l'emmenai avec bienveillance ; je m'habituai à lui comme à un familier agréable, parfois capricieux, je jouai maintenant les fans de Fontane et ne me débarrassai de lui que lorsque, à Berlin et ailleurs, l'Histoire fit la preuve de sa nature de ruminant et que, avec l'aimable autorisation d'Ute, je le pris au mot, à ses mots de beau parleur bavard, en écrivant la suite de son existence naufragée, en la prolongeant jusque dans notre siècle finissant. Depuis que – prisonnier du roman *Toute une histoire* – il vit pour l'immortalité, il ne parvient plus à peser sur mes rêves, d'autant que vers la fin du roman, sous les traits de Fonty, séduit par une jeunesse, il a disparu dans les Cévennes, chez les derniers survivants huguenots.

1988

... mais avant, l'année qui précéda celle où le Mur fut pris de vertige et où, de toutes parts, avant de se sentir étrangers les uns aux autres, la joie était immense, je me mis à dessiner d'une manière incontestablement frappante des pins renversés, des hêtres déracinés, du bois mort. Depuis quelques années déjà on parlait incidemment de la « mort des forêts ». Des expertises donnaient naissance à des contre-expertises. Une fois de plus, puisque les gaz d'échappement des voitures sont nuisibles aux forêts, on réclama en vain une limitation de la vitesse à cent à l'heure. J'appris des mots nouveaux : pluies acides, maladies cryptogamiques, chlorose des résineux... Et le gouvernement publia un « Rapport sur les dommages subis par les forêts » qui devint plus tard, de façon peu rassurante, un « Rapport sur l'état des forêts ».

Comme je ne crois que ce qui se laisse dessiner, je gagnai, de Göttingen, le haut Harz, me coinçai dans un hôtel, à peu près vide, pour estivants et skieurs, et dessinai au fusain de Sibérie – produit du bois – ce qui était abattu sur les pentes et les crêtes. Aux endroits où l'exploitation forestière avait déjà effacé les dégâts, enlevé le bois mort, il restait une infinité de souches qui couvraient de grandes surfaces avec une régularité de cimetière, à peine plus lâche. J'allai jusqu'aux panneaux d'avertissement proches de la frontière et constatai que, sans tenir compte de celle-ci, la mort des forêts se propageait et avait eu raison, sans qu'un seul coup de feu fût tiré, des barbelés qui couraient par monts et par vaux, du « couloir de la mort » bourré de mines, du « rideau de fer » qui ne partageait pas seulement le Harz et le Mittelgebirge, mais l'Allemagne tout entière, plus encore, l'Europe. La calvitie des montagnes permettait de voir l'« autre côté ».

Je ne rencontrai personne, ni sorcière ni charbonnier solitaire, comme dans les traditions. Rien ne se passa. Tout s'était déjà produit. Je n'avais été préparé à ce « Voyage dans le Harz » par aucune lecture de Goethe ou de Heine. Mon seul matériau, c'était un papier à dessin granuleux, un coffret rempli de fusains tout tordus et deux boîtes de fixatif dont le mode d'emploi prétendait qu'il était exempt de tout gaz propulseur nocif et n'abîmait en rien l'environnement.

C'est ainsi équipé que je me rendis avec Ute à peu de temps de là – mais encore à l'époque où l'on tirait sur les transfuges – à Dresde, d'où une invitation écrite nous avait aidés à obtenir le visa d'entrée. Nos hôtes, un peintre très sérieux et une danseuse très gaie, nous donnèrent les clés d'une confortable cabane dans les monts Métallifères. Près de la frontière tchèque, je me mis aussitôt – comme si je n'en avais pas déjà assez vu – à dessiner la forêt qui agonisait là aussi lentement. Sur les pentes s'enchevêtrait le bois mort, restant où il était tombé. Ici non plus, il ne se passait rien, sinon que les souris se multipliaient dans la cabane du peintre de Dresde, Göschel. Pour le reste, tout s'était déjà produit. Les gaz d'échappement et les résidus de deux sites industriels « propriétés du Peuple », qui s'étendaient sur de vastes espaces, avaient achevé leur travail.

Un an plus tard, on pouvait lire sur les affiches et les banderoles des citoyens qui manifestaient à Leipzig et ailleurs : « Abattez les gros bonnets, sauvez les arbres ! »

Mais on n'en était pas encore là. L'État tenait encore péniblement ses ouailles. Les dégâts transfrontaliers paraissaient encore durables.

De fait, la région nous plaisait. Les maisons, dans les villages des monts Métallifères, étaient couvertes avec des bardeaux. La pauvreté y avait longtemps régné. Les villages s'appelaient Fürstenau (Prairie-du-Prince), Gottgetreu (Fidèle-à-Dieu) et Hemmschuh (Frein-de-Charrette). La route de transit vers Prague traversait, non loin de là, le village frontière de Zinnwald. C'est par cette route où ne passent pas que des touristes que, vingt ans auparavant, un jour d'août, les unités motorisées de l'Armée populaire avait exécuté leur ordre de marche ; et que cinquante ans avant, un jour d'octobre 1938, des unités de la Wehrmacht s'étaient mises en route avec les mêmes objectifs : on se rappelait de temps à autre au bon souvenir des Tchèques. Rechute. La force par packs de deux. L'histoire aime ce genre de répétitions, même si tout était différent à l'époque ; les forêts, par exemple, étaient encore debout...

1989

Tandis que nous revenions de Berlin dans la région de Lauenbourg, l'autoradio, comme nous étions abonnés à la station culturelle, ne nous délivra l'information qu'avec retard. Il est probable que, comme des milliers d'autres, j'ai crié « C'est dingue ! », de joie et de terreur, « Mais c'est dingue ! », et que je me suis ensuite, comme Ute, qui était au volant, perdu dans des pensées rétro- et prospectives. Et l'une de nos connaissances qui vivait et travaillait de l'autre côté du Mur, qui conservait et conserve toujours les manuscrits posthumes aux archives de l'Académie des Arts, reçut lui aussi la Bonne Nouvelle avec un décalage, pour ainsi dire comme une bombe à retardement.

A ce qu'il dit, il revenait en sueur de son jogging au Friedrichshain. Rien d'extraordinaire, depuis que les Berlinois de l'Est étaient devenus familiers, eux aussi, de cette autoflagellation *made in USA*. Au carrefour de la Käthe-Niederkirchner-Strasse et de la Bötzowstrasse, il rencontra une connaissance que la course faisait suer et souffler elle aussi. Tout en faisant du surplace, on se donna rendez-vous pour le soir autour d'une bière et on se retrouva dans le spacieux séjour de la connaissance en question, dont l'emploi dans ce qu'on appelait la « production matérielle » était sûr, de sorte que ma propre connaissance ne s'étonna pas de trouver chez sa connaissance un parquet tout frais posé ; une pareille acquisition aurait été inaccessible à quelqu'un qui, comme lui, ne maniait que du papier et n'était tout au plus préposé qu'aux notes de bas de page.

On but une bière de Pilsen, puis une autre. Plus tard, le schnaps de Nordhausen arriva sur la table. On parla d'autrefois, des enfants qui grandissaient et des barrières idéologiques dans les réunions de parents. Ma connaissance, qui vient des monts Métallifères, où, l'année précédente, j'avais dessiné du bois mort sur les crêtes, avait l'intention, dit-il à sa connaissance, d'aller y faire du ski cet hiver-là avec sa femme, mais il avait des problèmes avec sa Wartburg, dont les pneus avant comme arrière étaient si délabrés qu'ils ne présentaient pratiquement plus de sculptures. Maintenant, il espérait pouvoir se procurer, par l'intermédiaire de sa connaissance, de nouveaux pneus neige : quelqu'un qui est en mesure, sous le socialisme réel, de faire poser du parquet dans sa résidence privée sait aussi comment faire pour accéder aux pneus spéciaux boue et neige.

Tandis que, l'heureuse nouvelle au cœur, déjà, nous approchions de Behlendorf, la télévision fonctionnait, le son presque à zéro, dans ce qu'on appelle le « salon berlinois » de la connaissance de ma connaissance. Et tandis que les deux autres parlaient encore du problème des pneus et que l'heureux possesseur d'un parquet affirmait que, dans le principe, on ne pouvait obtenir des pneus neufs qu'avec du « vrai argent », s'offrant cependant à procurer des gicleurs pour la Wartburg, mais ne voyant guère d'autre espoir, ma connaissance, jetant un coup d'œil rapide vers l'écran silencieux, s'aperçut qu'il y passait un film où, comme le voulait le scénario, des jeunes gens grimpaient sur le Mur, s'asseyaient à califourchon à son sommet, tandis que la police des frontières regardait ces amusements en se croisant les bras. Averti de cette insulte au Rempart de Protection antifasciste, la connaissance de ma connaissance dit : « Typique de l'Ouest ! » Puis tous deux commentèrent le mauvais goût qui défilait sur l'écran – « A tous les coups un film de guerre froide » – et ne tardèrent pas à revenir aux pneus d'été mal en point et aux pneus neige inexistants. On ne parla pas des archives ni des papiers posthumes d'écrivains plus ou moins importants qu'elles contenaient.

Tandis que nous vivions déjà dans la conscience d'une époque sans Mur et – à peine rentrés à la maison – mettions la télé en marche, il fallut encore un moment, de l'autre côté du Mur, pour qu'enfin la connaissance de ma connaissance franchît sur le parquet frais posé les quelques pas nécessaires pour monter le son à plein volume. Plus un mot des pneus. Ce problème, la nouvelle ère, le « vrai argent » le résoudraient sans doute. On avala cul sec ce qui restait de schnaps, et en route pour l'Invalidenstrasse où bouchonnaient déjà les voitures – plus de populaires Trabant que de « bourgeoises » Wartburg –, car tout le monde voulait aller jusqu'au check-point, qui était miraculeusement ouvert. Et en tendant bien l'oreille, on s'apercevait que tous ceux, presque tous ceux qui voulaient aller à l'Ouest à pied ou en Trabi criaient ou chuchotaient « C'est dingue ! », comme je l'avais crié moi-même peu avant Behlendorf, pour fuir ensuite, tout de même, dans mes pensées.

J'oubliai de demander à ma connaissance comment, quand et avec quel argent il avait fini par obtenir ses pneus neige. J'aurais bien aimé savoir aussi s'il avait fêté dans les monts Métallifères avec sa femme, qui était aux temps de la RDA une patineuse sportive réputée, le passage de l'an 89 à l'an 90. Car en un certain sens, la vie continuait.

1990

Ce n'était pas seulement pour assister au dépouillement que nous nous retrouvions à Leipzig. Jakob et Leonore Suhl venaient du Portugal et étaient descendus à l'hôtel Merkur, près de la gare. Ute et moi, qui venions de Stralsund, étions logés dans le faubourg de Wiederitzsch, chez un commerçant en produits d'hygiène que j'avais rencontré à la Table ronde de Leipzig. Nous suivîmes tout l'après-midi les traces de Jakob. C'est dans un quartier ouvrier, appelé autrefois Oetzsch et aujourd'hui Markkleeberg, qu'il a grandi. Son père, Abraham Suhl, qui enseignait l'allemand et le yiddish au Lycée juif, avait été le premier à émigrer en Amérique avec les jeunes frères de Jakob. Celui-ci le suivit en 38, à l'âge de quinze ans. Seule la mère, en raison de dissensions dans le couple, était restée à Oetzsch, jusqu'au moment où elle dut fuir elle aussi en Pologne, en Lituanie, et jusqu'en Lettonie où elle fut rattrapée par l'armée allemande à la fin de l'été 41 et – a-t-on dit plus tard – fusillée pendant une tentative de fuite par un commando de surveillance. Son mari et ses enfants, à New York, n'étaient pas parvenus à réunir suffisamment d'argent pour lui obtenir un visa d'entrée aux États-Unis d'Amérique, dernier espoir de la femme et de la mère. Jakob parlait parfois, et en hésitant, de ces vains efforts.

Bien qu'il ne fût plus tout à fait solide sur ses jambes, il ne se lassa pas de nous montrer la maison de rapport, l'arrière-cour où pendait la lessive, son école et, dans une rue attenante, le gymnase. Dans l'arrière-cour, ce furent les retrouvailles avec l'étendoir à battre les tapis. Réjoui, Jakob ne cessait de désigner ce reliquat de sa jeunesse. Il tenait la tête penchée, fermait les yeux comme s'il écoutait les coups réguliers, comme s'il y avait encore de la vie dans cette arrière-cour. Et c'est au-dessous d'une plaque en émail bleu où l'on pouvait lire, avec la date du 1er mai 1982, l'éloge officiel : « Maison modèle de la ville de Markkleeberg » qu'il voulut être photographié par Leonore. De même, il se plaça devant la porte bleue du gymnase, malheureusement fermée, au-dessus de laquelle, depuis une niche, le « père gymnaste » Jahn, fondateur, au début du XIXe siècle, du mouvement gymnastique de l'Allemagne nationaliste, regardait sévèrement au loin. « Non, dit Jakob, nous n'avions rien à voir avec les riches juifs à fourrures du centre-ville. Ici, tout le monde, juif ou non juif, nazi même, était simple employé ou ouvrier. » Et puis il voulut partir, il en avait assez.

Nous vécûmes le désastre électoral à la Maison de la Démocratie que, accompagnés par un jeune technicien du bâtiment, nous trouvâmes dans la Bernhard-Göring-Strasse. Les mouvements pour les droits des citoyens y avaient depuis peu des bureaux. Nous allâmes d'abord chez les Verts, puis à l'Alliance 90. Ici et là, des jeunes gens assis ou debout regardaient la télévision. Ici aussi, Leonore fit des photos, où se lisent aujourd'hui encore le silence et l'épouvante devant la première estimation. Une jeune femme se cachait le visage. Tout le monde était conscient que la CDU allait remporter une victoire retentissante. « Ben oui, dit Jakob, c'est comme ça en démocratie. »

Le lendemain, nous trouvâmes sur une palissade de tôle ondulée, devant l'entrée latérale de l'église Saint-Nicolas d'où étaient parties, à l'automne de l'année précédente, les manifestations du lundi, une affiche à inscription et bords bleus comme une plaque de rue. Nous lûmes : « Place des Baisés ». Et au-dessous, en petites lettres : « Les enfants d'Octobre sont toujours là. »

Avant que nous ne nous séparions de notre marchand d'hygiène qui avait voté CDU – « Ben, à cause de l'argent. Mais je regrette déjà... » – il nous montra, avec la fierté chaleureuse d'un Saxon qui avait su faire son chemin même sous le socialisme, sa maison, sa piscine et son jardin. A côté d'un minuscule étang, nous vîmes une tête de Goethe, en bronze, d'un mètre cinquante de haut, que notre hôte, juste avant que le chef puissant du poète n'allât à la fusion promise, avait échangée contre une quantité considérable de fil de cuivre. Nous nous étonnâmes, dans le jardin, devant un réverbère qui, contre des devises, serait parti pour la Hollande avec d'autres réverbères s'il n'avait pas plu à notre hygiéniste de faucher, ou plutôt de « mettre à l'abri », cet exemplaire. Il avait également mis à l'abri deux colonnes en labrador et une vasque de porphyre rescapées d'un cimetière que menaçait la planification et les avait incorporées à son jardin. Et partout se trouvaient des sièges en pierre sculptée ou en fonte, que cet homme qui ne s'asseyait jamais n'utilisait cependant guère.

Après quoi notre hygiéniste, qui était resté indépendant malgré le socialisme, nous conduisit à sa piscine couverte, que des capteurs solaires devaient chauffer à partir du mois d'avril. Mais plus encore que par ces produits de l'Ouest acquis grâce au troc, nous fûmes étonnés par des statues de grès plus grandes que nature qui représentaient Jésus-Christ et six apôtres, parmi lesquels figuraient les évangélistes. Il nous assura qu'il avait réussi à sauver ces sculptures à la dernière minute, avant la destruction de l'église Saint-Marc par ceux qu'il appelait les « barbares communistes ». A présent, le Christ, dans le goût de la fin du XIXe siècle, formait avec quelques-uns de ses apôtres un demi-cercle autour de la piscine aux reflets turquoise et bénissait deux robots (d'origine japonaise) qui en nettoyaient avec ardeur les parois carrelées ; il nous bénissait aussi, nous qui étions venus à Leipzig pour nous faire dégriser, le 18 mars, par les premières élections libres à la chambre du Peuple ; il bénissait peut-être l'unité qui allait venir et accomplissait son geste de bénédiction sous un toit dont la construction était portée par de sveltes « colonnes doriques », au dire du marchand d'hygiène. « Ici, dit-il, des éléments hellénistiques et chrétiens s'allient au pragmatisme saxon. »

Pendant le trajet de retour qui passait devant les vignobles le long de l'Unstrut et franchissait Mühlhausen en direction de la frontière, Jakob Suhl dormit, épuisé par ses retrouvailles avec Leipzig-Oetzsch. Il en avait vu assez.

1991

— Les morts, on les voit pas. Rien que des coordonnées qui vacillent et des bombes qui touchent, prétendument chirurgicales. On dirait un jeu vidéo…
— Bien sûr, puisque c'est CNN qui a acheté les droits de cette guerre, et même déjà de la suivante, et de la suivante encore…
— Mais on voit brûler des gisements de pétrole…
— Parce que c'est du pétrole qu'il s'agit, rien que du pétrole…
— Même les gamins dans les rues savent ça. Des écoles entières sont vides, sont dans la rue, sans leurs profs la plupart du temps, à Hambourg, Berlin, Hanovre…
— Et même à Schwerin et Rostock. Et avec des bougies, parce que chez nous il y a deux ans…
— … pendant que nous continuons, nous, ici, à jacasser de 68, de l'époque où nous manifestions violemment contre la guerre du Vietnam et le napalm et et…
— … mais ne pas se bouger le cul aujourd'hui, alors que les enfants, dehors…
— Ce n'est pas comparable. On avait au moins une perspective et quelque chose comme un projet révolutionnaire, tandis que ceux-là, avec leurs bougies…
— Mais comparer Saddam à Hitler, ça on peut, hein? Tous les deux sur le même plan, et comme ça on sait ce qui est bon et ce qui est mauvais.
— Oh, c'était plutôt une métaphore, mais c'est négo-

cier, négocier beaucoup plus longtemps qu'il aurait fallu, et faire pression par un boycott, comme avec l'Afrique du Sud, parce que avec la guerre...

– Mais quelle guerre ? Le show que CNN a arrangé bien gentiment avec le Pentagone et que le consommateur suit sur son écran, on dirait un feu d'artifice avec mise en scène spéciale pour salle de séjour. Bien propre, pas de morts. On regarde ça comme un film de science-fiction, en grignotant des crackers.

– Mais le pétrole qui brûle, on le voit, et on voit tomber les fusées sur Israël, où les gens restent à la cave avec des masques à gaz...

– Mais qui a armé Saddam contre l'Iran, pendant des années ? Exactement. Les Amerloques et les Français...

– ... et des boîtes allemandes. Tenez, on a la longue liste des fournisseurs : tout ce que vous voulez de plus sophistiqué, accessoires pour fusées, des labos entiers de gaz toxiques avec mode d'emploi...

– ... c'est pour ça que même ce Biermann, que j'avais toujours pris pour un pacifiste, est pour la guerre. Il dit même que...

– ... il ne dit rien du tout, il se contente de dénoncer tous ceux qui ne sont pas d'accord avec lui...

– ... et les enfants avec leurs bougies qui sont pour la paix, il les appelle des pleurnichards...

– Parce que ces gamins n'ont aucun objectif social, aucune perspective, aucun argument, tandis que nous à l'époque...

– ... enfin « Pas de sang pour le pétrole ! », ça veut quand même dire quelque chose...

– Mais pas assez. Quand nous, pour la guerre du Vietnam...

– ... ouais, « Hô, Hô, Hô Chi Minh ! » c'était pas non plus renversant, comme argumentation...

– En tout cas, maintenant, ce sont les enfants qui sont

sur les places et dans les rues. Et maintenant à Munich, à Stuttgart aussi. Plus de cinq mille. Ils viennent même des crèches. Ils font des marches silencieuses avec des minutes de hurlements. Ils crient : « J'ai peur ! J'ai peur ! » En Allemagne, on n'a jamais vu ça, quelqu'un qui dit ouvertement... Mon opinion...

– Les opinions, c'est de la merde ! Regardez donc un peu ces gamins. En bas, Adidas, en haut, Armani. Des mioches gâtés-pourris qui se mettent à avoir peur pour leurs fringues de luxe, tandis que nous, en 68 et plus tard, quand il s'agissait de l'aéroport de Francfort, ou après contre les Pershing, à Mutlangen, et je ne sais où encore... C'était pas du gâteau à l'époque. Et maintenant ces mômes qui s'amènent en tremblant avec leurs bougies...

– Bon, et alors ? A Leipzig, ça n'a pas commencé comme ça ? J'y étais, quand tous les lundis on partait pacifiquement de l'église Saint-Nicolas. Tous les lundis, mais oui, jusqu'au moment où, en haut, ils ont commencé à avoir les foies...

– On ne peut pas comparer avec aujourd'hui.

– Mais Hitler et Saddam, si. Tous les deux sur le même timbre, comme Goethe et Schiller. Ça, on peut, hein ?

– En tout cas, les gisements de pétrole brûlent...

– Et à Bagdad, c'est un abri plein de civils qui...

– Mais sur CNN, c'est un autre film qui passe...

– Mais comprends donc. C'est l'avenir. Avant même que la guerre commence, on vend les droits de retransmission au plus offrant...

– Tu peux même faire une production anticipée : elle viendra bien, la prochaine guerre, dans le Golfe encore, ou ailleurs.

– En tout cas pas dans les Balkans contre les Serbes ou les Croates...

– Uniquement là où il y a du pétrole...

– Et on ne verra pas davantage de morts…
– Et il n'y a que les enfants qui aient peur, vraiment peur…

1992

Je fus un peu surpris, car c'était à la demande instante de personnes d'un certain âge qui avaient été au service de l'État disparu que je partis de Wittenberg. En tant que pasteur, je commençais à avoir de l'expérience, s'il s'agissait une fois de plus de sonder moralement les abîmes qui s'étaient ouverts depuis quelque temps dans tout le pays. Moi aussi, peu après la chute du Mur, je m'étais prononcé pour qu'on rendît publique toute la conscience professionnelle de la Stasi, et une double responsabilité m'incombait donc maintenant.

La présente affaire – « Un mari espionne sa propre femme pendant des années » – m'était connue par la presse, et pas seulement par les manchettes. Mais ce n'étaient pas les membres du couple rattrapé par le malheur, ou plutôt par l'héritage de la Stasi, qui me demandaient conseil ; c'étaient leurs parents, qui, d'une part, cherchaient de l'aide, et qui, d'autre part, m'avaient assuré au téléphone n'avoir aucune attache religieuse ; et je promis, de mon côté, de faire le voyage de Berlin sans aucun zèle missionnaire.

Le couple dont nous étions les hôtes était assis sur le sofa, les autres beaux-parents et moi-même dans des fauteuils. « Nous nous refusons à croire, me dit-on, ce qu'on lit dans les journaux. Mais aucun des intéressés ne nous parle. » « Ceux qui en souffrent le plus, malheureusement, dit la mère de l'épouse espionnée, ce sont bien sûr

les enfants, parce qu'ils aiment beaucoup leur père. »
Tous convenaient d'une chose : le fils et gendre avait
toujours été pour ses enfants un bon père, plein de
patience. En outre, on m'assura que la fille et belle-fille
était la personnalité la plus forte des deux, la personne
dominante même, mais qu'ils partageaient tous les deux
la même critique du parti, et plus tard de l'État. Ils restaient inflexibles chaque fois qu'on essayait de leur faire
comprendre tout ce qu'on devait à l'État des Ouvriers et
des Paysans. Jamais ces scientifiques diplômés, l'un et
l'autre, n'auraient trouvé un emploi aussi hautement qualifié si la sollicitude socialiste n'était venue à la rescousse...

Dans un premier temps, je me contentai d'écouter. On
dit que j'y ai un certain talent. J'appris donc que l'un des
deux beaux-pères avait été un chercheur reconnu dans le
secteur pharmaceutique, l'autre – le père de la femme
espionnée – employé par la Stasi, dans la formation des
cadres. Maintenant sans emploi, l'ancien officier de la
Stasi déplorait les déboires de son gendre, en raison de
sa connaissance interne de l'appareil : « S'il m'avait dit
quelque chose à temps ! Je lui aurais déconseillé un
double jeu trop risqué. Car d'un côté, par loyauté vis-à-vis de l'État, il voulait se rendre utile comme informateur, et de l'autre il s'agissait de protéger d'éventuelles
mesures de rétorsion de la part de l'État son épouse un
peu trop critique, qui avait toujours eu tendance à une
certaine spontanéité. C'est ce qui lui a créé des problèmes. Il était bien trop faible pour supporter une telle
tension. Finalement, je sais de quoi je parle. J'ai été
réprimandé à plusieurs reprises en haut lieu pour avoir
refusé, après la première provocation de ma fille dans
une église de Pankow, de cesser tout contact avec elle, ce
qui aurait voulu dire : rompre. Non, je l'ai soutenue
financièrement jusqu'au bout, même si elle n'appelait
mon service, avec mépris, que "la Pieuvre". »

Le chercheur émérite se plaignit, de la même façon, que son fils ne lui eût jamais demandé conseil. Antifasciste qui avait fait ses preuves et longtemps membre du parti, familier, depuis l'époque de l'émigration, de toutes les sortes de dissidence et des sanctions drastiques qui allaient avec, il avait conseillé à son fils de choisir clairement son camp – « Mais lui rêvait d'une troisième voie. »

Les mères et belles-mères ne disaient pas grand-chose, sinon pour afficher, quand l'occasion s'en présentait, leur souci pour les petits-enfants et les qualités de père de l'époux-espion. La mère de la femme espionnée pour cause de dissidence dit : « Il y a quelques mois à peine, ils étaient tous les deux assis là, sur ce sofa, avec les petits-enfants, et voilà que tout fiche le camp… »

En oreille attentive et exercée, je restais toujours sur ma réserve. Il y avait du café et des biscuits, de l'Ouest d'ailleurs, de chez Bahlsen. J'appris que l'on avait éprouvé l'effondrement de la République certes sans surprise, mais non sans douleur. La seule chose étonnante avait été que le fils et gendre, en dépit ou à cause de son double rôle, eût considéré jusqu'au bout « notre État » comme réformable, capable de se transformer. De même pour la fille et belle-fille : à l'heure où les « camarades dirigeants » s'étaient déjà retirés, elle montait sur les barricades pour un « socialisme quelque part démocratique ». On ne pouvait y voir d'un côté comme de l'autre, me dit-on, que la preuve de leur naïveté. « Non ! » s'écria l'officier de la Stasi au chômage : « La cause de l'échec, ce n'est pas l'opposition de nos enfants, mais nous-mêmes. » Après une pause où on resservit du café, j'entendis : « A partir de 83 au plus tard, depuis que ma fille et mon gendre, en plein accord, apparemment, ont collaboré à la fondation, à Gotha, de ce qu'on appelait "l'Église d'en bas", le parti et l'État auraient dû regarder d'un œil positif cette impulsion critique, en faire un "parti d'en bas"… »

Puis ce furent les auto-accusations. Et moi, moi qui ai fait partie, malgré les réticences de notre hiérarchie, de cette « Église d'en bas », je m'efforçais de réprimer tout sentiment de triomphe devant une lucidité si tardive... Mais ensuite, le pharmacologiste reprocha à l'officier de la Stasi préposé à la formation des cadres d'avoir, par un archivage aussi méticuleux, livré à l'Ouest le peuple déjà si affaibli et ses autorités. Et le beau-père de l'espion reconnut qu'il y avait eu là un dysfonctionnement des organes de sécurité. On avait omis de protéger, en faisant disparaître à temps les rapports et les informations personnelles, les informateurs loyaux et de bonne foi parmi lesquels se trouvaient des proches. Un devoir d'assistance aurait dû commander cette précaution. « Qu'en pensez-vous, monsieur le pasteur ? »

Embarrassé, je répondis : « Assurément, assurément. Mais l'Ouest aussi aurait dû comprendre quelle bombe à retardement restait cachée Normannenstrasse, au siège de la Stasi. Il fallait mettre les scellés sur la Centrale, pour longtemps. Au moins vingt ans de délai. Mais il ne suffisait manifestement pas à l'Ouest d'avoir remporté la victoire matérielle... Même d'un point de vue chrétien, il aurait fallu... Et pour protéger les petits-enfants, comme dans votre cas... »

Là-dessus, on me mit sous les yeux un album de famille. Sur quelques petites photos, je vis la dissidente, célèbre depuis quelques années, et son mari, à présent connu lui aussi, un barbu mélancolique. Entre eux, les enfants. La famille était assise sur ce même sofa où se trouvaient maintenant les parents, grands-parents de petits-enfants à plaindre. Alors seulement j'appris que le couple allait incessamment divorcer. Tous les beaux-parents approuvaient cette démarche. « C'est dans l'ordre », dirent les uns ; et les autres : « Il n'y avait plus rien à faire. » Puis on me remercia pour ma patiente écoute.

1993

Comme petit flic, tu ne peux rien contre. Pas dans le principe, parce qu'il y a encore quelques années, quand tout était fermé vers l'Ouest et que nos organes d'État tenaient leur promesse de faire régner l'ordre et la normalité, ça, ça n'existait pas, cinq ou six cents crânes rasés, rien que de l'extrême droite, certains avec des battes de base-ball, qui tapent, qui tapent sans se poser de questions dès qu'ils voient l'ombre d'un Nègre. Ça gueulait tout au plus un peu contre les Polonais qui s'infiltraient ici pour venir acheter tout ce qu'il y avait. Mais des vrais nazis, conscients et organisés, avec le drapeau du Reich et tout ce qui s'ensuit, on n'en a vu qu'à la fin, quand de toute façon il n'y avait plus d'ordre du tout et que nos camarades dirigeants chiaient dans leurs frocs. En face, à l'Ouest, ils étaient là depuis longtemps, c'était normal là-bas. Mais quand ils sont arrivés aussi chez nous, que c'est parti d'abord à Hoyerswerda, puis ici à Rostock-Lichtenhagen, parce que le foyer des Exilés et juste à côté la résidence des Vietnamiens dérangeaient les habitants, nous, comme policiers, on ne pouvait pratiquement rien faire, parce qu'on n'était pas assez nombreux et que les chefs manquaient de détermination. Et tout de suite on a dit : « Ça, c'est bien l'Est ! », « La police ferme les yeux... » Si, si, c'est des choses qu'on a entendues. On nous soupçonnait de sympathies secrètes ou ouvertes avec les casseurs. Mais maintenant que l'année dernière, ça a brûlé de l'autre côté à Mölln, qu'il y a eu trois morts et que tout récemment encore, à Solingen, il y a eu un incendie avec des morts, cinq unités cette fois-ci, depuis que partout, disons dans l'Allemagne unie, la terreur se propage et devient tout doucement normale, plus personne ne dit : « Ça n'existe qu'à l'Est », même si chez nous à Rostock la population, qui avait toujours du travail autrefois et qui est maintenant « dégraissée », c'est-à-dire au chômage, et qui en principe n'a jamais rien eu contre les étrangers, elle est bien contente parce que depuis ces bagarres on a vidé les foyers d'immigrés et que les Noirs et les Vietnamiens sont partis, enfin pas partis, en tout cas autre part, et qu'on ne les voit plus. D'accord, c'était pas très beau et ça ne nous a pas facilité le travail, à nous, les policiers, quand les gens, ici à Lichtenhagen, comme avant à Hoyerswerda, les gens se bousculaient aux fenêtres, se contentaient de regarder, et que même beaucoup applaudissaient quand les crânes rasés faisaient la chasse à ces pauvres bêtes, il y en avait même des Balkans, qu'ils tapaient dessus, et allez, et allez, bref, qu'ici c'était dégueulasse et compagnie. On a eu le plus grand mal à protéger du pire ces quelques Vietnamiens. Parce que les morts, ça n'a pas été ici, mais à l'Ouest, à Mölln et à Solingen. C'étaient des Turcs. Ici, il n'y en a autant dire pas. Mais ça peut changer, si jamais les gens de l'Ouest se disent qu'ils peuvent décharger ici tout ce qui leur arrive des Balkans comme Bosniaques, Albanais, avec de vrais islamistes fanatiques, les décharger tranquillement, parce qu'ici, paraît-il, il y a encore de la place. S'il arrive quelque chose comme ça, toi, en tant que petit flic, tu ne peux pratiquement rien faire dès que ces casseurs débarquent et font ce que normalement la politique devrait faire : fermer les frontières et faire le ménage avant qu'il soit trop tard. Mais ces beaux messieurs parlent, parlent, et ils nous laissent le sale boulot.

Qu'est-ce que vous voulez dire ? Les chaînes lumineuses ? Des centaines de milliers de gens qui ont protesté contre les xénophobes avec des bougies ? Ce que j'en pense ? Je vais vous poser une question : qu'est-ce que ça a rapporté ? Chez nous aussi, d'ailleurs, on a eu ça. Des bougies tant que vous en vouliez. Il y a quelques années à peine. A Leipzig, même à Rostock. Et puis ? Qu'est-ce qui en est sorti ? Bon d'accord : le Mur est tombé. Et puis quoi d'autre ? Ça a fait des tas d'extrémistes en plus. Chaque jour davantage. Les chaînes lumineuses ! Laissez-moi rire ! Qu'elles aillent donc au charbon, les chaînes lumineuses ! Laissez-moi rire ! Demandez un peu aux gens qui, avant, travaillaient aux chantiers navals ou qui avaient du travail ailleurs ce qu'ils pensent des chaînes lumineuses et ce que ça veut dire d'être « dégraissé » du jour au lendemain. Ou demandez à mes collègues, non, pas ceux qui venaient de Hambourg, qu'on a enlevés à peine ils étaient là quand ça a cogné ici, non, aux nôtres, qui ont l'expérience du service depuis la Police populaire, demandez-leur un peu ce qu'ils pensent des bougies magiques et de tout ce tintouin pacifiste. Qu'est-ce que vous dites ? Qu'on a donné à nos voisins européens un signe clair de la turpitude allemande, parce que de nouveau la racaille brune...

Écoutez : bien modestement, comme petit flic, j'aimerais vous demander quelque chose : est-ce que c'est différent en France ? Ou à Londres par exemple ? Est-ce qu'ils mettent des gants avec leurs Algériens ou leurs Pakistanais ? Ou les Américains avec leurs Nègres ? Bon, alors. Je vais vous parler franchement : ce qui s'est passé ici à Lichtenhagen, et qui est devenu extrême ensuite à Mölln et à Solingen, c'était tout à fait regrettable, mais ça peut parfaitement, dans le principe, être considéré comme un phénomène normal. De même que nous, comme Allemands, nous sommes un peuple parfaitement normal, comme les Français, les Anglais et les Amerloques. Qu'est-ce que vous dites ? Eh ben, si vous voulez : affreusement normal...

1994

Il paraît que je suis dure comme l'acier. Qu'est-ce que ça signifie ? Est-ce qu'il suffit d'être une femme pour être obligée de montrer de la faiblesse ? A celui qui me décrit et me décrie, et qui pense pouvoir se permettre de m'octroyer une note – « Comportement social : insuffisant » –, avant qu'il ne s'amuse à peindre comme des échecs mes activités en fin de compte toujours couronnées de succès, je dirai d'entrée de jeu que je suis sortie de toutes les commissions d'enquête en pleine santé, c'est-à-dire sans la moindre tache, et que je ne crains pas non plus les pinailleurs et dénigreurs de l'an 2000, au moment de l'Expo. Mais si je devais tomber, au cas où les romantiques du social tiendraient le crachoir, je tomberais en douceur et je me retirerais dans notre résidence familiale avec vue sur l'Elbe, qui m'est restée quand Papa, l'un des derniers grands banquiers privés, a été poussé à la faillite. Là, je dirais : « Qu'est-ce que ça signifie ? » et je me consacrerais au spectacle des bateaux, des bateaux à containers qui remontent le courant vers Hambourg ou en descendent lourdement chargés, enfoncés jusqu'au-dessus de la ligne de flottaison, pour gagner l'embouchure de l'Elbe et la mer, les mers nombreuses. Et quand alors, au coucher du soleil, au moment où l'atmosphère se crée, où le fleuve passe par toutes les couleurs, je céderais, je m'abandonnerais au flux rapide des images, je ne serais plus que sentiment, d'une douceur extrême...

Mais oui ! J'aime la poésie, mais aussi l'aventure monétaire, de même que ce qui n'est pas calculable, comme à l'époque cette *« Treuhand »*, cette « main fiduciaire » qui, sous ma surveillance, ma surveillance exclusive finalement, a brassé des milliards, liquidé en un temps record des milliers de ruines économiques et dégagé le terrain pour l'avenir, raison pour laquelle ce monsieur qui a manifestement l'intention de mélanger les salaires faramineux versés pour un travail brillamment accompli avec les inévitables dommages collatéraux de l'assainissement – raison pour laquelle ce monsieur projette un roman démesuré, comme d'habitude, dans le cours duquel il veut me mettre en parallèle avec un personnage tiré de l'œuvre de Fontane – simplement parce qu'une certaine « Madame Jenny Treibel » savait, comme moi, allier les affaires et la poésie…

Pourquoi pas ? Désormais, on ne m'appellera pas seulement « Mme Treuhand » – ou la « Dame de fer » – mais j'appartiendrai aussi à l'histoire de la littérature. Ah, cette jalousie sociale, cette haine contre ceux qui gagnent correctement leur vie ! Comme si j'avais choisi chacun de ces postes ! Chaque fois, c'était le devoir qui primait. Chaque fois j'ai été appelée, que ce soit à Hanovre, comme ministre de l'Économie, ou plus tard dans le grand immeuble de la Wilhelmstrasse, quand mon prédécesseur a été tout bonnement assassiné – par qui, d'ailleurs ? –, ce qui posait quelques problèmes à la Treuhand. L'Expo 2000 aussi, on me l'a imposée, parce que je ne crains pas les défis, parce que je ne me soumets à personne, sinon aux marchés, et que je sais encaisser les pertes, parce que je fais des dettes qui valent la peine et que ma dureté surmonte tout, à n'importe quel prix…

Oui, il y a eu des chômeurs, et ils sont encore là. Le monsieur qui me décrie prétend m'en coller des centaines de milliers sur le dos. Qu'est-ce que ça signifie ? me dis-je. Eux, ils ont toujours le hamac social, mais moi, il faut que j'affronte sans cesse de nouvelles missions, car lorsque, en 94, la Treuhand a accompli son œuvre incomparable et aplani les ruines de l'économie communiste planifiée, j'ai dû aussitôt me préparer à une nouvelle aventure, l'Exposition universelle. Me préparer ? Non, sauter en marche sur le cheval nommé Expo. Il fallait insuffler de la vie à une vague idée. Alors que j'aurais préféré, et de loin, puisque j'étais plus ou moins au chômage, me prélasser tranquillement, aux frais de l'État, dans le hamac en question, si possible sur la terrasse de notre propriété familiale avec vue sur l'Elbe. Je ne peux, hélas ! en jouir que rarement, et pratiquement jamais avant le coucher du soleil, parce que la Treuhand me poursuit encore, parce que je suis à nouveau menacée d'une commission d'enquête, parce que ce monsieur qui prétend m'inscrire au débit de l'année 1994 veut maintenant me présenter l'addition suprême : c'est moi – et non pas l'industrie de la potasse d'Allemagne de l'Ouest – qui serais responsable du licenciement de quelques milliers de mineurs ; c'est moi – et non pas Krupp – qui aurais dégommé les aciéries d'Oranienburg ; c'est moi – et pas le moindre pêcheur de billes de Schweinfurt – qui aurais mené à la ruine toutes les usines de roulements des temps anciens de la RDA ; c'est à moi que reviendrait le tour de passe-passe consistant à sauver avec des fonds publics de l'Est des entreprises de l'Ouest en piètre état – par exemple les chantiers navals Vulkan, à Brême ; c'est de ma main, celle de Mme Treuhand, *alias* Jenny Treibel, que, belle image, se seraient échappés des milliards, aux frais de petits pantins désespérés...

Non. On ne m'a jamais fait de cadeaux. Il a fallu que je prenne tout moi-même. Ce n'étaient pas de petites affaires d'épiciers à plans sociaux, seules les missions de géant représentaient pour moi un défi. J'aime le risque, et le risque m'aime. Mais quand un jour se seront tus les bavardages subalternes sur un chômage prétendument excessif et sur les fonds disparus sans laisser de trace, je dis bien sans laisser de trace, quand, à partir de l'an 2000, il n'y aura plus de corbeau pour croasser sur les billets d'entrée subventionnés à l'Expo, et que plus personne ne parlera de broutilles pareilles, on s'apercevra que la Treuhand a conquis grâce à un déménagement sans concessions d'immenses espaces et que l'on peut tranquillement mettre les énormes pertes éventuelles de l'Exposition universelle au crédit de l'avenir, de notre avenir commun. Quant à moi, je pourrai enfin jouir, depuis notre résidence familiale, de la vue sur l'Elbe, de la poésie d'un fleuve industrieux et, gratuitement, des couchers de soleil ; à moins que l'on ne me place devant le défi de missions nouvelles. Cela pourrait m'exciter, par exemple, de diriger, d'une position centrale, l'échange en pièces et billets du pur et dur *Deutsche Mark* contre l'euro...

Qu'est-ce que cela signifie ? me dirai-je alors, et j'attaquerai avec dureté, une dureté d'acier s'il le faut. Et personne, même pas vous, monsieur mon descripteur-décrieur, ne pourra protéger la femme sans faiblesse de cette sorte de faillite qui voit grand et qui, ne serait-ce que pour cela, promet sans aucun doute le succès...

1995

... et maintenant, chères auditrices, chers auditeurs, l'ours est lâché, comme on dit à Berlin. Écoutez un peu ça, il doit y avoir deux, trois cent mille personnes qui descendent le Ku'damm, qui a connu tant d'heures critiques, sur toute sa longueur, de l'église du Souvenir jusqu'au lac de Halensee, c'est du délire, non, du super délire. Des choses comme ça, ça n'est possible qu'ici. Il n'y a qu'ici, à Berlin, où récemment encore s'est produit un événement incomparable, l'emballage complètement magique du Reichstag par Christo, l'artiste adulé du monde entier, une manifestation qui a attiré des centaines de milliers de gens, c'est ici, rien qu'ici, où il y a quelques années la jeunesse dansait sur le Mur, a fait une fête à tout casser et a lancé ce qui devait devenir l'expression de l'année : « C'est dingue ! », rien qu'ici, donc, qu'une fois encore, mais cette fois avec une foule incalculable, une soif de vivre incroyable et dans la folie totale, la « Love Parade » peut défiler et aussi, même si au début la municipalité a réagi avec réserve et a même envisagé une interdiction à cause des problèmes de déchets, et aussi, donc, que peuvent enfin se montrer – c'est certain, chères auditrices, chers auditeurs, nous respectons vos réticences –, que peuvent se montrer dans une manifestation, autorisée par le conseiller à l'Intérieur, ceux qu'on appelle les *ravers*, c'est-à-dire des amateurs de techno, illuminés, disjonctés, complètement frappés, qui se rassemblent dans tout Berlin et organisent dans cette ville merveilleuse, toujours ouverte à tout ce qu'il y a de nouveau, « la plus grande *rave-party* du monde », dit-on, un grand bonheur, disent les uns, les autres sont choqués, car ce qui se passe ici depuis des heures – écoutez, écoutez – n'a pas son pareil comme volume sonore et comme joie de vivre, mais aussi comme convivialité, comme volupté pacifique, puisque aussi bien le slogan de ce « carnaval de Rio » des bords de la Spree, c'est « Peace on Earth ». Eh bien oui, chers auditeurs des deux sexes, c'est cela, sans conteste et en tout premier lieu, que veulent tous ces jeunes gens aux accoutrements absolument extraordinaires qui sont venus de partout, même d'Australie, la paix sur la Terre ! Mais il y a une autre chose qu'ils veulent montrer aussi : Regardez, on existe. Nous sommes nombreux. Nous sommes différents. Nous voulons nous amuser. Rien d'autre que nous amuser. Et c'est ce qu'ils font sans limites, parce que, comme je le disais, ils sont différents, ce ne sont pas des casseurs, ni de droite, ni de gauche, ce ne sont pas des soixante-huitards attardés qui étaient toujours contre quelque chose et jamais vraiment pour quoi que ce soit, mais pas des pleureuses non plus, comme ceux qui voulaient, nous en avons connu, bannir la guerre avec des chaînes lumineuses, des bougies et des cris d'angoisse. Non, cette jeunesse des années quatre-vingt-dix est d'un autre métal, comme sa musique, qui, chères auditrices et chers auditeurs, vous fait peut-être l'effet d'un simple bruit qui fait mal aux tympans, car je dois moi-même avouer, à regret certes, que le long du Ku'damm ce grondement des basses qui vous ébranle de partout, cet impitoyable *boum boum boum-tchaka tchaka tchac* qu'on appelle techno n'est pas du goût de tout le monde, mais voilà, cette jeunesse ne regarde qu'elle-même et le chaos, elle veut s'en mettre plein les oreilles et vivre dans l'extase. Elle danse jusqu'à l'épuisement, elle est en sueur, en nage, jusqu'à la limite et même au-delà, et maintenant, sur des chars qui n'avancent pratiquement pas, mais décorés avec beaucoup d'esprit, sur des tracteurs à plate-forme, dans et sur des bus de location, qui mettent l'effervescence sur le Ku'damm – écoutez ça ! –, dans tout Berlin, si bien que je commence, en me risquant maintenant dans la foule qui saute et qui tape du pied, que les mots commencent à me manquer, et je m'approche de quelques-uns de ces danseurs fanatisés qu'on appelle *ravers* : Qu'est-ce qui t'a attiré à Berlin, dans cette ville ? « C'est parce que c'est super d'être là avec tout le monde... » Et vous, la demoiselle en rose ? « Eh ben, parce que pour une fois, ici, à la Love Parade, je peux être vraiment comme je le sens... » Et vous, jeune homme ? « Ouais ben, c'est parce que je suis pour la paix, et c'est comme ça que je la vois, comme ce qui se passe ici... » Et toi, la belle dans son plastique transparent ? Qu'est-ce qui t'amène ici ? « Mon nombril et moi, on aime être vus... » Et vous deux, en minijupes laquées ? « Putain, c'est le pied... » « Le super pied, oui... » « Chanmé, l'ambiance, c'est mortel... » « Y a qu'ici que je valorise complètement mon look... » Vous l'entendez, mes chers auditeurs, jeunes et vieux, hommes et femmes. Le must, c'est le look ! Car cette jeunesse complètement déchaînée, ces *ravers*, ils ne dansent pas seulement comme s'ils avaient la danse de Saint-Guy, ils veulent être vus, frapper l'attention, l'imagination, être eux-mêmes. Et ce qu'ils ont sur le corps – rien que des sous-vêtements pour la plupart –, ça doit coller. Rien d'étonnant si déjà des designers de mode s'inspirent de la Love Parade. Et on ne s'étonnera pas non plus que déjà l'industrie du tabac, Camel en tête, ait transformé les adeptes de la techno en panneaux publicitaires. Et personne n'est choqué par cette publicité, parce que cette génération s'est réconciliée sans problème avec le capitalisme. Les jeunes des années quatre-vingt-dix, ce sont ses enfants. Le capitalisme, ils le portent en toutes lettres sur le corps. Ils sont le produit de ses marques. Ils veulent toujours être et avoir ce qu'il y a de plus nouveau. Ce qui en pousse un bon nombre à renforcer cette toute nouvelle volupté par l'ecstasy, la toute dernière drogue. Un jeune homme me disait tout à l'heure, de la meilleure humeur : « De toute façon, le monde est foutu, alors laissez-nous faire notre teuf... » Et cette « teuf » – « fête » pour les profanes –, chères auditrices, chers auditeurs, c'est aujourd'hui qu'elle a lieu. Pas de slogans révolutionnaires, rien que la paix pour aujourd'hui et pour demain, même si on tire et on assassine quelque part dans les Balkans, à Tuzla ou Srebrenica et ailleurs. Aussi, je voudrais conclure ce reportage d'ambiance depuis le Kurfürstendamm par un coup d'œil sur l'avenir : il est déjà là, il est ici, l'avenir, à Berlin, ici, où à l'époque le maire mythique de Berlin, Ernst Reuter, a crié aux peuples du monde : « Regardez cette ville ! », ici, où le président John F. Kennedy a avoué : « Moi aussi, je suis un Berlinois ! », ici, dans cette ville autrefois divisée et maintenant unie, en perpétuel chantier, d'où va prendre son envol – avant même l'an 2000 – la « République de Berlin », c'est ici tous les ans, et dans un an dans le Tiergarten même, qu'il est permis à une génération de danser dans l'extase, une génération à qui appartient déjà l'avenir, tandis que nous, les aînés, si je peux me permettre pour finir une petite plaisanterie, il nous reste à nous coltiner les ordures, des montagnes d'ordures que la Love Parade et la grande teuf techno vont nous laisser derrière elles, comme déjà l'année dernière, et comme toujours désormais.

1996

En réalité, le professeur Vonderbrügge, que j'assaille depuis un certain temps de mes questions de profane, avait l'intention de m'écrire pour cette année quelque chose qui eût trait à la génétique, des données concernant les brebis jumelles clonées Megan et Morag (la brebis écossaise Dolly n'étant née d'une mère porteuse que l'année suivante), mais le professeur s'excusa en invoquant un voyage à Heidelberg : spécialiste qu'on s'arrachait de toutes parts, il était obligé d'assister dans cette ville au congrès mondial des chercheurs sur le génome, car, me dit-il, il ne s'agissait pas seulement là-bas de brebis clonées, mais, du point de vue de la bioéthique, surtout de notre avenir, dont on distingue dès à présent que de plus en plus il se passera de pères.

Pour remplacer, je parlerai donc de moi, ou plutôt de mes trois filles et de moi, leur père plus que putatif, et du voyage que nous avons entrepris ensemble peu avant Pâques et qui ne fut pas pauvre en surprises, tout en se déroulant tout à fait conformément à nos humeurs et désirs. Laura, Helene et Nele m'ont été données par trois mères qui, si on les considère extérieurement – d'un regard plein d'affection –, sont radicalement différentes et, si jamais elles s'étaient parlées, seraient aussi en contradiction que possible ; en revanche, leurs filles tombèrent vite d'accord sur le but du voyage auquel les invitait leur père : on partirait pour l'Italie ! On me permit de suggérer Florence et l'Ombrie, ce que je fis – je l'avoue – pour des raisons sentimentales : c'est là que, voilà des dizaines d'années (pendant l'été 51 exactement), j'étais allé en auto-stop. A l'époque, mon sac à dos contenant couchage, chemise de rechange, bloc à dessin et boîte d'aquarelle était léger, et chaque champ d'oliviers, chaque citron mûrissant sur l'arbre me paraissait digne d'ébahissement. Cette fois, je voyageais avec les filles et, sans mères, elles voyageaient avec moi. (Ute, qui n'a pas eu de filles mais uniquement des fils, m'avait donné congé avec un regard sceptique.) Laura, qui est l'aînée et la mère rarement souriante (ou alors timidement) de trois enfants, s'était occupée pour nous de retenir les hôtels et, à partir de Florence, la voiture de location. Helene, élève encore impatiente d'un cours d'art dramatique, savait déjà prendre des attitudes théâtrales devant des fontaines, sur des escaliers de marbre ou contre des colonnes antiques. Nele soupçonnait sans doute que ce voyage lui offrait l'ultime occasion de donner la main à Papa. Elle pouvait ainsi prendre à la légère les tribulations imminentes et laisser à Laura le soin de la persuader sororalement de passer tout de même le bac – ne fût-ce que par défi envers ce lycée débile. Toutes trois, dans les raides escaliers de Pérouse, en escaladant Assise ou Orvieto, prenaient soin d'un père dont les jambes à chaque pas accusaient toute la fumée produite depuis des décennies. J'étais contraint de faire des pauses et de veiller à ce qu'elles coïncidassent avec quelque objet remarquable : ici un portail, là une façade dont le délabrement revêtait des teintes particulièrement intenses, parfois une simple vitrine débordant de chaussures.

Je me montrais moins économe de tabac que de leçons, devant tout cet art qui invitait partout au commentaire, que ce fût d'abord aux Offices, puis devant la façade de la cathédrale d'Orvieto ou dans les églises inférieure et supérieure d'Assise, encore intactes en 1996 ; c'étaient bien plutôt mes filles qui étaient pour moi la plus vivante des leçons, car dès que je les voyais devant un Botticelli, un Fra Angelico, devant des fresques et des tableaux où des maîtres italiens avaient représenté des femmes dans leur grâce, souvent par trois groupées, échelonnées, alignées, de face, de dos ou de profil, je voyais Laura, Helene, Nele refléter ces vierges, ces anges, ces allégories printanières, je les voyais, tantôt en grâces, tantôt en dévotes recueillies, tantôt encore, avec une verve gestuelle, se tenir immobiles ou bien danser, passer de gauche à droite ou bien se rejoindre devant les tableaux, comme si elles étaient elles-mêmes de la main de Botticelli, de Ghirlandaio, de Fra Angelico ou (à Assise) de Giotto. Sauf aux moments où elles s'éparpillaient, partout m'était offert un ballet.

Observant avec recul, le père se voyait ainsi fêté. Mais à peine de retour à Pérouse, où nous nous étions logés, j'eus l'impression, en parcourant avec mes filles côtes et descentes le long des remparts étrusques de la ville, que le père souverain que j'étais encore l'instant d'avant était maintenant surveillé à travers les fissures de la muraille étroitement jointoyée, qu'un regard massif me tombait dessus, que les trois mères si différentes étaient à l'affût et s'accordaient – à mon sujet – pour s'inquiéter, se demandant si tout se passait comme il faut, si je ne favorisais pas l'une des filles, si je m'efforçais bien sans trêve de compenser d'anciennes négligences, bref si j'étais à la hauteur de mes devoirs de père. Les jours suivants, j'évitai cette poreuse muraille de facture sévèrement étrusque. Et puis arriva Pâques avec ses carillons. Nous arpentâmes le *corso* comme si nous sortions de la messe : Laura à mon bras, Nele me donnant la main, et Helene devant nous se mettant en scène. Puis nous partîmes en voiture dans la campagne. Et moi, paternellement prévoyant que j'avais été, je cachai dans les racines noueuses, pleines de nids et de cavités rugueuses, d'un champ d'oliviers qui nous avait invités à pique-niquer non pas vraiment des œufs de Pâques, mais des surprises choisies : biscuits aux amandes, sachets pleins de cèpes séchés, basilic réduit en pâte, bocaux d'olives, de câpres et d'anchois, et tout ce que l'Italie peut encore offrir de succulent. Tandis que je m'affairais entre les arbres, les filles durent regarder fixement le paysage.

Ensuite, ce fut l'enfance qui continuait ou qu'on rattrapait. Elles cherchèrent toutes trois les cachettes de Papa et parurent en être heureuses, quoique Helene prétendît qu'entre les racines où elle venait de trouver un sachet de lavande il y avait un nid de serpents, sûrement venimeux, qui Dieu merci avaient filé.

Aussitôt me revint à l'esprit le matriarcat coalisé des trois mères nichées dans les vestiges étrusques. Mais ensuite, comme nous rentrions en passant devant des affiches électorales faisant campagne pour un requin des médias ou pour ses alliés fascistes, mais aussi pour une alliance centre-gauche sous le signe de l'olivier, nous vîmes de loin, puis de plus près, un troupeau de moutons où, suivant le bélier, des brebis défilaient avec leur agneau de Pâques et se montraient d'une insouciance on ne peut plus moutonnière, comme s'il ne devait jamais y avoir de brebis clonées nommées Megan et Morag, comme s'il ne fallait pas compter de sitôt sur une Dolly sans père, comme si les géniteurs pouvaient encore être utiles dans l'avenir…

1997

Cher Monsieur,

C'est seulement maintenant, au retour du congrès d'Édimbourg, dont j'ai saisi l'occasion pour avoir une conversation de spécialistes avec cet embryologiste universellement célébré et redouté qu'est le docteur Wilmut, et avant que je ne m'envole – dès après-demain – vers Boston afin de m'y entretenir avec des confrères, qu'un peu de temps s'offre à moi pour apaiser chez vous des craintes certes non dépourvues de fondements, mais fabuleusement exagérées. Vous êtes enclin à laisser caracoler une imagination aussi débridée que divertissante, alors que le bien public recommanderait qu'on s'imposât une froide objectivité.

Commençons par ce que même le profane pourrait saisir, même s'il lui semble que la méthode de ce jeu de construction au fond tout simple ressortit à la magie. Dolly doit sa modeste existence à trois mères : la mère génétique, sur laquelle on a prélevé des cellules mammaires dont ensuite on a mis le matériau génétique en état de contrôler la construction d'une nouvelle brebis complète ; la mère ovulaire, sur laquelle on a prélevé des ovules, après quoi l'on a soustrait par aspiration le matériau génétique de l'un d'eux qui, désormais énucléé, s'est vu implanter à l'aide d'impulsions électriques la cellule mammaire, seule capable dès lors de donner à la cellule ovulaire l'ordre de se partager ; et déjà la mère porteuse, troisième brebis, pouvait recevoir dans sa matrice l'implant de l'embryon en développement, de sorte qu'au bout du temps normal de gestation notre Dolly, identique à sa mère génétique, est venue au monde sans que – et c'est ce qui a fait sensation – l'on ait demandé la moindre contribution à des animaux mâles.

En somme, c'est tout. Mais ce renoncement à une participation masculine est manifestement, si je vous comprends bien, la cause de votre durable inquiétude. Vous craignez qu'à plus ou moins brève échéance cette manipulation génétique qui se passe de père, après avoir réussi chez les moutons, bientôt chez les porcs et enfin chez les singes, ne se pratique aussi chez les humains, ou plus précisément sur les femmes. De fait, ce n'est pas à exclure. De tous côtés l'on espère et l'on redoute une telle extension, et pas seulement imaginaire, de ce jeu de construction. Et le docteur Wilmut, père spirituel, si j'ose dire, de la brebis clonée Dolly, m'a affirmé que dès à présent des femmes extrêmement motivées s'offraient à jouer les mères génétiques, les mères ovulaires, les mères porteuses.

Non, cher Monsieur, tout cela reste encore pour l'instant dans le domaine des spéculations, même si le prix Nobel et spécialiste éminent de génétique, James Watson, dès le début des années soixante-dix, non seulement prévoyait mais demandait explicitement le clonage humain afin de produire des copies d'individualités exceptionnelles, autrement dit de génies, comme Einstein, la Callas ou Picasso. D'ailleurs vous-même, dans un roman dont je ne connais malheureusement que des extraits, mais dont on me dit que sa parution provoqua de vives polémiques, n'avez-vous pas introduit dans le jeu de la fiction des hommes-rats clonés et, avec une discrète ironie, n'avez-vous pas appelé « Watson cricks » ces infâmes produits d'une manipulation perverse ?

Mais, plaisanterie mise à part, ce qui nous manque cher Monsieur, c'est une bioéthique scientifiquement fondée, qui, plus efficace que des conceptions morales dépassées, d'une part limitera l'effet des rumeurs alarmistes, et d'autre part aura autorité, face aux futures générations clonées qui grandiront un jour prochain à côté des générations humaines traditionnelles, pour définir un nouvel ordre social, car cette coexistence ne pourra guère aller sans quelques conflits. La tâche de la bioéthique consistera aussi à réguler la croissance de la population mondiale : en pratique, à la réduire. Nous sommes, de fait, à la croisée des chemins. Ne serait-ce que pour cela, on devra se demander, au sens de la bioéthique, quelle partie du génome humain devrait, ou plutôt devra, nécessairement être favorisée, et quelle partie éliminée. Cela réclame des solutions, et une planification à long terme. Surtout pas de programmes d'urgence, même si, comme on sait, rien n'arrête la science !

Et déjà nous nous trouvons sur un terrain très vaste, sinon trop vaste, dont la mise en culture exige des instruments aratoires encore à mettre au point. Le plus tôt sera le mieux. Le temps presse ! Mais quant aux angoisses que vous inspire ce que vous appelez une « société sans pères », j'ai eu le sentiment, au reçu de votre dernière lettre, que vos inquiétudes sont – pardonnez-moi – ou bien de nature infantile, ou bien dues à la virulence persistante du machisme. Réjouissons-nous plutôt de ce que l'acte génésique, traditionnellement conflictuel, perde de plus en plus son importance. Il faudra se féliciter lorsque l'homme en soi sera enfin exonéré de ses charges, libéré des contraintes de la responsabilité, débarrassé des problèmes d'impuissance sexuelle. Mais oui, qu'il nous soit permis d'exulter, car l'homme de l'avenir, « l'homme émancipé », comme je l'appelle, sera libre. Libre pour le loisir. Libre pour les jeux. Libre pour toutes sortes de divertissements. Pour ainsi dire une créature de luxe que la société future pourra s'offrir. Vous-même, mon cher Monsieur, devriez être le premier à exploiter ces espaces de liberté qui vont bientôt s'ouvrir, afin que non seulement puissent s'y multiplier Dolly & Co, mais qu'aussi vos « enfants par la tête » y gambadent sur des pâturages quasi illimités.

Au demeurant, que dites-vous des inondations de l'Oder ? Tout à fait remarquable, la façon dont s'est comportée là notre Bundeswehr. Mais s'il doit se produire, comme de nombreuses données semblent l'indiquer, une modification sensible du climat de toute la planète, nous connaîtrons des inondations d'une bien plus grande envergure. Voilà ce qui pour ma part m'inspire des inquiétudes, même si je suis par ailleurs d'un optimisme foncier.

Dans l'espoir d'avoir quelque peu émondé vos peurs de l'avenir, et avec mes hommages à Madame votre épouse, que j'ai eu récemment le plaisir de rencontrer chez un caviste de Lubeck, j'ai bien l'honneur de demeurer votre dévoué,

Hubertus Vonderbrügge

1998

Nous avions fait notre choix, et voté par correspondance, mais ensuite nous nous sommes tout de même retrouvés, retour de Hiddensee, dès la veille du 27 septembre à Behlendorf, où nous avons tenté de nous occuper pour mettre un couvercle sur les sentiments mêlés que nous avions rapportés avec nous. Ute prépara pour le soir des élections une soupe de lentilles destinée, quel que soit le résultat, à nous apaiser. L'un des fils devait venir, Bruno, avec un ami, et les Rühmkorf. Je me suis esbigné au début de l'après-midi dans la forêt voisine, annonçant à qui voulait l'entendre que j'allais aux champignons.

La forêt de Behlendorf, qui s'étend jusqu'au lac sur les extrémités de moraines vallonnées, fait partie des forêts de Lubeck et, en automne, la variété de ses essences est fort prometteuse. Néanmoins, sous les feuillus comme sous les résineux, il n'y avait ni bolets bais ni cèpes. Là où à la mi-septembre encore j'avais cueilli de quoi faire un copieux repas de lépiotes déguenillées, rien. En lisière, les pieds bleus étaient déjà sur leur fin et jaunis. Ma cueillette promettait d'être peu fructueuse. Même le chien n'avait pas voulu m'accompagner.

Peut-être allez-vous avoir peine à me croire : seul un reste de superstition – substitut fréquent chez les rationalistes de basse époque – m'incita à poursuivre tout de même ma quête, et à mettre une récolte aveuglément espérée en rapport avec le résultat que j'espérais des élections. Cependant, le couteau restait fermé, le panier vide. Je m'apprêtais déjà à renoncer, j'allais adopter pour les heures qui restaient une attitude fataliste et, rompu à gérer les défaites, je me voyais déjà sur le banc des perdants, j'étais déjà tenté de soustraire pragmatiquement quelques grammes au poids généralement attendu d'une « grande coalition », je maudissais déjà ma superstition, lorsque soudain je vis du blanc qui émaillait de taches isolées ou groupées les branches mortes et les racines moussues, envoyant des signaux clairs et indubitables : l'innocence faite champignon.

Connaissez-vous les vesses-de-loup ? L'avez-vous jamais rencontré, le lycoperdon perlé ? Il n'a ni tube ni lamelles. Il n'est planté ni sur une tige mince, voire ligneuse, ni sur un pied ventru déjà piqué des vers. Nul chapeau ne l'ombrage, ni à large bord, ni ondulé, ni en coupole. Chauve comme il est, on ne saurait le confondre qu'avec le scléroderme ou fausse truffe, qui passe pour comestible à petite dose et dont l'allure est moins belle. La vesse-de-loup porte sa tête ronde et chauve, qui souvent semble saupoudrée de grains blancs, sur un cou qui se distingue discrètement d'elle, mais nettement plus svelte. Coupé au ras du sol de la forêt, il est ferme sous le couteau et prouve sa jeunesse par une chair blanche qui n'a néanmoins que quelques jours devant elle, car tête et cou vieillissent vite et grisonnent, cette chair se délite et se liquéfie, vire au verdâtre, devient spongieuse, pour tourner au brun quand l'enveloppe prend de l'âge et tomber ensuite en poussière dans une peau de papier. Sachez toutefois que la vesse-de-loup est délicieuse et ne provoque pas de rêves oppressants.

J'en trouvai, en trouvai encore. Ce champignon aime le bois pourri. Un individu en annonce d'autres. Ils sont sociables. On pourrait les rafler par brassées. Mais chacun exige d'être saisi délicatement. Si semblables qu'ils paraissent, ils ont pourtant chacun sa silhouette. Je me mis donc à compter une par une les vesses-de-loup qu'avait tranchées mon couteau. Sur un journal étalé – une *Frankfurter Rundschau* où l'on aurait pu lire avec retard communiqués, commentaires et pronostics électoraux –, il en gisait bientôt une bonne vingtaine : des petits, des moyens, des très mûrs dont la chair était encore bonne. Ma superstition résiduelle frappa à la porte. Elle se lança dans des jeux arithmétiques. Elle se mit à convertir les vesses-de-loup déjà cueillies en pourcentages de suffrages, en résultats inquiétants ou prometteurs. Déjà ces spéculations donnaient une estimation favorable. Mais au bout de trente-cinq de ces fructifications, les bons endroits furent épuisés. Je fus pris d'inquiétude pour l'alliance rouge-vert. Rien, nulle part, ou tout au plus des russules. Mais voilà que j'en découvris d'autres dans un creux, près d'un ruisseau qui est en fait une rigole reliant le lac de Behlendorf au canal de l'Elbe à la Trave.

Vous qui savez à présent comme les vesses-de-loup sont belles, et qui pouvez soupçonner comme un plat peut en être délectable, revenu dans du beurre, pour le cueilleur et pour ses hôtes, je ne vous tiendrai pas plus longtemps en haleine et je vous assurerai qu'une fois écartés les spécimens déjà passés dont le cœur commençait à verdir, ce furent quarante-sept vesses-de-loup que je vis étalées sur un journal périmé, que je rapportai à la maison, que je portai à la cuisine.

Bientôt arrivèrent les invités : Bruno et son ami Martin, Eva et Peter Rühmkorf. Peu après l'indication d'une tendance favorable, et juste avant la première estimation, je servis en entrée le plat de champignons dont, me faisant confiance, tout le monde prit, même P.R., convive réputé difficile. Comme j'avais coupé les vesses-de-loup en tranches, gommant ainsi leur nombre exact, mon calcul magique demeura secret, mais il n'en resta pas moins efficace. Étonnement des invités. Même Ute, qui sait toujours tout d'avance et donne dans de tout autres superstitions, renonça à un ultime scepticisme. Lorsque se stabilisa peu à peu le résultat électoral suffisant pour l'alliance rouge-vert, et qu'on put même compter sur des sièges supplémentaires, je me vis confirmé dans ma superstition : il n'aurait pas fallu qu'il y eût moins de vesses-de-loup, ni davantage.

Arriva alors sur la table, précédée de son parfum d'origan, la soupe de lentilles de Ute, bien propre à tempérer les bouffées d'orgueil qu'on sentait monter. Nous vîmes, sur l'écran qui semblait trop petit, le chancelier battu verser de vraies larmes. La stupeur des vainqueurs, face à tant de pouvoir d'allure peu maniable encore, les faisait paraître plus jeunes qu'ils ne sont. Bientôt ils se disputeraient par inclination. Même cette perspective nous réjouissait. Le calcul était tombé juste ; mais jusqu'en plein mois d'octobre je n'ai plus trouvé de vesses-de-loup.

1999

Ce n'est pas qu'il m'ait forcée, mais il m'a persuadée, ce galopin. Il a toujours su y faire, jusqu'à ce que je finisse par dire oui. Et me voilà qui vis encore, prétendument, et qui ai plus de cent ans et qui suis en bonne santé, parce qu'il le veut. Pour ça, il a toujours été très fort, dès le début, déjà quand il était haut comme trois pommes. Il savait mentir comme pas un, et faire des promesses mirifiques : « Quand je serai grand et riche, on partira en voyage où tu veux, Maman, même jusqu'à Naples. » Mais la guerre est arrivée, et on a été chassés, d'abord dans la zone soviétique, ensuite on s'est réfugiés à l'Ouest, où ces paysans rhénans nous ont collés dans une buanderie glaciale, en nous asticotant sans arrêt : « Retournez donc d'où vous venez ! » Avec ça, catholiques comme moi.

Mais dès 52, bien après qu'on a eu le logement, mon mari et moi, il a été clair que c'était un cancer que j'avais. Et pendant que le garçon étudiait à Düsseldorf son métier de crève-la-faim et vivait de je ne sais quoi, j'ai encore tenu deux ans, jusqu'à ce que notre fille ait fini sa formation de secrétaire, mais à part ça ait vu s'envoler tous ses rêves, pauvre petite. Je n'ai même pas atteint cinquante-huit ans. Et sous prétexte maintenant qu'il voudrait absolument rattraper tout ce qui a échappé à sa pauvre maman, il faut fêter mes cent et quelques années.

Même que ça me plaît, ce qu'il a imaginé là en secret.

J'ai toujours été indulgente, quand il racontait – comme disait mon mari – des histoires à dormir debout. Mais la maison de retraite avec vue sur la mer qui s'appelle Augustinum, et où l'on prend soin de moi parce qu'il le veut, elle est tout ce qu'il y a de bien, il n'y a pas à dire. J'ai une pièce et demie, plus salle de bains, kitchenette et balcon. Il m'a fait mettre la télévision couleur, et un appareil pour ces nouveaux disques argentés, avec des airs d'opéras et d'opérettes que j'ai toujours aimé écouter : tout à l'heure encore, tiré du *Tsarévitch*, l'air « C'est un soldat au bord de la Volga… ». Il fait aussi avec moi de petits voyages et des grands, récemment à Copenhague, et l'an prochain, si je suis toujours en bonne santé, on ira enfin vers le sud, jusqu'à Naples…

Mais il faut maintenant que je raconte comment c'était avant, et encore avant. Eh bien, je vous le dis, c'était la guerre, tout le temps la guerre, avec des pauses par moments. Mon père, qui était ajusteur à la fabrique de fusils, s'est fait tuer dès 1914 à Tannenberg. Ensuite mes deux frères en France. L'un peignait, l'autre avait même eu des poèmes publiés dans le journal. Sûrement que mon fils tient de ces deux-là, car mon troisième frère était juste garçon de café, il a bien roulé sa bosse, mais ensuite il a attrapé quelque part une sale maladie et il y est resté. Apparemment une maladie vénérienne, je ne saurais pas dire laquelle. D'avoir perdu ses trois garçons, ma mère est morte de chagrin avant même la fin de la guerre, si bien qu'avec ma petite sœur Betty, cette sale gosse gâtée, on s'est retrouvées seules au monde. Heureusement que j'ai été vendeuse aux Cafés Kaiser et que j'ai appris un peu de comptabilité. Comme ça on a pu, quand j'ai été mariée avec Willy et juste après l'inflation, quand à Dantzig on a eu le florin, ouvrir l'épicerie. Qui a d'ailleurs bien marché, au début. Et en 27 – j'avais déjà plus de trente ans – est né le garçon et, trois ans après, la petite…

A part la boutique, on avait juste deux pièces, si bien que le gamin, pour ses livres, ses boîtes de couleurs et sa pâte à modeler, n'avait qu'un petit coin sous la fenêtre. Mais ça lui suffisait. C'est là qu'il imaginait tous ses trucs. Et voilà maintenant qu'il me force à revivre, qu'il me gâte – « ma petite maman par-ci, ma petite maman par-là » – et qu'il arrive à la maison de retraite avec ses petits-enfants, qui doivent absolument être mes arrière-petits-enfants. Ils sont d'ailleurs très mignons, mais des fois un peu insolents, si bien que je suis contente et que je respire quand ces garnements – dont des jumeaux, délurés mais bruyants – descendent foncer dans l'allée du parc avec leurs engins, qui ont l'air de patins sans glace et qui s'écrivent comme le jeu de cartes, le skat. De mon balcon, je les vois, l'un toujours plus rapide que l'autre...

Le skat ! J'ai adoré y jouer toute ma vie. Généralement avec mon mari et Franz, mon cousin kachoube qui était à la poste polonaise et qui du coup, dès que ça a été de nouveau la guerre, a été fusillé. C'était terrible. Pas seulement pour moi. Mais c'est l'époque qui voulait ça Aussi que Willy entre au parti, et moi dans l'association des femmes, parce qu'on pouvait y faire de la gym pour rien, et aussi le gamin dans le mouvement de jeunesse, avec un bel uniforme... Ensuite, au skat, c'est la plupart du temps mon beau-père qui faisait le troisième. Mais il était toujours trop excité, le maître menuisier. Il oubliait souvent son annonce, alors je contrais aussi sec. J'aime toujours y jouer, même maintenant qu'on me force à revivre, j'y joue avec mon fils, quand il vient me voir avec sa fille Helene, qui s'appelle comme moi. Elle joue de façon futée, la petite, mieux que son père, à qui j'avais appris le skat quand il avait dix ou onze ans, mais qui annonce toujours comme un débutant. Il surenchérit même quand il n'a pas le moindre jeu...

Et pendant que nous jouons sans nous arrêter, et que mon fils se plante tout le temps, en bas dans le parc de l'Augustinum mes arrière-petits-fils foncent sur leurs skates, à faire peur. Ils sont rembourrés de partout. Aux genoux, aux coudes et aussi aux mains, ils portent même de vrais casques, pour ne pas se faire mal. Tout un équipement très cher ! Lorsque je pense à mes frères, tués pendant la première guerre ou morts autrement… Quand ils étaient petits – c'était encore sous l'empereur –, ils allaient se chercher un tonneau de bière hors d'usage à la brasserie de Langfuhr, ils arrachaient des douelles et les frottaient au savon, puis se les attachaient sous leurs brodequins et allaient faire du ski dans la forêt de Jäschkental, descendant et remontant l'Erbsberg. Ça ne coûtait rien, et ça marchait quand même…

Car quand je pense à ce que coûtaient des vrais skis, même avec des clés pour les visser, pour moi petite commerçante, et pour deux enfants… Parce que dans les années trente, les affaires n'allaient pas trop bien… Trop de clients qui achetaient à crédit, et trop de concurrence… Et en plus il y a eu la dévaluation du florin… Les gens avaient beau chanter « Le mois de mai rend tout radieux, D'un florin il en f'ra deux… », on était justes. C'est qu'à Dantzig on avait comme monnaie le florin, parce qu'on était État libre, jusqu'au moment de la guerre suivante, où le Führer avec son gauleiter – il s'appelait Forster – nous a « réintégrés dans le Reich ». A partir de là, tout s'est payé en *Reichsmark*. Mais il y en avait de moins en moins. Quand j'avais fermé, il fallait trier les tickets de rationnement et les coller sur de vieux journaux. Quelquefois, le gamin m'aidait, jusqu'au jour où ils l'ont mis en uniforme lui aussi. Et je ne l'ai revu qu'une fois que les Russes nous sont tombés dessus, et que les Polonais ont pris tout ce qui restait, après quoi a débuté l'exode et toute la misère. Il avait eu dix-neuf ans, entre-temps, et se croyait grand. Et puis j'ai encore connu la réforme monétaire. On touchait chacun quarante marks, du nouvel argent. C'était un dur commencement, pour nous autres réfugiés de l'Est… C'est qu'on n'avait rien d'autre… J'ai pu sauver l'album de photos… Et tout juste sa collection de timbres… Et quand ensuite je suis morte…

Mais voilà qu'à présent, parce que mon fils le veut, je vais devoir connaître encore l'euro, quand on le touchera. Seulement avant, il veut absolument qu'on fête mon anniversaire, le cent troisième, exactement. Bon, s'il y tient… Le galopin a maintenant plus de soixante-dix ans, et il y a longtemps qu'il s'est fait un nom. Mais il ne peut pas s'empêcher de continuer, avec ses histoires. Il y en a même qui me plaisent. Dans d'autres, j'aurais carrément supprimé certains passages. Mais les fêtes de famille, les vraies avec disputes et réconciliations, j'ai toujours aimé ça, car quand nous les Kachoubes on faisait la fête, il y avait des pleurs et des rires. Ma fille, qui va aussi sur ses soixante-dix, a commencé par ne pas vouloir fêter cet anniversaire avec nous, parce qu'elle trouvait macabre l'idée de son frère de me faire revivre pour ses histoires. « Laisse faire, petite, je lui ai dit, sinon il va avoir une idée qui sera pire. » Il est comme ça, on n'y peut rien. Il imagine les trucs les plus impossibles. Il faut toujours qu'il exagère. On ne peut pas y croire, quand on lit ça…

Alors ma fille viendra tout de même, fin février. Et je me réjouis d'avance de revoir mes arrière-petits-fils, qui fonceront de nouveau à travers le parc, sur leurs skates, tandis que je regarderai du balcon. Et je me réjouis aussi de voir l'an 2000. On verra ce qui arrive… Pourvu qu'il n'y ait pas de nouveau la guerre… D'abord là au sud, et puis partout…

Table

1900	Moi, échangé contre moi-même	*9*
1901	Celui qui cherche trouvera	*12*
1902	Ce genre de choses prenait	*14*
1903	C'était la Pentecôte	*17*
1904	Chez nous, à Herne	*20*
1905	Monsieur mon père, déjà	*23*
1906	Qu'on m'appelle Capitaine Sirius	*26*
1907	Fin novembre, notre atelier	*30*
1908	C'est une sorte de tradition	*33*
1909	Parce que jour après jour	*36*
1910	Là je veux raconter	*40*
1911	Mon cher Eulenburg	*42*
1912	Bien que je gagnasse	*45*
1913	Ainsi, cette masse menaçante	*48*
1914	Enfin, alors que deux collègues	*51*
1915	Notre rencontre suivante	*55*
1916	Après un assez long tour	*58*
1917	Tout de suite après le petit déjeuner	*62*
1918	Après quelques emplettes	*65*
1919	C'est des profiteurs	*68*
1920	A votre santé, messieurs !	*70*
1921	Cher Peter Panter	*73*
1922	Qu'est-ce que vous voulez encore	*76*
1923	Ces billets, aujourd'hui	*80*
1924	La date colombienne	*83*
1925	Plus d'un ne voyait en moi	*87*

1926	Les feuilles de décompte.	*90*
1927	Maman m'a porté	*94*
1928	Allez-y, vous n'avez qu'à lire.	*97*
1929	D'un seul coup d'un seul	*101*
1930	Le bar à bière	*104*
1931	– Tous à Harzburg.	*108*
1932	Il fallait qu'il se passe quelque chose	*111*
1933	La nouvelle de Sa nomination	*114*
1934	Entre nous soit dit	*118*
1935	Par l'intermédiaire de ma corporation . . .	*121*
1936	Il y a toujours des optimistes	*124*
1937	Dans la cour de récréation	*128*
1938	Les ennuis ont commencé.	*131*
1939	Trois journées insulaires	*134*
1940	L'île de Sylt, je l'ai à peine vue . . .	*137*
1941	Dans mon travail de correspondant	*140*
1942	Le lendemain matin	*143*
1943	Notre hôte avait beau	*146*
1944	A un moment ou à un autre	*149*
1945	Selon les propres mots	*153*
1946	D' la brique, j'vous dis	*157*
1947	Lors de cet hiver	*160*
1948	En fait, c'était la première fois . .	*163*
1949	… et figure-toi	*167*
1950	Les gens de Cologne.	*17*
1951	Chère Société Volkswagen	*174*
1952	C'est ce que je dis toujours .	*17*
1953	La pluie avait faibli	*18.*
1954	Certes, je n'étais pas à Berne	*184*
1955	L'année d'avant, déjà	*188*
1956	C'est en mars de cette année de deuil. . . .	*191*
1957	Cher ami	*195*
1958	Une chose est sûre.	*198*
1959	De même que nous nous étions trouvés . .	*201*
1960	Quelle tristesse !	*204*
1961	Même si, aujourd'hui	*207*
1962	Comme le pape	*211*

1963	Un rêve habitable	*214*
1964	C'est vrai, toutes ces horreurs..........	*217*
1965	L'œil dans le rétroviseur..............	*221*
1966	L'être ou l'Être	*225*
1967	Tandis que mon séminaire	*229*
1968	Le séminaire semblait pacifié..........	*234*
1969	C'est sûr que ça devait être fou.........	*239*
1970	Jamais mon journal...................	*243*
1971	C'est vrai, on pourrait................	*247*
1972	Maintenant, je suis lui................	*252*
1973	Tu parles d'un choc salutaire !	*256*
1974	Que se passe-t-il	*260*
1975	Une année comme une autre ?	*264*
1976	Où que nous fussions	*268*
1977	Cela a eu des conséquences	*272*
1978	Certes, mon révérend	*275*
1979	Mais arrête de me poser	*280*
1980	Mais ce n'est qu'à un jet de pierre	*283*
1981	Tu peux me croire, Rosi	*287*
1982	Si l'on excepte les malentendus	*291*
1983	Des comme ça......................	*294*
1984	Je sais, je sais !	*297*
1985	Ma chère petite	*300*
1986	Nous, dans le Haut-Palatinat..........	*304*
1987	Que venions-nous faire à Calcutta ?	*307*
1988	... mais avant, l'année qui précéda.. ...	*311*
1989	Tandis que nous revenions de Berlin ...	*314*
1990	Ce n'était pas seulement...............	*317*
1991	– Les morts, on les voit pas............	*321*
1992	Je fus un peu surpris	*325*
1993	Comme petit flic	*329*
1994	Il paraît que je suis dure	*333*
1995	... et maintenant	*337*
1996	En réalité, le professeur	*341*
1997	Cher Monsieur	*345*
1998	Nous avions fait notre choix..... ..	*349*
1999	Ce n'est pas qu'il m'ait forcée	*353*

DU MÊME AUTEUR

Le Tambour
roman
Prix du meilleur livre étranger
Seuil, 1961
et « Points », n° P347

Le Chat et la Souris
roman
Seuil, 1962
et « Points », n° P417

Les Années de chien
roman
Seuil, 1965
et « Points », n° P419

Les plébéiens répètent l'insurrection
Théâtre
Seuil, 1968

Évidences politiques
Seuil, « Combats », 1969

Anesthésie locale
roman
Seuil, 1971

Théâtre
Seuil, 1973

Journal d'un escargot
récit
Seuil, 1974

Le Turbot
roman
Seuil, 1979
et « Points », n° P418

Une rencontre en Westphalie
roman
Seuil, 1981
et « Points Roman », n° P553

**Les Enfants par la tête
ou Les Allemands se meurent**
récit
Seuil, 1983

La Ballerine
essai
Actes Sud, 1984

Essais de critique (1957-1985)
Seuil, 1986

La Ratte
roman
Seuil, 1987
et « Points », n° P710

Écoutez-moi : Paris-Berlin, aller, retour
(avec Françoise Giroud)
Maren Sell, 1988

Tirer la langue
récit
Seuil, 1989

**Wang-Loun
(de Alfred Döblin)**
essai
Éditions Fayard, 1989

Propos d'un sans-patrie
Seuil, « L'histoire immédiate », 1990

L'Appel du crapaud
Seuil, 1992
et « Points », n° P15

Toute une histoire
Seuil, 1997
et « Points », n° P799

RÉALISATION : PAO ÉDITIONS DU SEUIL
IMPRESSION : S.N. FIRMIN-DIDOT AU MESNIL-SUR-L'ESTRÉE
DÉPÔT LÉGAL : MARS 2001. N° 49067-2 (55611)